# 500만 독자 여러분께 감사드립니다!

세상이 아무리 바쁘게 돌아가더라도
책까지 아무렇게나 빨리 만들 수는 없습니다.

길벗은 독자 여러분이
가장 쉽게, 가장 빨리 배울 수 있는 책을
한 권 한 권 정성을 다해 만들겠습니다.

독자의 1초를 아껴주는
정성을 만나보세요.

미리 책을 읽고 따라해 본 2만 베타테스터 여러분과
무따기 체험단, 길벗스쿨 엄마 2% 기획단,
시나공 평가단, 토익 배틀, 대학생 기자단까지!
믿을 수 있는 책을 함께 만들어주신 독자 여러분께 감사드립니다.

(주)도서출판 길벗 **www.gilbut.co.kr**
길벗 스쿨 **www.gilbutschool.co.kr**

김종원 지음

길벗

# 구글 팁북

GOOGLE TIP BOOK

**초판 발행** • 2020년 7월 2일

**지은이** • 김종원
**발행인** • 이종원
**발행처** • (주)도서출판 길벗
**출판사 등록일** • 1990년 12월 24일
**주소** • 서울시 마포구 월드컵로 10길 56(서교동)
**대표 전화** • 02)332-0931 | **팩스** • 02)323-0586
**홈페이지** • www.gilbut.co.kr | **이메일** • gilbut@gilbut.co.kr

**기획 및 책임편집** • 최동원(cdw8282@gilbut.co.kr)) | **디자인** • 장기춘 | **제작** • 이준호, 손일순, 이진혁
**영업마케팅** • 임태호, 전선하, 차명환 | **웹마케팅** • 조승모, 지하영 | **영업관리** • 김명자 | **독자지원** • 송혜란, 홍혜진

**전산편집** • 예다움 | **CTP 출력 및 인쇄** • 상지사 | **제본** • 경문제책



**ISBN** 979-11-6521-216-2 03000
(길벗 도서번호 007080)

**정가** 20,000원

이 도서의 국립중앙도서관 출판사도서목록(CIP)은 서지정보유통지원시스템 홈페이지(http://seoji.nl.go.kr)와 국가자료공동목록시스템(http://www.nl.go.kr/kolisnet)에서 이용하실 수 있습니다.(CIP제어번호 : CIP2020026020)

다양한 클라우드 서비스가 한참 유행하던 시절부터 Google 드라이브를 사용했습니다. 그리고 차근차근 각종 Google 서비스를 사용하면서 가장 처음 느낀 것은 더 이상 하드 디스크 드라이브를 사지 않아도 된다는 것이었습니다. 한글과 Word, Excel 등에 익숙했었지만 이제는 어느덧 Google 문서와 Google 스프레드시트를 더 많이 사용합니다. 저장 공간에 대한 걱정 없이 Google 문서도구로 다양한 문서를 만들고 Google 포토에 사진과 동영상을 무제한 저장할 수 있게 되면서 제 모든 사진과 동영상을 Google 포토로 옮겼습니다.

여기저기 분산되어 있던 데이터를 Google의 각 서비스로 모으니 어느 순간 일하는 방식이 클라우드 기반으로 바뀌게 되었습니다. 업무 방식이 클라우드 기반으로 바뀌며 가장 좋은 것은 무엇일까요? 당장 휴대전화를 잃어버리거나 컴퓨터가 고장 나도 저의 분신과 같은 데이터는 사라지지 않는다는 것입니다. 소중한 데이터가 Google을 통해 영생을 얻게 된 것이죠.

제 Gmail에는 16,597개의 메일이 있고, Google 포토에는 256,081장의 사진이 있습니다. 그중 첫째 아이의 사진은 17,624장이고, 둘째 아이의 사진은 11,099장입니다. 이제는 언제 어디서나 볼 수 있는 아이들의 성장 사진은 큰 기쁨입니다. 또, Google 연락처에는 1,930개의 전화번호가 저장되어 있고, Google Play를 통해서 383개의 앱을 설치했습니다. YouTube에는 621개의 동영상을 업로드 했고, Google 계정에는 228의 비밀번호가 저장되어 있습니다. Google 드라이브에는 400개 이상의 파일이 있다고 하네요. Google과 함께했던 모든 시간이 이제는 이렇게 숫자로 남았습니다.

대개 설치형 프로그램은 버전별로 기능을 구분하지만, Google의 각종 서비스는 단 하나의 버전만을 제공합니다. 새로운 기능이 수시로 추가되지만 단 하나의 버전만을 제공해 사용자는 호환에 대한 걱정 없이 서비스를 이용할 수 있다는 장점이 있지만 책을 만드는 입장에 되어 보니 언제, 어떤 기능이 추가될 지 몰라 긴장했습니다. 이 책이 나오기 일주일 전에 추가된 Gmail의 변경 사항은 두고두고 기억하게 될 것 같습니다. 이 책이 나온 후에도 얼마나 많은 기능이 추가되고 바뀔지 벌써 걱정이지만 최신의 기능을 담기 위해 노력했습니다.

이 책이 나오도록 애써 주신 길벗출판사의 최동원 과장님께 진심으로 감사드립니다. 그 수많은 변경사항을 확인하고 수정하느라 수고가 많았습니다. 이 책이 조금이라도 많은 사람에게 도움이 되기를 바랍니다. 고맙습니다.

김종원

## : Google 연계!

스마트워크에 Google 클라우드 서비스를 더하면 업무생산성이 수직 상승합니다. 빠르게 프로 일잘러로 레벨 업 할 수 있는 스킬 트리를 만나보세요!

지금까지 각 Google 문서도구의 특징을 중심으로 설명하다 보니 정작 가장 중요한 Google 문서도구 특징을 설명하지 못했습니다. 이번 장에서는 Google 문서도구를 활용한 실시간 공동 작업, 댓글 등의 협업 방법과 알아두면 유용한 자동 저장, 버전 기록 등에 대해 알아보겠습니다.

**스킬 트리**

업무생산성을 높이는 Google 연계 활용 노하우

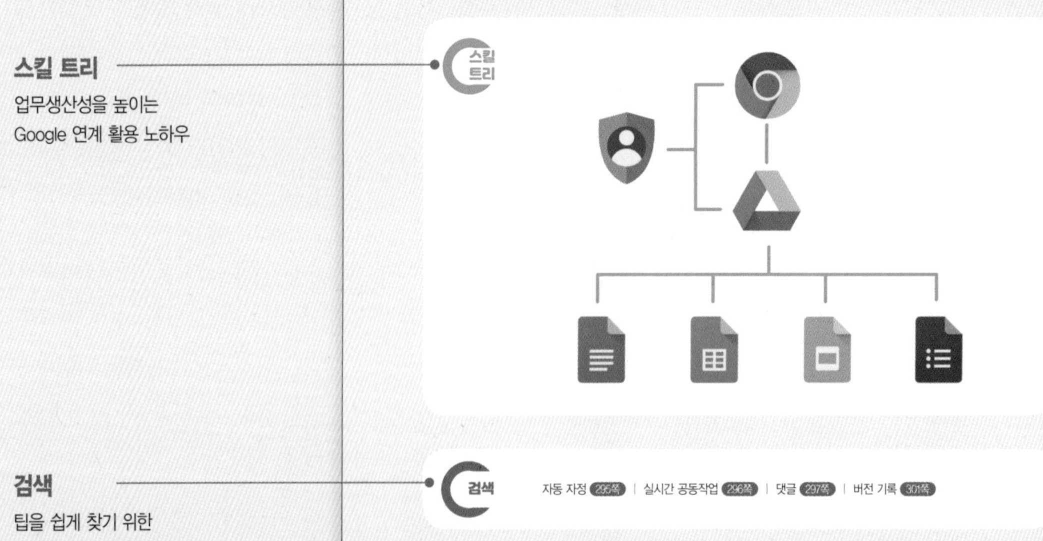


**검색**

팁을 쉽게 찾기 위한 검색 키워드와 페이지 소개

검색 자동 저장 295쪽 | 실시간 공동작업 296쪽 | 댓글 297쪽 | 버전 기록 301쪽

# Google 팁북! :

Google 검색으로도 찾을 수 없는 Google 활용 가이드를 제시합니다. Google 전문가가 엄선한 진정한 꿀팁을 만나보세요!

## TIP 000 주소록에 연락처 일괄 등록하기

주소록에 저장해야 할 연락처가 많다면 CSV 파일을 활용해보세요. 많은 연락처를 조금 더 편리하게 일괄 등록할 수 있습니다. 이번에는 CSV 파일을 활용해 많은 연락처를 일괄 등록하는 방법에 대해 알아보겠습니다.

**01** 목록의 '사용자이름'은 해당 사이트의 아이디입니다. 비밀번호는 가려져 있습니다. 비밀번호를 확인하려면 확인할 항목의 [비밀번호 표시] 를 클릭합니다.

**잠깐만요**

[비밀번호 저장 여부 확인]을 해제하면 비밀번호 저장 여부를 묻는 팝업창이 표시되지 않습니다. [자동 로그인]을 해제하면 웹사이트에 로그인할 때마다 확인 요청 팝업창이 표시됩니다.

 | 공룡 게임

인터넷이 연결되지 않아 웹사이트에 접속할 수 없을 때 '인터넷 연결 없음'이라는 메시지가 표시됩니다. 대부분은 그냥 창을 닫아 버리지만 이때 Spacebar 키를 눌러보세요. 화면의 공룡이 갑자기 달리기를 시작합니다.

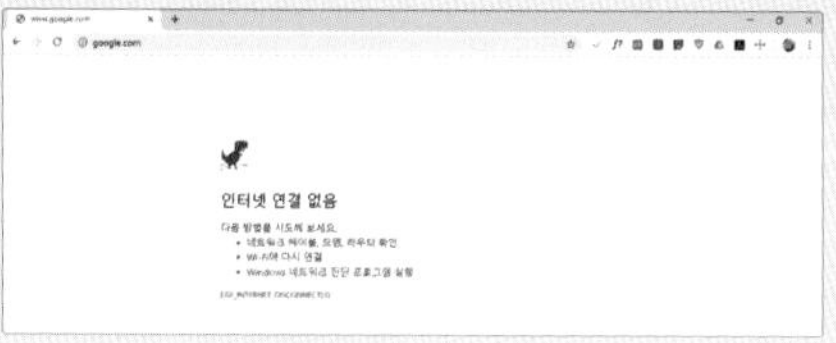


Google 주소록

**팁**

팁 중의 팁, 업무 효율을 높일 수 있는 내용만 엄선하여 제공

**빠른 검색**

각 Google 서비스 별 탭을 통해 원하는 내용을 빠르고 쉽게 검색

**잠깐만요**

알아두면 좋은 유용한 내용 소개

**Google+**

프로일잘러로 발돋움할 수 있는 팁

목차

# 왜 Google인가?

## 왜 Google인가?



## Google 검색



## Chrome

# Google로 생산성 높이기

## Google 주소록



## Gmail

## Google 캘린더



## Google 계정 관리

# Google로 협업하기

## Google 드라이브



## Google 문서

## Google 스프레드시트



## Google 프레젠테이션



## Google 설문지



## Google 문서도구의 특징

# 왜 Google 인가?

지금 이 순간, 전세계에서 가장 많은 사람들이 이용하고 있는 Google 서비스에는 무엇이 있고 어떤 점이 특별한 지 알아봅니다. 아직 Google이 어색하다면 먼저, Google 검색창을 열고 원하는 정보를 검색해보세요. Chrome은 Google의 다양한 서비스를 제대로 활용하기 가장 적합한 웹 브라우저입니다. Google를 본격적으로 사용하기 전 Google과 친해지는 방법을 알아보겠습니다.

# 왜 Google인가?

왜 Google인가?

Google은 1998년, 'BackRub'이라는 이름으로 검색 서비스를 시작했습니다. 이후에 10에 100제곱을 뜻하는 '구골(Googol)'을 변형하여 'Google'이라는 이름으로 변경했습니다. Google 검색의 핵심 원리는 '페이지 랭크'입니다. Google의 창립자 래리 페이지(Larry Page)와 세르게이 브린(Sergey Brin)은 더 중요한 웹페이지는 더 많은 사이트로부터 링크를 받는다는 것을 확인했고 이를 기반으로 검색 알고리즘을 만들어 정확하고 빠른 검색 서비스를 제공합니다. 이후, 세계 최대 검색 사이트가 되기까지 10년도 채 걸리지 않았습니다.

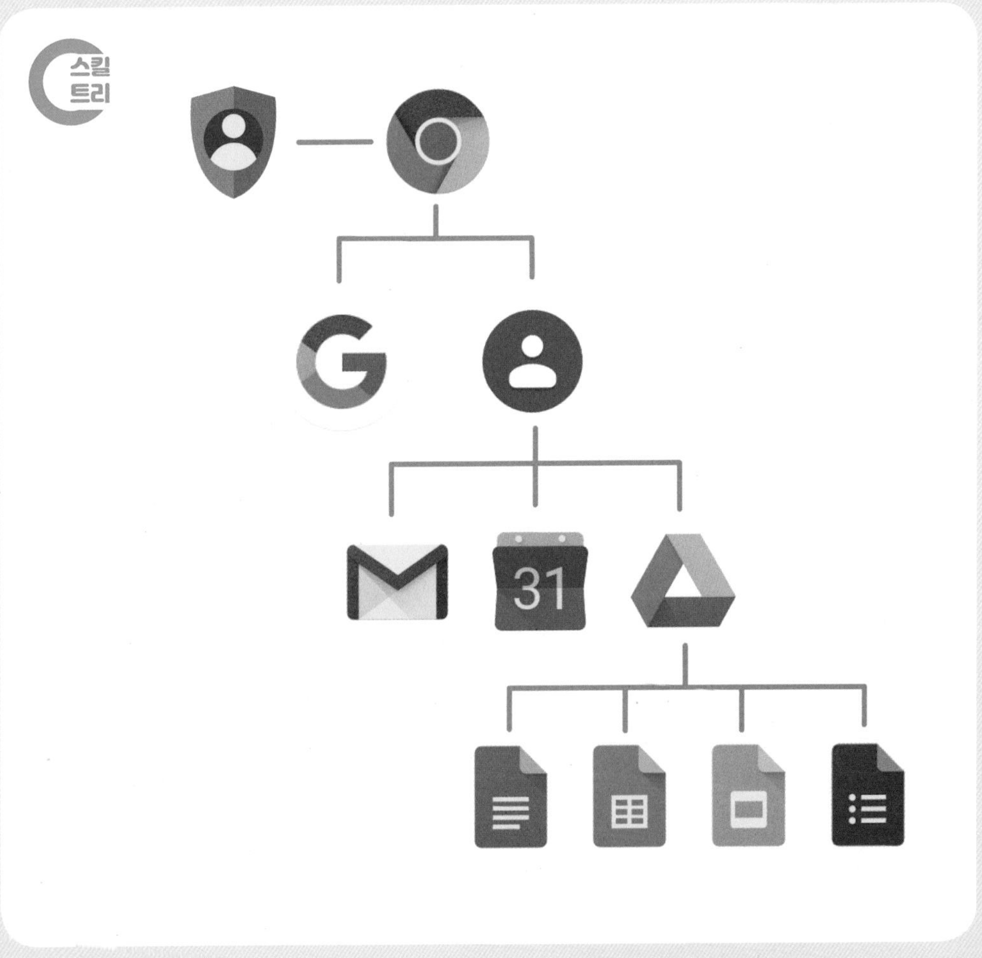

# TIP 001 왜 Google인가?

Google은 멈추지 않고 변화하는 디지털 환경에 맞춰 다양한 서비스를 무료로 제공합니다. 우선 Google의 다양한 서비스의 종류와 특징에 대해 알아보겠습니다.

디지털 환경이 PC 중심에서 모바일로 변화하는 상황에서 Google은 기회를 놓치지 않고 2008년 Android라는 운영체제를 무료로 공개하였고 스마트폰 개발사들은 Android OS를 사용하는 다양한 모바일 기기를 만들게 되었습니다. 그리고 현재는 전체 스마트폰의 80%가 Android OS를 사용합니다. 이것은 Google의 서비스가 PC에서 모바일까지 확장되는 계기가 됩니다. 바로 어떤 기기를 선택하든 Google 서비스를 사용할 수 있는 생태계가 펼쳐진 것입니다.

스마트폰이 보편화되면서 한 사람이 컴퓨터, 노트북, 스마트폰 등의 다양한 디지털 기기를 소유하게 됐습니다. 1인 다 기기의 시대가 도래한 것이죠. 한 명이 사용하는 기기가 늘어나며 다양한 데이터를 각각의 기기에 저장하는 것보다 전체 데이터를 인터넷에 저장해 놓고 어느 기기에서든 접속해서 사용하는 것이 더 효용이 더 커졌습니다. 컴퓨터에서 보던 유튜브 동영상을 스마트폰에서 이어 보거나 스마트폰으로 찍은 사진을 바로 컴퓨터에서 확인할 수 있는 것처럼 말이죠.

이와 같은 기기 간 데이터 연결은 클라우드 서비스 덕분에 가능해졌습니다. Google이 전 세계 곳곳에 리전(Regions)이라는 데이터 센터를 설치한 덕에 내가 어디에 있던 인터넷만 연결하면 데이터를 사용할 수 있게 되었습니다.

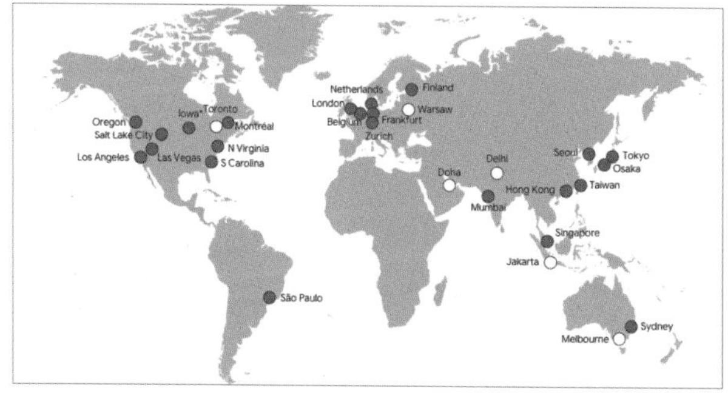


▲ Google Regions Network

각종 개인 데이터뿐만 아니라 Gmail, Google 문서도구 등 앞으로 소개할 모든 Google 서비스는 인터넷에 접속하는 것만으로도 사용할 수 있습니다. 심지어 무료로 말이죠. 모든 Google 서비스는 별도의 소프트웨어를 설치하지 않고 Google에 접속하는 것만으로 사용할 수 있습니다. 덕분에 어떤 기기를 사용하더라도 제약없이 업무를 계속해나갈 수 있게 됐습니다. 이 모든 것을 가능케한 중심에서는 Google이 있습니다.

## TIP 002 Google 주요 서비스

아직 Google의 서비스를 사용해보지 않았거나 어떤 서비스부터 사용해야 할 지 모르겠다면 이 책을 처음부터 무작정 따라해보세요.

### Google 계정 관리

Google의 모든 서비스는 Google 계정만 있으면 무료로 사용할 수 있습니다. 원한다면 여러 개의 계정을 만들 수도 있죠. 그리고 Google을 사용하면서 생성된 다양한 정보는 Google 계정에 저장됩니다. 이렇게 저장된 정보는 사용자에게 특화된 맞춤 서비스를 제공하는데 사용됩니다. Google 검색, 동기화 기기 관리, Google 드라이브 저장 데이터 등 Google을 사용하면서 생성된 모든 데이터는 Google 계정 관리에서 확인하고 별도로 백업할 수 있습니다.

### Google 검색

지금의 Google을 있게 한 데에는 Google 검색의 역할이 큽니다. Google 검색을 통해 다양한 정보를 넓고 깊게 탐색해보세요. Google 검색은 가장 정확하고, 빠르게 원하는 정보를 찾을 수 있게 도와줍니다. 고급 검색, 검색 연산자, 알리미 등의 고급 검색 기능을 활용한다면 원하는 정보를 누구보다 빠르게 찾을 수 있습니다.

### Chrome

Chrome은 Google의 다양한 서비스를 제대로 활용하기에 가장 적합한 웹 브라우저입니다.

어떤 기기에서나 쉽고 빠르고 안전하게 웹을 탐색해보세요. Chrome 의 동기화 기능을 사용하면 노트북, 스마트폰 등 어느 기기에서든 북마크나 방문했던 웹사이트, 비밀번호 등을 연속적으로 사용할 수 있습니다.

## Gmail

더욱 편리하고 그리고 스마트하게 메일을 관리해보세요. Gmail은 Google의 메일 서비스로 스팸 메일이 거의 들어오지 않고, 라벨, 필터, 보관처리 등의 기능이 있어 비즈니스 메일로 사용하기에 부족함이 없습니다.

## Google 주소록

Google 주소록에 연락처를 저장하면 같은 계정을 사용하는 다양한 기기에 연락처가 동기화되어 메일을 발송하거나 일정을 공유할 때 등 다양하게 활용할 수 있습니다. 연락처를 추가하고 중복된 연락처를 하나로 합치는 등 연락처를 항상 최신 상태로 유지하고 정리할 수 있습니다.

## Google 캘린더

Google 캘린더를 사용하면 일정 관리에 소요되는 시간을 줄이고 일정을 소화하는데 더 많은 시간을 할애할 수 있습니다. 그리고 다른 사람과 일정을 쉽게 공유할 수 있습니다. 기본적으로 동기화를 지원하기 때문에 어느 기기든 일정을 확인하고 기록할 수 있습니다.

## Google 드라이브

클라우드 기반으로 어느 기기이든 파일을 저장하고 공유할 수 있는 서비스입니다. Gmail, Google 포토와 함께 최대 15GB의 저장 공간을 무료로 사용할 수 있습니다. 강력한 파일 뷰어 기능을 제공하기 때문에 실무에서 자주 사용하는 대부분의 파일을 Google 드라이브 내에서 바로 확인할 수 있습니다. 여러 사용자와 협업을 한다면 Google 드라이브는 필수입니다.

### Google 문서 도구

우리에게 익숙한 Word, Excel, PowerPoint 등을 효과적으로 대체할 수 있는 Google 문서, Google 스프레드시트, Google 프레젠테이션, Google 설문지는 인터넷이 연결되는 곳이라면 언제나 다양한 문서를 수정하고 확인할 수 있습니다. 뿐만 아니라 중요한 자료를 Google 드라이브로 안전하게 보관해 확인하고 여러 사람과 공유할 수 있습니다. 자동 저장, 실시간 공동작업, 버전 기록 등 Google 문서 도구로 업무 생산성을 높여보세요.

## TIP 003 Google로 업무 생산성을 높이는 방법

Gmail, Chrome, Google 드라이브 등 다양한 Google 서비스 중 하나쯤은 사용해 봤을 것입니다. 따로 사용했던 각각의 Google 서비스를 조합하여 사용한다면 업무 생산성이 비약적으로 높아집니다.

### Google 서비스의 시작과 끝, Chrome

모든 Google 서비스의 시작과 끝에는 Chrome이 있습니다. 다양한 Google 서비스는 Chrome에서 사용할 때 가장 효율적입니다. 아직 Google이 어색한가요? 그럼 Chrome 부터 사용해보세요. 특별한 설명 없이도 전세계에서 가장 많은 사람들이 사용하는 웹 브라우저인 이유를 알 수 있을 것입니다. Chrome에서 활동한 모든 기록은 Google 계정 관리에서 모두 확인하고 관리할 수 있습니다. 업무용 계정과 개인용 계정 등 계정 성격에 따라 Chrome를 사용할 수 있습니다.

### Google 서비스의 컨트롤 타워, Google 계정 관리

Google 계정 관리는 Google 계정으로 활동한 거의 내용을 확인하고 관리할 수 있는 Google의 컨트롤 타워 역할을 합니다. Google 계정 관리에 저장된 활동 내역은 사용자에게 특화된 맞춤 서비스를 제공하는 데 사용되죠. 뿐만 아니라 사용자의 프로필이나 이름 등을 수정할 수 있고 Google의 각종 서비스를 사용하는 지역과 언어 등을 설정할 수 있습니다. 또한 Google 서비스에 저장된 모든 데이터를 백업할 수도 있습니다.

## 비즈니스 메일의 최강자, Gmail

단순한 메일 서비스가 아닌 업무에 효율적인 비즈니스 메일 서비스를 찾고 있다면 Gmail을 사용해보세요. Gmail과 함께 주소록을 사용한다면 메일 업무 시간을 효과적으로 줄일 수 있을 것 입니다. Gmail과 캘린더를 함께 사용하면 업무와 관련된 쉽게 일정을 만들고 일정과 관련된 사람을 초대할 수 있습니다.

## 훌륭한 업무 파트너, Google 드라이브

Google 드라이브는 클라우드 기반으로 어느 기기에서나 보관된 자료를 확인할 수 있습니다. 이렇게 Google 드라이브에 보관된 자료를 다른 사용자와 공유한다면 훌륭한 협업 도구로 사용할 수 있습니다. Google 드라이브와 함께 Google 문서 도구를 사용한다면 별도의 문서 편집 앱을 사용하지 않아도 여러 사람과 동시에 공동 작업을 할 수 있으며 공동 작업물을 안전하게 보관할 수도 있습니다.

## Google 스킬 트리

스마트워크를 위한 Google 100% 활용 노하우를 만나보세요. 각 마당의 스킬 트리에 Google의 다양한 서비스를 연계하여 업무 생산성을 높일 수 있는 구체적인 방법을 제시합니다.

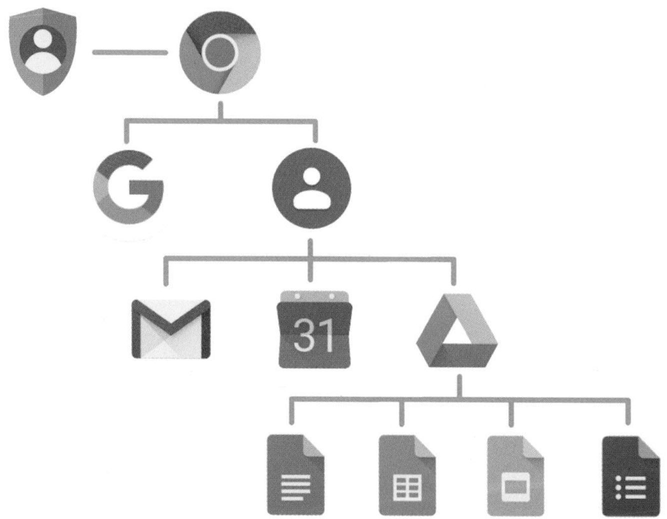

# Google 검색

Google 시작하기

2019년 하반기 기준, 세계 검색 시장의 88%를 점유하고 있는 Google 검색은 가장 정확하고 빠른 검색결과를 보여줍니다. 고급 검색, 검색 연산자, 알리미 등 조금만 관심을 둔다면 더 신속하고 똑똑하게 원하는 정보를 찾을 수 있습니다.

## TIP 001 Goolgle 검색 살펴보기

Google 검색 화면은 우리에게 익숙한 검색 화면과는 다르게 깔끔합니다. 그래서 무엇을 해야 할지 고민할 필요 없습니다. 그저 찾고 싶은 정보를 검색하기만 하면 됩니다.

인터넷 브라우저 주소 표시줄에 "google.com"을 입력하여 Google로 이동한 뒤 검색창에 원하는 검색어를 입력하고 [Google 검색]을 클릭합니다.

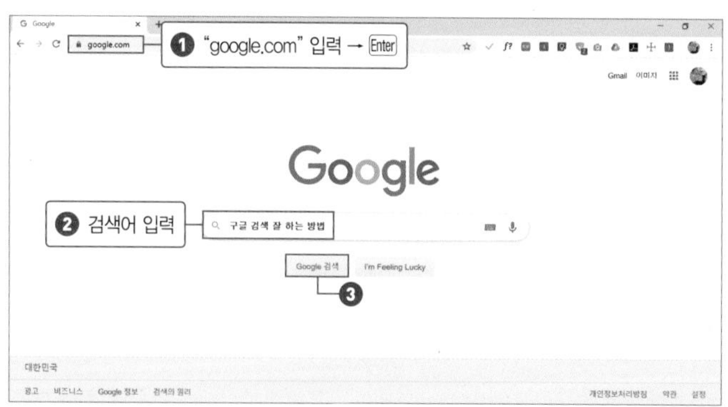


**잠깐만요**

검색어를 입력한 뒤 Enter 키를 눌러도 검색결과를 확인할 수 있습니다.

검색결과 중 원하는 항목을 클릭하면 자세한 내용을 확인할 수 있고 검색어 아래에 표시되는 각각의 탭을 선택하면 해당 탭 별로 구분된 검색결과를 확인할 수 있습니다.

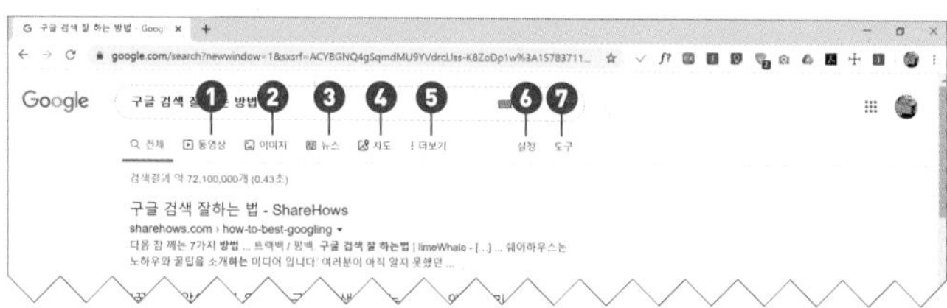


❶ **[동영상]** : 검색결과 중 동영상 검색결과를 모아봅니다.

❷ **[이미지]** : 검색결과 중 사진이나 그림 등 이미지 검색결과를 모아봅니다.

❸ **[뉴스]** : 검색결과 중 뉴스 기사의 검색결과를 모아봅니다.

❹ **[지도]** : 검색결과 중 지도 검색결과를 모아봅니다.

❺ **[더보기]** : 검색결과 중 쇼핑, 도서, 금융 등의 검색결과를 모아봅니다. 검색어에 따라 [더보기] 탭에 표시되는 항목이 달라집니다.

❻ **[설정]** : Google 검색의 설정을 확인하고 변경합니다.

- **[검색 환경설정]** : 세이프서치 필터, 페이지당 검색결과 개수, 검색결과 여는 창, 지역 설정 등을 변경합니다.
- **[언어]** : Google 검색에 사용할 언어를 설정합니다.
- **[세이프서치 사용 설정]** : 폭력적이거나 선정적인 검색결과가 표시되지 않도록 설정합니다.
- **[비공개 검색결과 숨기기]** : Google 서비스를 통해서 생산한 내 정보를 검색하거나 숨길 수 있습니다.
- **[고급검색]** : 제외해야 하는 단어, 꼭 포함해야 하는 단어 등 세세한 설정으로 검색합니다.
- **[검색활동]** : 검색 기록을 확인하거나 관리합니다.
- **[Google 검색에 표시되는 데이터]** : Google 서비스 전반의 데이터를 관리합니다.
- **[검색 도움말]** : 검색하는데 도움이 되는 다양한 도움말을 찾을 수 있습니다.

❼ **[도구]** : 검색결과에 세부 조건을 추가해 원하는 결과를 쉽게 찾을 수 있게 합니다. 예를 들어 [이미지] 탭의 도구를 선택하면 이미지 크기, 색상, 사용권, 유형 등을 검색 조건으로 추가할 수 있습니다.

### Google+ | I'm Feeling Lucky

Google 첫 화면에는 [Google 검색] 버튼과 함께 [I'm Feeling Lucky]라는 버튼이 있습니다. 검색창에 '네이버'를 입력한 뒤 [google 검색] 버튼을 클릭하면 '네이버'와 관련된 검색결과가 표시되지만 [I'm Feeling Lucky]를 클릭하면 검색결과 대신 바로 네이버로 이동합니다. 차이점을 이해하셨나요? 검색어를 입력한 뒤, [I'm Feeling Lucky]를 클릭하면 검색결과 중 가장 관련성이 높은 페이지로 바로 이동할 수 있습니다.

▲ [google 검색]을 클릭한 결과　　▲ [I'm Feeling Lucky]를 클릭한 결과

검색어를 입력하지 않고 [I'm Feeling Lucky] 버튼을 클릭하면 지금까지 Google에서 제작한 Google 기념 로고를 확인할 수 있는 페이지로 이동합니다. Google은 Google이 서비스 되는 나라의 명절이나 유명 예술가나 과학자를 기념하기 특별한 로고를 만들어 검색창을 장식합니다.

# TIP 002 이미지 검색



이미지 파일과 관련된 정보나 비슷한 이미지를 찾고 싶을 때, 또는 더 높은 해상도의 이미지를 찾고 싶을 때는 어떻게 검색해야 할까요? 이럴 땐 Google의 이미지 검색을 사용해보세요.

이미지 검색을 사용하면 비슷한 이미지나 같은 이미지를 사용한 웹사이트, 다른 해상도의 이미지 등을 쉽게 검색할 수 있습니다.

**01** Google 검색 첫 화면의 [이미지]를 클릭합니다.

**02** 검색창에 표시되는 [📷]을 클릭합니다.

**03** '이미지로 검색' 대화상자의 [이미지 업로드] 탭을 선택한 뒤, [파일 선택]을 클릭합니다.

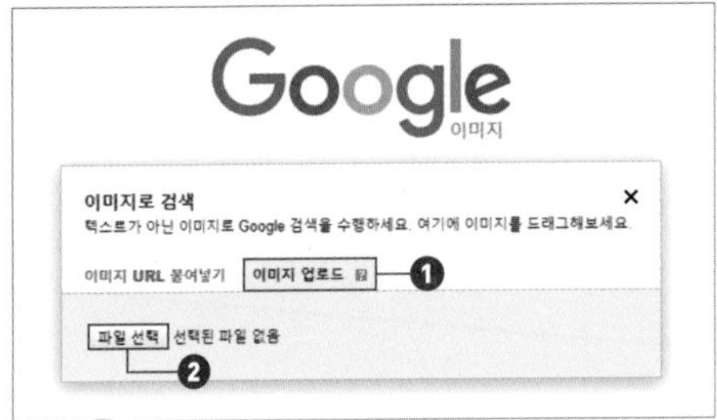


**04** '열기' 대화상자가 표시되면 검색할 이미지가 저장된 위치로 이동하여 검색할 이미지 파일을 선택한 뒤 [열기]를 클릭합니다.

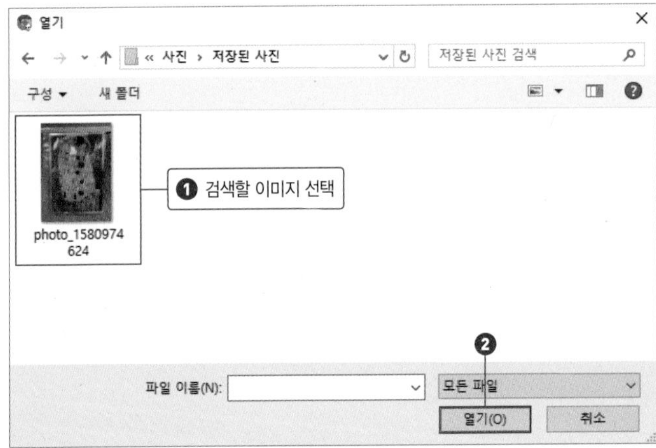

**05** 이미지 검색결과가 표시됩니다. 검색결과에는 검색에 사용한 이미지의 정보와 함께 유사한 이미지가 표시됩니다.

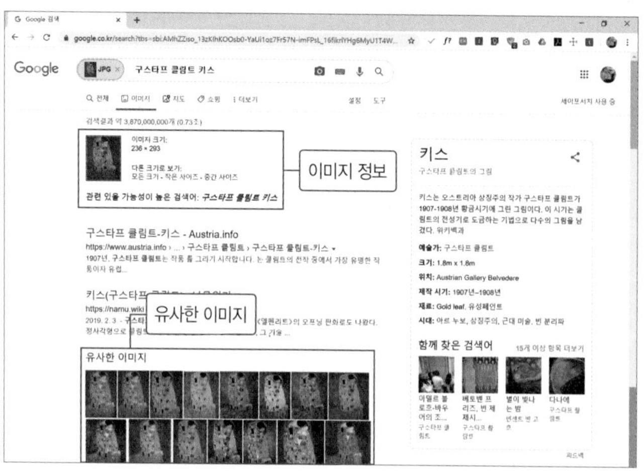


## Google⁺ | URL 붙여넣기

웹페이지에 있는 이미지를 검색하고 싶다면 '이미지로 검색' 대화상자에서 [이미지 URL 붙여넣기] 탭을 선택한 뒤 검색하고 싶은 웹페이지의 이미지를 클릭하여 '이미지로 검색' 대화상자로 드래그하면 됩니다. 만약 드래그할 수 없는 이미지라면 검색하고 싶은 이미지를 마우스 오른쪽 버튼으로 클릭하여 [이미지 주소 복사]를 선택한 뒤 '이미지로 검색' 대화상자의 [이미지 URL 붙여넣기]를 선택해 Ctrl+V 키를 누르면 검색할 이미지의 URL로 이미지 검색을 할 수 있습니다.

## TIP 003 검색결과를 컬렉션에 저장하기

Google 검색으로 찾은 이미지를 컬렉션에 저장하면 필요할 때 바로 확인할 수 있습니다. 컬렉션에 저장하는 검색결과는 이미지 파일을 저장하는 것이 아니라 해당 이미지의 링크를 저장하는 것입니다.

**01** Google 검색결과의 [이미지] 탭에서 이미지를 검색하는 중 검색결과를 선택하면 선택한 이미지와 함께 상세 정보가 표시됩니다. 상세 정보의 [🔖]를 클릭하면 선택한 이미지가 컬렉션에 저장됩니다.

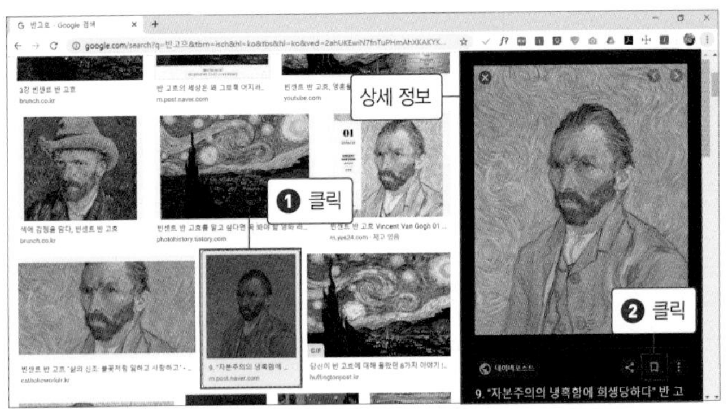


**02** 컬렉션에 저장된 이미지를 확인하려면 검색결과 페이지의 [컬렉션]을 클릭합니다.

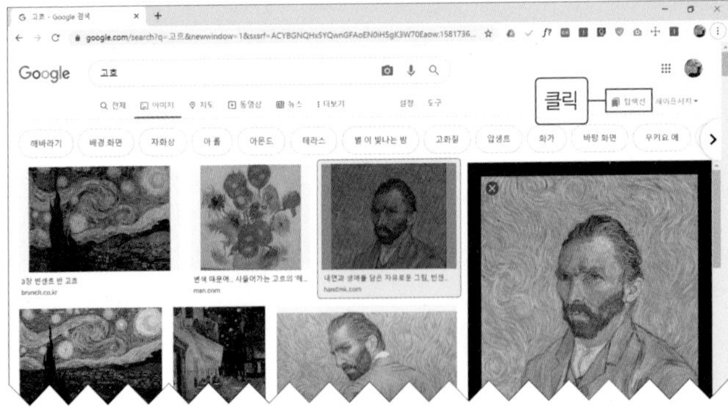

**03** '즐겨찾는 이미지' 페이지에서는 그동안 컬렉션에 저장한 이미지를 확인할 수 있습니다. 저장된 이미지를 제거하려면 [선택]을 클릭한 후 삭제할 이미지를 체크한 뒤 [삭제]를 클릭합니다.

### Google+ | 검색 제안 사용하기

Google 검색결과 중 [이미지] 탭을 클릭하면 검색어 아래로 Google이 제안하는 검색 제안이 표시됩니다. 예를 들어 '고흐'를 검색하면 '고흐'와 관련된 검색어를 제안하는 것이죠. 검색 제안의 '해바라기' 선택하면 고흐가 그린 해바라기 그림만 확인할 수 있습니다. 검색하려는 내용의 일부만 알고 있는 상황이나 다른 사람들이 많이 검색하는 내용을 확인할 때 아주 유용합니다.

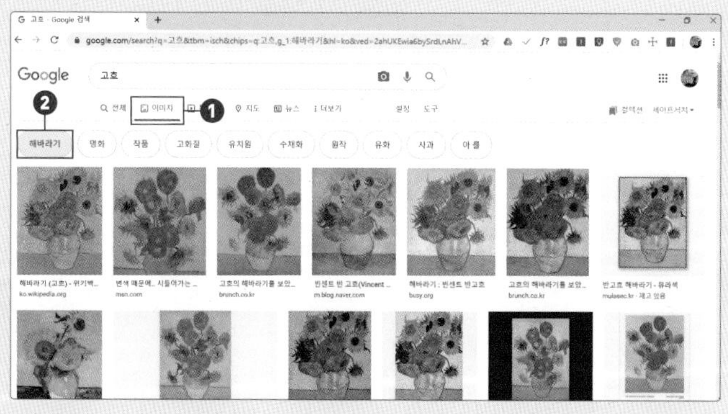

**04** 저장된 이미지를 항목별로 관리할 수도 있습니다. 컬렉션 페이지 왼쪽의 [새 컬렉션]을 클릭한 뒤 원하는 컬렉션 이름을 입력하고 [확인]을 클릭하면 새로운 컬렉션이 만들어집니다.

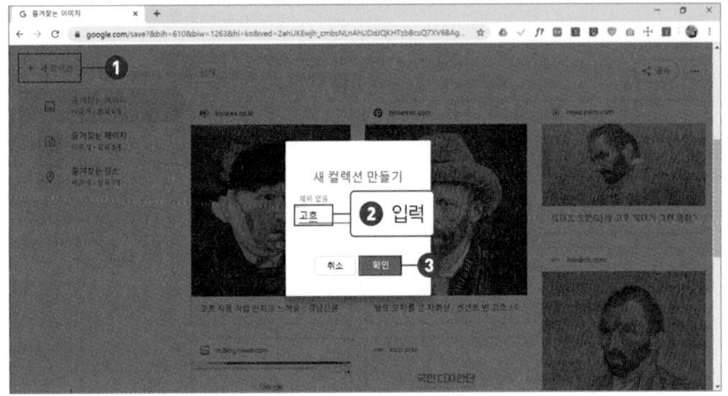


**05** 새 컬렉션으로 이미지를 이동시키려면 [선택]을 클릭해 이동할 이미지를 선택한 뒤 [이동]을 클릭하여 원하는 컬렉션을 선택하면 됩니다.

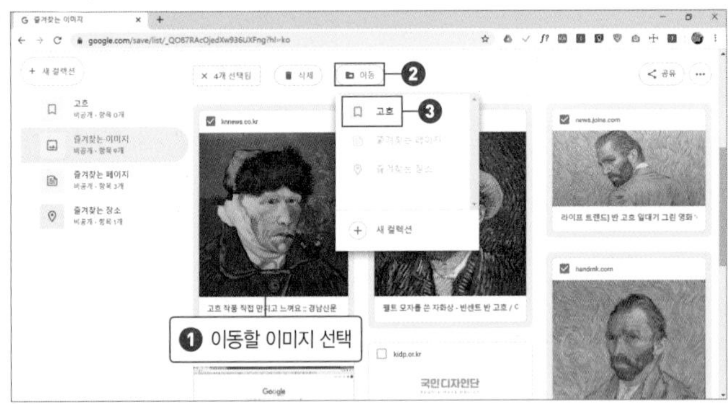

##  Google+ | Google 지도에서 검색한 위치도 컬렉션에 추가할 수 있어요.

Google 지도에서 검색한 위치도 컬렉션에 저장할 수 있습니다. Google 지도에서 원하는 장소를 검색하거나 지도의 특정 장소를 선택해 [저장]을 클릭한 후 원하는 컬렉션을 선택하면 해당 위치가 컬렉션에 저장됩니다. 저장한 위치는 컬렉션에서 확인할 수 있습니다. 여행을 준비 중이라면 Google 지도에서 여러 장소를 컬렉션으로 모아보세요.

# TIP 004 세이프서치 설정 / 해제하기

검색 중 의도치 않게 선정적인 검색결과가 표시되어 난감한 경험을 한 적이 있지 않나요? 또는 필요한 정보가 표시되지 않아 어려움을 겪은 적이 있지 않나요? 이번에는 검색결과에서 선정적인 콘텐츠를 필터링해주는 Google 검색의 세이프서치에 대해 알아보겠습니다.

**01** 검색결과에 선정적인 콘텐츠가 포함되어 있는 경우 '세이프서치 사용 중'이라는 메시지가 표시되고 선정적인 콘텐츠가 검색되지 않습니다.

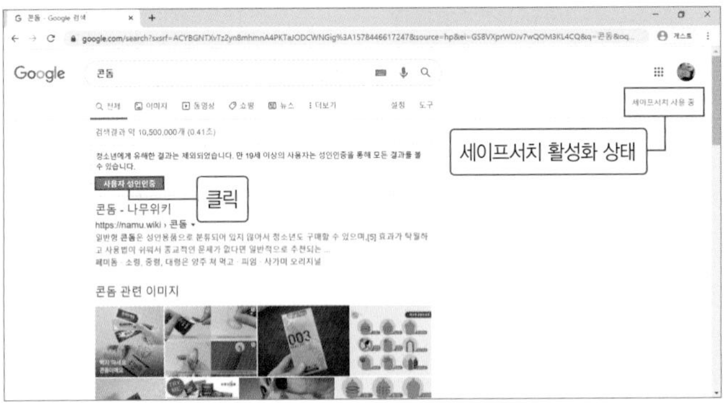


**잠깐만요**

성인인증을 하려면 [사용자 성인인증]을 클릭한 뒤 핸드폰으로 전송되는 인증번호를 입력하면 됩니다.

**02** 성인인증 후 Google 검색 첫 화면의 [설정]–[검색 설정]을 차례로 선택합니다.

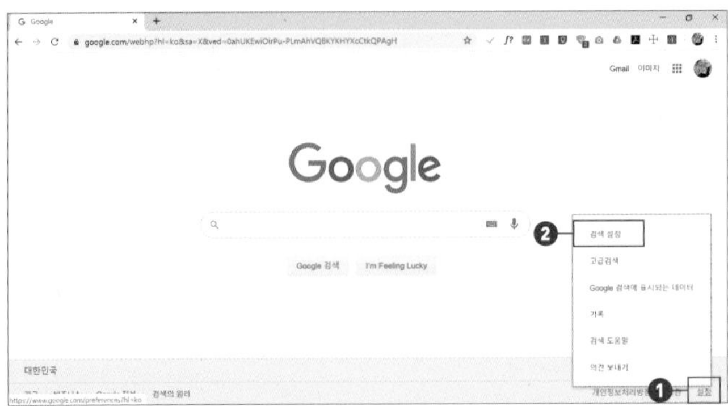

**03** '세이프서치 필터' 항목의 [세이프서치 사용 설정]을 클릭하여 체크를 해제한 뒤 검색 설정 페이지 아래의 [저장]을 클릭합니다.

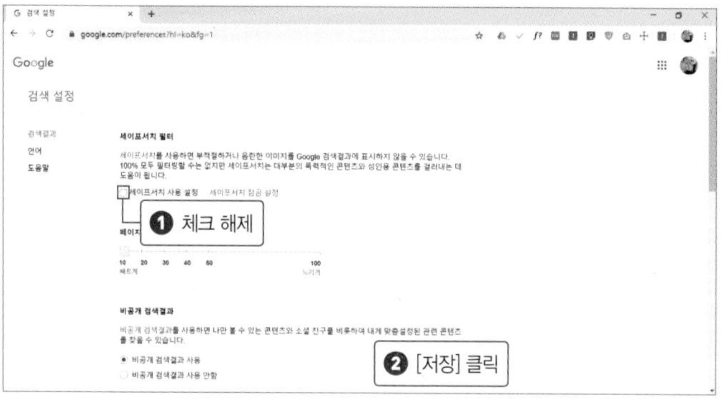


**잠깐만요**

'세이프서치 필터' 항목의 [세이프서치 잠금 설정]을 선택하면 더 엄격하게 검색결과를 필터링합니다.

## TIP 005 검색 설정 변경하기

특정 지역에 최적화된 검색을 하거나 특정 언어로 검색을 해야 할 때, 또는 한번에 더 많은 검색결과를 확인하고 싶다면 검색 설정을 변경해보세요. 이번에는 검색 설정을 변경하는 방법에 대해 알아보겠습니다.

검색 설정을 변경하려면 Google 검색 첫 화면의 [설정]-[검색 설정]을 차례로 선택합니다.

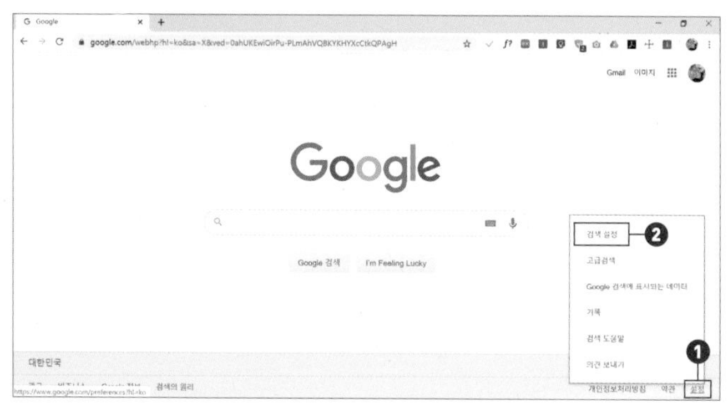

**잠깐만요**

검색결과 페이지의 [설정]-[검색 환경설정]을 선택해서도 설정을 변경할 수 있습니다.

검색 설정 페이지에서는 다음의 설정을 변경할 수 있습니다. 설정을 변경한 뒤에는 검색 설정 페이지 아래의 [저장]을 클릭해야 변경사항이 저장됩니다.

## 세이프서치 필터

검색결과에 선정적인 콘텐츠를 표시하지 않습니다. 자세한 내용은 30쪽을 참고하세요.

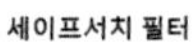

**세이프서치 필터**

세이프서치를 사용하면 부적절하거나 음란한 이미지를 Google 검색결과에 표시하지 않을 수 있습니다. 100% 모두 필터링할 수는 없지만 세이프서치는 대부분의 폭력적인 콘텐츠와 성인용 콘텐츠를 걸러내는 데 도움이 됩니다.

☐ 세이프서치 사용 설정　　세이프서치 잠금 설정

## 페이지당 검색결과 개수

'페이지당 검색결과 개수' 항목의 슬라이더를 좌우로 드래그 해 한 페이지에 표시할 검색결과의 개수를 선택할 수 있습니다. 검색결과 개수는 10개의 단위로 선택할 수 있으며 한 페이지에 표시하는 검색결과의 개수가 많을수록 검색결과가 느리게 표시될 수 있습니다.

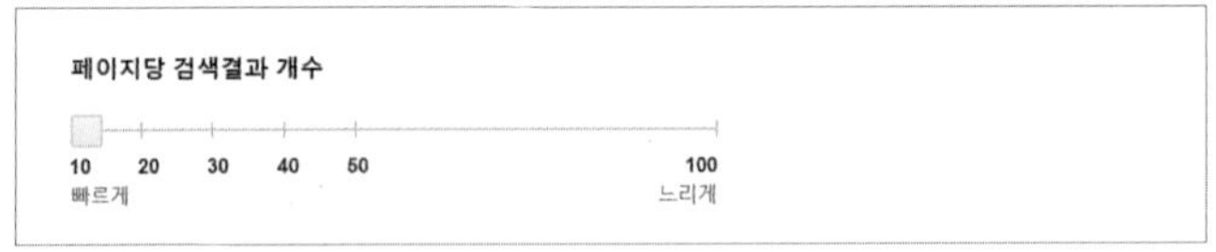


## 비공개 검색결과

[비공개 검색결과 사용]을 선택하면 사용자의 Google 계정 내 콘텐츠까지 검색할 수 있습니다. 비공개 검색결과를 사용하지 않으려면 [비공개 검색결과 사용 안함]을 선택합니다.

**비공개 검색결과**

비공개 검색결과를 사용하면 나만 볼 수 있는 콘텐츠와 소셜 친구를 비롯하여 내게 맞춤설정된 관련 콘텐츠를 찾을 수 있습니다.

◉ 비공개 검색결과 사용

○ 비공개 검색결과 사용 안함

## 음성 답변

[음성 검색 시 음성으로 답변]을 선택하면 "OK Google" 음성 검색결과를 음성으로 알려줍니다. 음성 답변을 사용하지 않으려면 [텍스트로만 표시]를 선택합니다.

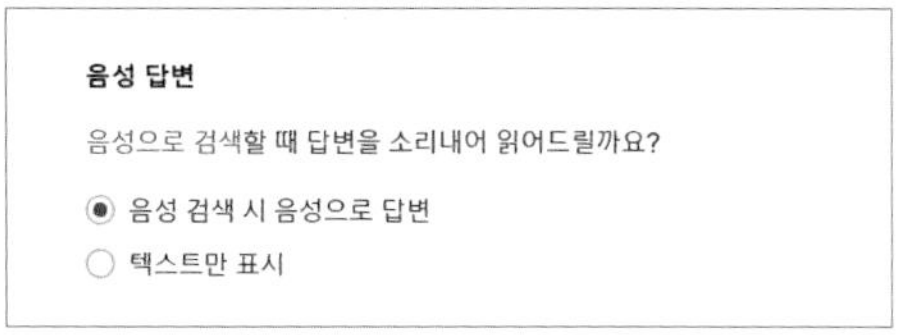

**음성 답변**

음성으로 검색할 때 답변을 소리내어 읽어드릴까요?

◉ 음성 검색 시 음성으로 답변
○ 텍스트만 표시

**잠깐만요**

"OK Google" 서비스는 Android OS를 사용하는 스마트폰에서만 사용할 수 있습니다. 일부 스마트폰에서는 "HEY Google"로도 음성 검색을 사용할 수 있습니다.

## 검색결과 여는 창

[선택한 검색결과를 새 브라우저 창에서 열기]를 선택하면 검색결과 중 원하는 항목을 클릭할 때 해당 내용이 새 탭에 표시됩니다. 새 탭을 열지 않고 같은 탭에서 검색결과를 확인하려면 [선택한 검색결과를 새 브라우저 창에서 열기]를 체크 해제하면 됩니다.

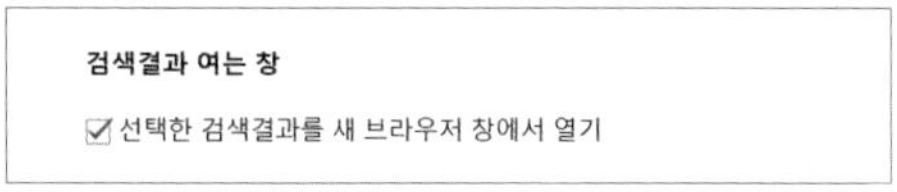

**검색결과 여는 창**

☑ 선택한 검색결과를 새 브라우저 창에서 열기

## 검색 활동

사용자의 모든 검색 활동은 Google에 저장되고 저장된 검색 활동을 기반으로 다양한 추천 정보를 제공합니다. 검색 활동을 사용하지 않으려면 '검색 활동' 항목 아래의 설명글 중 파란색으로 표시되는 [검색 활동]을 클릭해보세요.

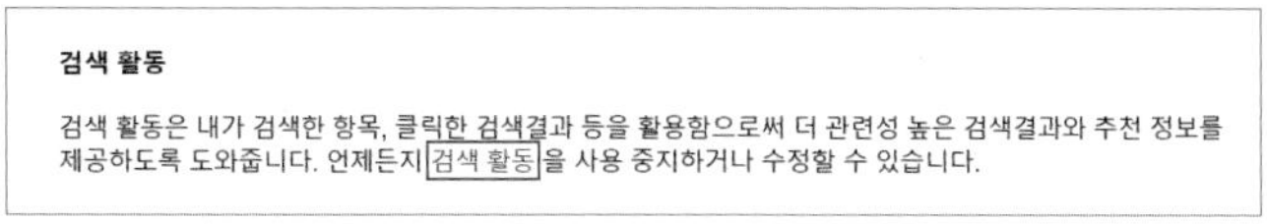

**검색 활동**

검색 활동은 내가 검색한 항목, 클릭한 검색결과 등을 활용함으로써 더 관련성 높은 검색결과와 추천 정보를 제공하도록 도와줍니다. 언제든지 검색 활동을 사용 중지하거나 수정할 수 있습니다.

[검색 활동]을 클릭하면 Google 계정 관리의 'Google 내 활동' 페이지로 이동합니다. '웹 및 앱 활동 사용'의 [설정 변경]을 클릭하면 검색 활동의 저장 여부를 선택할 수 있고 '사용자가 직접 삭제하기 전까지 활동 보관'의 [자동으로 삭제하려면 선택]을 클릭하면 저장된 검색 활동 정보를 삭제할 수 있습니다.

**잠깐만요**

Google 계정 관리의 '활동 및 타임라인'에 대한 자세한 내용은 202쪽을 참고하세요.

## 지역 설정

같은 검색어로 검색을 해도 검색하는 지역에 따라 검색결과가 조금씩 다를 수 있습니다. 특정 지역에 최적화된 정보를 검색하려면 지역 설정을 변경해야 합니다. 기본적으로 [현재 지역]으로 설정되어 있고 [자세히]를 클릭하면 선택할 수 있는 더 많은 지역을 확인할 수 있습니다.

**지역 설정**

| | | | |
|---|---|---|---|
| ○ 현재 지역 | ○ 건지 | ○ 나우루 | ○ 노르웨이 |
| ○ 가나 | ○ 과테말라 | ○ 나이지리아 | ◉ 뉴질랜드 |
| ○ 가봉 | ○ 그리스 | ○ 남아프리카 | ○ 니우에 |
| ○ 가이아나 | ○ 그린란드 | ○ 네덜란드 | ○ 니제르 |
| ○ 감비아 | ○ 나미비아 | ○ 네팔 | ○ 니카라과 |

자세히 ▾

**잠깐만요**

검색에 사용할 언어를 변경하려면 검색 설정 페이지의 메뉴 중 [언어]를 선택하면 됩니다.

# TIP 006 검색 연산자 사용하기

검색어와 함께 검색 연산자를 사용하면 원하는 검색결과를 더 빠르게 찾을 수 있습니다. 특정 기호나 단어를 사용하는 검색 연산자의 종류와 사용 방법에 대해 알아보겠습니다.

검색 연산자를 사용하지 않고 PDF 파일이 첨부된 '인공지능' 관련 자료를 검색하려면 '인공지능'을 검색한 뒤 검색결과를 하나씩 확인하며 첨부된 PDF 파일이 있는지 확인해야 했지만 원하는 파일 형식을 찾을 수 있는 'filetype:' 이라는 검색 연산자를 사용해 'filetype:pdf 인공지능'이라고 검색한다면 '인공지능'이라는 단어와 PDF 파일이 포함된 검색결과만 확인할 수 있습니다.

▲ '인공지능'을 검색한 결과

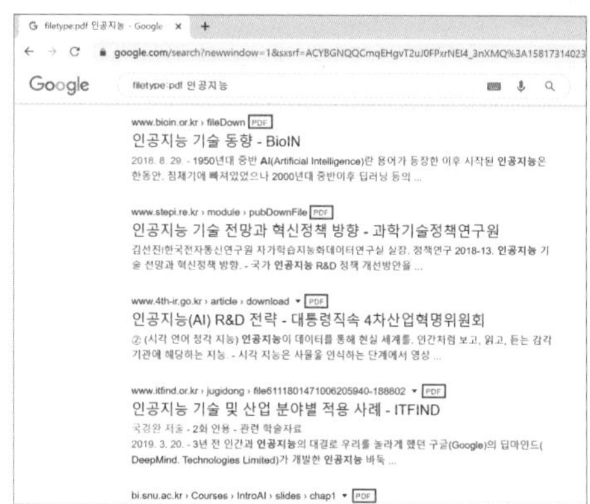

▲ 'filetype:pdf 인공지능'을 검색한 결과

검색 연산자를 사용하는 방법은 아주 간단합니다. 미리 약속된 검색 연산자를 포함하여 검색어를 입력하기만 하면 되죠.

| 연산자 | 설명 | 예시 |
|---|---|---|
| " " | 큰따옴표(" ") 안의 검색어가 반드시 포함된 검색결과를 보여줍니다. | 다리 긴 "강아지",<br>다리 긴 "고양이" |
| – | '–' 뒤에 입력한 검색어를 제외한 검색결과를 보여줍니다. | 클라우드 –펀딩 |
| OR | 검색어 중에 하나라도 포함된 검색결과를 보여줍니다. 검색 연산자 'OR'은 반드시 대문자로 사용해야 합니다. | 카카오톡 OR 라인 |
| * | 여러 검색어를 조합하여 검색할 때 '*'에 임의의 검색어가 포함된 검색결과를 보여줍니다. 검색어 일부가 생각나지 않을 때나 변화하는 검색어로 검색할 때 유용합니다. | 동해물과 * 마르고,<br>*년 베스트셀러 |

| #..# | '#'에 입력한 두 수를 사이의 검색결과를 보여줍니다. | 20103..2017 아이유 노래, 2010..2020 베스트셀러 |
|---|---|---|
| @ | 트위터나 페이스북, 인스타그램 같은 소셜 미디어에서 검색한 결과를 보여줍니다. | @twitter bts, @facebook bts |
| # | 해시태그(#) 검색결과를 보여줍니다. | #BTS, #새해소원 |
| define: | 입력한 검색어의 사전적 정의를 표시합니다. | define:태양계, define:광합성 |
| site: | 원하는 특정 사이트에서 검색한 결과를 보여줍니다. | site:gilbut.co.kr 무작정 따라하기 |
| intitle: | 웹페이지 제목을 검색합니다. | intitle:반려견 |
| allintitle | 웹페이지 제목 중에 여러 검색어가 포함된 결과를 검색합니다. | allintitle:반려견 반려묘 |
| inurl: | 웹페이지의 URL에 원하는 검색어가 포함된 웹페이지를 찾습니다. | inurl:인공지능, inurl:contact |
| allinurl: | 웹페이지의 URL에 원하는 여러 검색어가 포함된 웹페이지를 찾습니다. | allinurl:google search |
| filetype: | 특정 파일 확장자의 파일이 포함된 검색결과를 보여줍니다. | filetype:pdf 북유럽디자인, filetype:doc 인공지능 |
| related: | 특정 웹사이트와 비슷한 웹사이트를 찾아줍니다. | related:facebook.com, related:twitter.com |

**잠깐만요**

해시태그는 게시물이나 문서의 특정 단어 앞에 검색 연산자 '#'를 입력하여 분류와 검색에 용이하도록 일종의 꼬리표를 달수 있는 기능입니다.

## TIP 007 고급 검색 사용하기

**검색 연산자를 사용하면 원하는 결과를 빠르게 찾을 수 있지만 여러 검색 연산자를 기억하기 어렵다면 고급 검색을 사용해보세요. 고급 검색을 사용하면 검색의 범위를 좁히거나 원하는 검색결과를 세밀하게 설정할 수 있습니다.**

검색결과를 하나하나 확인하여 원하는 내용을 찾는 것이 번거롭다면 원하는 조건으로 검색 범위를 좁힐 수 있습니다.

**01** Google 검색에서 원하는 검색어로 검색한 뒤, 검색결과가 표시되면 [설정]-[고급검색]을 선택합니다.

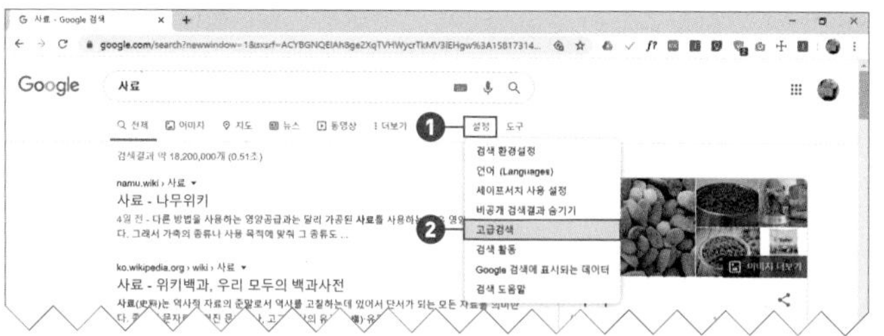


**잠깐만요**

Google 검색 첫 화면의 [설정]-[고급검색]을 선택하면 검색 전 원하는 조건을 미리 지정할 수 있습니다.

**02** 고급검색 페이지의 각 항목에 원하는 내용을 입력하면 검색 연산자 없이도 빠르고 정확한 검색결과를 확인할 수 있습니다.

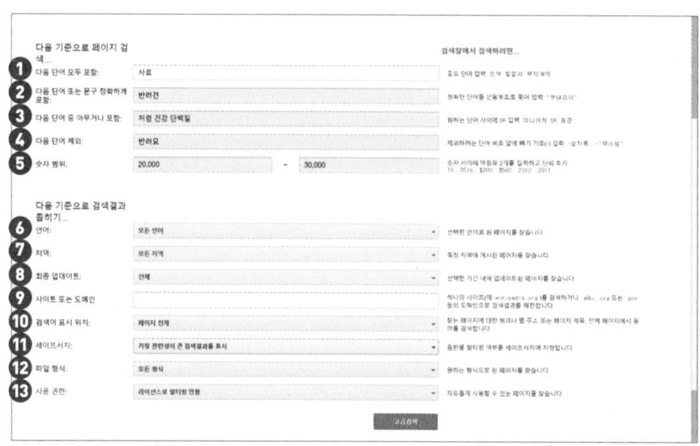


❶ **[다음 단어 모두 포함]** : 검색에 포함할 단어를 입력합니다.

❷ **[다음 단어 또는 문구 정확하게 포함]** : 검색 연산자 " "와 같이 입력한 검색어가 반드시 포함된 검색결과를 보여줍니다.

❸ **[다음 단어 중 아무거나 포함]** : 검색 연산자 'OR'과 같이 입력한 검색어 중 하나라도 포함한 검색결과를 보여줍니다.

❹ **[다음 단어 제외]** : 검색 연산자 '-'와 같이 입력한 검색어를 제외한 검색결과를 보여줍니다.

❺ **[숫자 범위]** : 검색 연산자를 사용한 '#..#'와 같이 입력한 두 숫자 사이의 검색결과를 보여줍니다.

❻ **[언어]** : 선택한 언어가 사용 된 웹페이지의 검색결과를 보여줍니다. [▼]를 클릭하면 원하는 언어를 선택할 수 있습니다.

❼ **[지역]** : 선택한 지역에 게시된 웹페이지의 검색결과를 보여줍니다. [▼]를 클릭하면 원하는 지역을 선택할 수 있습니다.

❽ **[최종 업데이트]** : 선택한 기간 내 업데이트 된 웹페이지의 검색결과를 보여줍니다. [▼]를 클릭하면 원하는 기간을 선택할 수 있습니다.

❾ **[사이트 또는 도메인]** : 검색할 사이트나 도메인을 지정할 수 있습니다.

❿ **[검색어 표시 위치]** : 페이지 전체, 페이지 제목, 페이지 텍스트, 페이지 URL, 페이지 링크 중 검색어를 찾을 위치를 선택할 수 있습니다.

⓫ **[세이프서치]** : 세이프서치 사용 여부를 지정해 검색할 수 있습니다. 세이프서치에 대한 자세한 내용은 30쪽을 참고하세요.

⓬ **[파일 형식]** : 원하는 파일 확장자가 포함된 검색결과를 보여줍니다. [▼]를 클릭하면 원하는 확장자를 선택할 수 있습니다.

⓭ **[사용 권한]** : 라이선스 사용 범위를 선택해 검색할 수 있습니다. [▼]를 클릭하면 사용 범위를 선택할 수 있습니다.

## Google⁺ | 이미지도 고급검색

이미지를 검색할 때도 고급검색으로 이미지 크기나 파일 형식, 색상 등 세세한 설정으로 이미지를 검색할 수 있습니다. 이미지 고급검색을 사용하려면 검색결과 화면에서 [이미지] 탭을 선택한 후 [설정]–[고급검색]을 선택하면 됩니다.

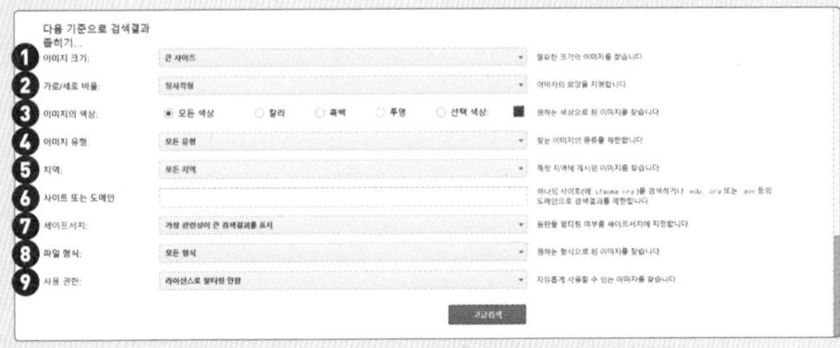


❶ **[이미지 크기]** : 검색할 이미지의 크기를 지정할 수 있습니다. [▼]를 클릭하면 이미지 크기를 선택할 수 있습니다.

❷ **[가로/세로 비율]** : 검색할 이미지의 비율을 지정할 수 있습니다. [▼]를 클릭하면 비율을 선택할 수 있습니다.

❸ **[이미지의 색상]** : 검색할 이미지의 색상을 지정할 수 있습니다. [선택 색상]을 클릭하면 원하는 색상을 선택할 수 있습니다.

❹ **[이미지 유형]** : 사진, 클립아트, 애니메이션(GIF) 등의 이미지 유형을 지정할 수 있습니다.

❺ **[지역]** : 선택한 지역에 게시된 웹페이지의 검색결과를 보여줍니다. [▼]를 클릭하면 원하는 지역을 선택할 수 있습니다.

❻ **[사이트 또는 도메인 도메인]** : 검색할 사이트나 도메인을 지정할 수 있습니다.

❼ **[세이프서치]** : 세이프서치를 지정해 검색할 수 있습니다. 세이프서치에 대한 자세한 내용은 30쪽을 참고하세요.

❽ **[파일 형식]** : 원하는 파일 확장자가 포함된 검색결과를 보여줍니다. [▼]를 클릭하면 원하는 파일 확장자를 선택할 수 있습니다.

❾ **[사용 권한]** : 라이선스 사용 범위를 선택해 검색할 수 있습니다. [▼]를 클릭하면 사용 범위를 선택할 수 있습니다.

# TIP 008 검색 알림 설정하기(Google 알리미)

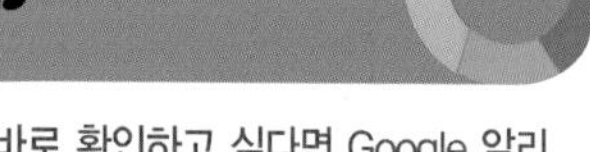

새로운 소식을 확인하기 위해 주기적으로 검색하는 주제가 있거나 최신의 정보를 바로 확인하고 싶다면 Google 알리미를 사용해보세요. 원하는 검색어를 등록해 놓으면 새로운 콘텐츠가 웹 상에 게시될 때마다 이메일로 알려줍니다.

**01** Google 검색창에 'Google 알리미'를 검색하거나 직접 주소(https://www.google.com/alerts)를 입력하여 Google 알리미 페이지로 이동합니다.

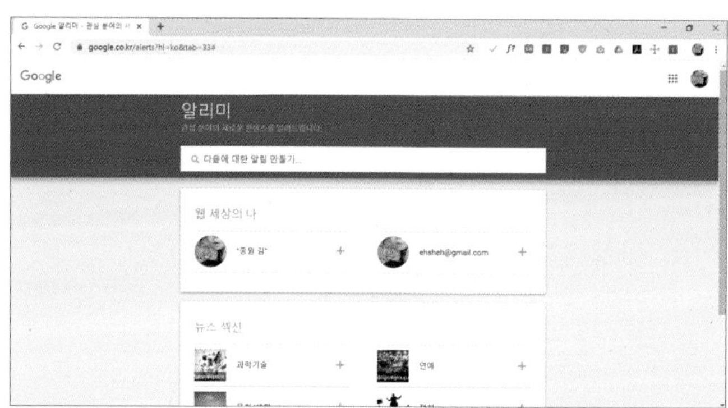


**02** Google 알리미 검색창에 알림으로 받고 싶은 검색어를 입력합니다. 원하는 검색어를 입력한 뒤 [옵션 표시]를 클릭하면 알림과 관련한 세부 옵션을 설정할 수 있습니다.

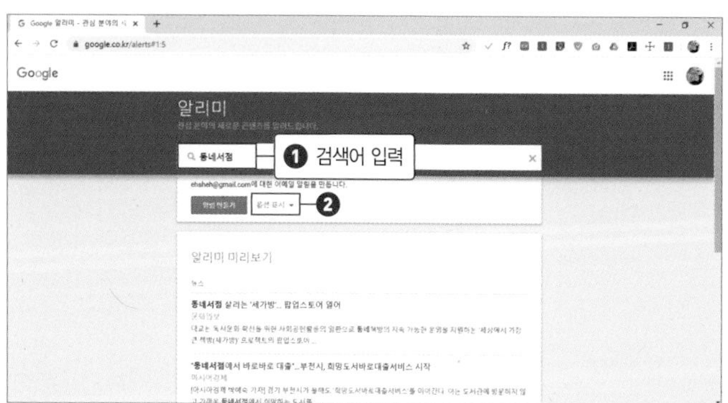


**잠깐만요**

검색어를 입력하면 '알리미 미리보기'에 검색어와 관련된 뉴스, 웹 등의 검색결과가 표시되어 Google 알리미로 등록할 콘텐츠를 미리 확인할 수 있습니다.

**03** 원하는 옵션을 지정한 뒤, [알림 만들기]를 클릭합니다.

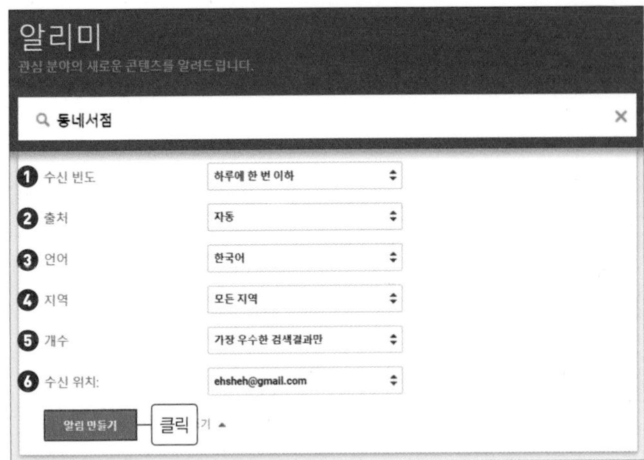


❶ **[수신 빈도]** : 새로운 콘텐츠가 등록 됐을 때의 알림 수신 빈도를 선택할 수 있습니다. [수시로]를 선택하면 새로운 콘텐츠가 등록될 때마다 알림이 발송됩니다.

❷ **[출처]** : 뉴스, 블로그, 웹페이지 등 원하는 콘텐츠의 출처를 선택할 수 있습니다.

❸ **[언어]** : 원하는 콘텐츠의 언어를 지정할 수 있습니다.

❹ **[지역]** : 원하는 콘텐츠의 지역 정보를 지정할 수 있습니다.

❺ **[개수]** : [가장 우수한 검색결과만]과 [모든 결과] 중 하나를 선택할 수 있습니다. [가장 우수한 검색결과만]을 선택하면 Google 인공지능이 콘텐츠를 선별해 알림을 발송합니다.

❻ **[수신 위치]** : 이메일이나 RSS 중 알림 수신 방법을 선택할 수 있습니다.

**04** '내 알림'에 등록한 검색어가 표시되면 [⚙]을 선택한 뒤 [전송 시간]을 클릭해 알림 전송 시간을 선택할 수 있습니다. 전송 시간을 선택한 뒤 [저장]을 클릭합니다.

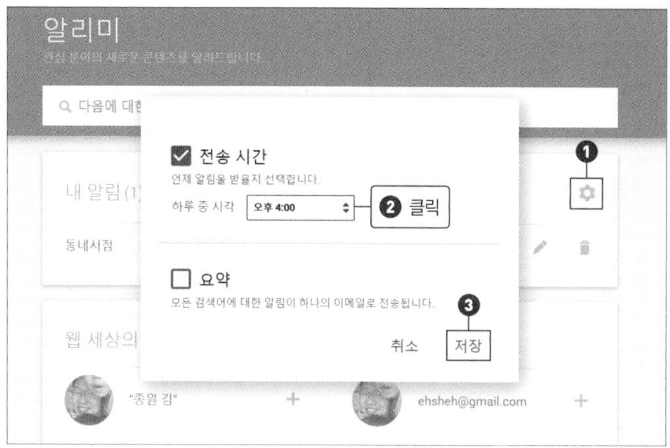


**잠깐만요**

[요약]를 클릭하여 체크 표시하면 수신 빈도, 수신 위치(알림 받을 메일 주소)를 지정할 수 있습니다.

**05** 새로운 콘텐츠가 등록되면 아래와 같이 알림 메일이 발송됩니다.

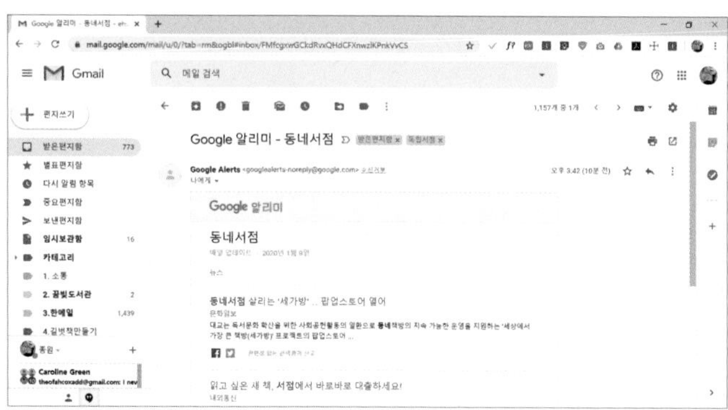

# Chrome

Google 시작하기

현재 한국은 물론 전세계에서 가장 많이 사용하는 Chrome은 Google이 만든 웹 브라우저로 Google에서 제공하는 다양한 서비스를 제대로 사용하기 위해서는 Chrome 브라우저를 사용해야 합니다. 이번 장에서는 Chrome의 기본적인 사용법부터 유용한 팁과 사용자 설정까지 Chrome의 다양한 기능과 설정에 대해 알아보겠습니다.

스킬 트리

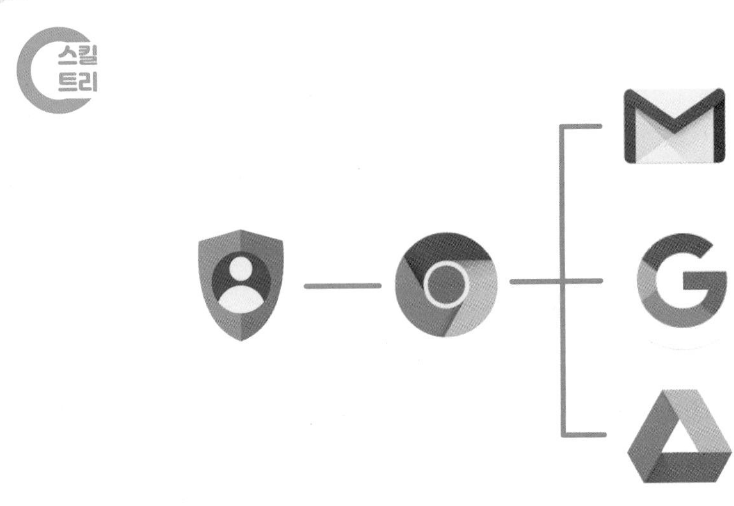

검색

# TIP 001 Chrome 다운로드 및 설치하기

'Chrome 웹 브라우저' 페이지에 접속하면 Chrome 브라우저의 설치 파일을 무료로 내려 받을 수 있습니다. Google이 제공하는 다양한 서비스를 더욱 풍성하게 활용할 수 있는 Chrome를 설치해보세요.



**01** "크롬 다운로드"를 직접 검색하거나 'Chrome 웹 브라우저' 페이지(https://www.google.com/intl/ko/chrome/)로 직접 이동한 뒤 [Chrome 다운로드]를 클릭합니다.

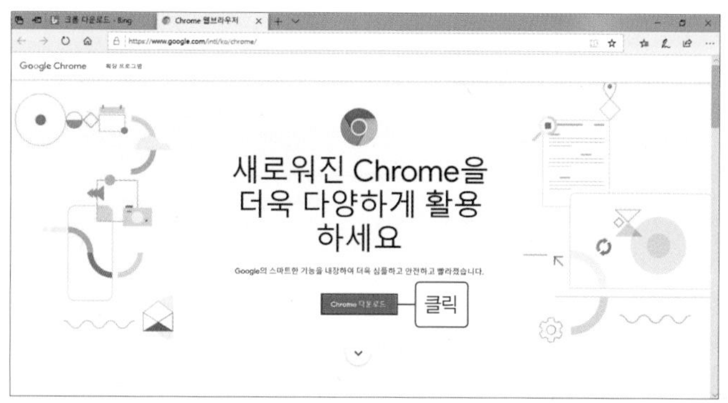


**02** Chrome 서비스 약관의 내용을 확인한 뒤 [동의 및 설치]를 클릭해 Chrome을 설치하세요.

**잠깐만요**

사용자의 운영체제에 따라 설치 파일이 자동으로 다운로드 됩니다. 만약 Apple의 macOS에서 'Chrome 웹 브라우저' 페이지에 접속했다면 자동으로 macOS용 Chrome 설치 파일이 다운로드 됩니다.

**03** 설치가 완료되면 Chrome이 자동으로 실행되고 축하 메시지가 표시됩니다.

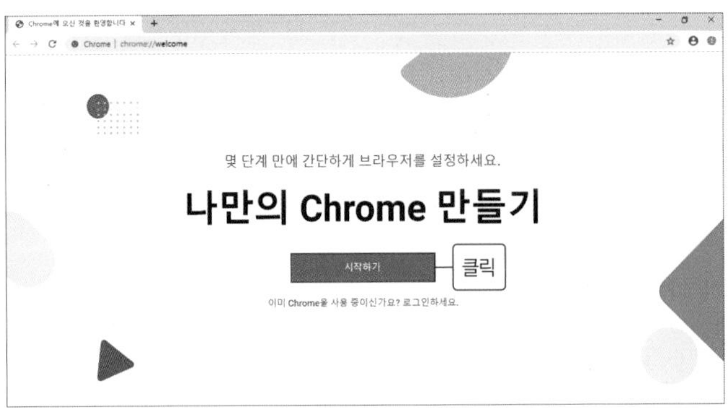


## TIP 002 Chrome 살펴보기

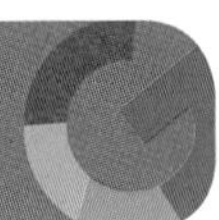

Chrome의 기본 화면은 다른 브라우저의 메뉴 구성과 크게 다르지 않아 바로 사용할 수 있습니다.

Chrome을 본격적으로 사용해보기 전, 전체 화면 구성을 간단히 살펴보겠습니다.

❶ **[탭 제목 표시줄]** : 현재 탭에 표시된 웹사이트의 제목이 표시됩니다.

❷ **[탭 닫기]** : 현재 탭을 닫습니다.

❸ **[새 탭 열기]** : 현재 창에 새 탭을 추가해 다른 웹사이트를 살펴볼 수 있습니다.

❹ **[이전/다음]** : 현재 화면에 표시된 웹페이지의 이전 또는 다음 페이지로 이동합니다.

❺ **[페이지 새로 고침]** : 현재 화면에 표시된 웹사이트를 다시 불러옵니다.

❻ **[주소 표시줄]** : 현재 탭에 표시된 웹페이지의 주소가 표시됩니다. 검색어를 입력해 원하는 내용을 검색할 수도 있습니다.

❼ **[현재 탭을 북마크에 추가]** : 현재 화면에 표시된 웹사이트를 북마크에 추가합니다. 북마크에 대한 자세한 내용은 60쪽을 참고하세요.

❽ **[프로필]** : 현재 Chrome에서 로그인 된 Google 계정이 표시됩니다.

❾ **[Chrome 맞춤설정 및 제어]** : Chrome의 설정을 확인하고 변경할 수 있습니다.

❿ **[검색창]** : URL이나 검색어를 입력하여 원하는 웹사이트로 이동하거나 검색결과를 표시합니다.

⓫ **[즐겨찾기]** : 자주 방문한 웹사이트가 표시됩니다.

⓬ **[맞춤설정]** : Chrome의 테마를 지정하거나 [즐겨찾기]에 표시할 웹사이트를 설정합니다.

## TIP 003 Chrome 기본 브라우저 설정하기

Chrome을 기본 브라우저로 지정하면 컴퓨터에 확인하는 모든 링크나 URL을 Chrome에서 확인할 수 있습니다. 컴퓨터의 기본 브라우저를 Chrome으로 바꿔보세요.

**01** Chrome의 [⋮]－[설정]을 클릭합니다.

**02** '설정' 페이지의 메뉴에서 [기본 브라우저]를 선택한 뒤 '기본 브라우저' 항목의 [기본으로 설정]을 클릭합니다.

**03** Windows의 '설정' 대화상자가 자동 실행되고 컴퓨터에 설치되어 있는 브라우저의 목록이 표시되면 [Chrome]을 선택합니다. 이제부터 링크나 URL를 클릭하면 Chrome 브라우저가 자동으로 실행됩니다.

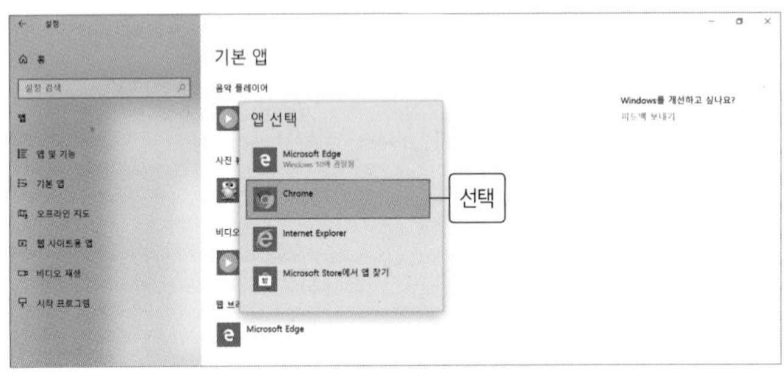

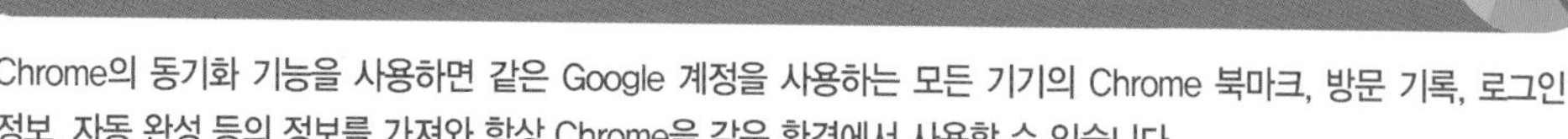

# TIP 004 Chrome 동기화 사용하기

Chrome의 동기화 기능을 사용하면 같은 Google 계정을 사용하는 모든 기기의 Chrome 북마크, 방문 기록, 로그인 정보, 자동 완성 등의 정보를 가져와 항상 Chrome을 같은 환경에서 사용할 수 있습니다.

Chrome 동기화를 사용하면 컴퓨터의 Chrome에서 방문했던 웹사이트 정보를 스마트폰과 공유할 수 있고 사용하는 여러 기기 중 하나에 문제가 생기더라도 지금까지 사용했던 환경을 그대로 새 기기에 반영할 수 있습니다.

**01** Chrome의 [프로필] – [동기화 사용...]을 차례로 클릭합니다.

**02** 동기화에 사용할 Google 계정으로 로그인합니다.

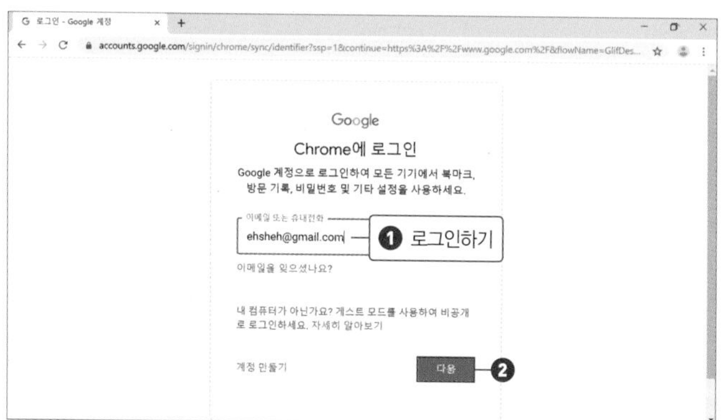


Chrome

**03** Chrome 동기화 사용 여부를 확인하는 메시지가 표시되면 [사용]을 클릭합니다.

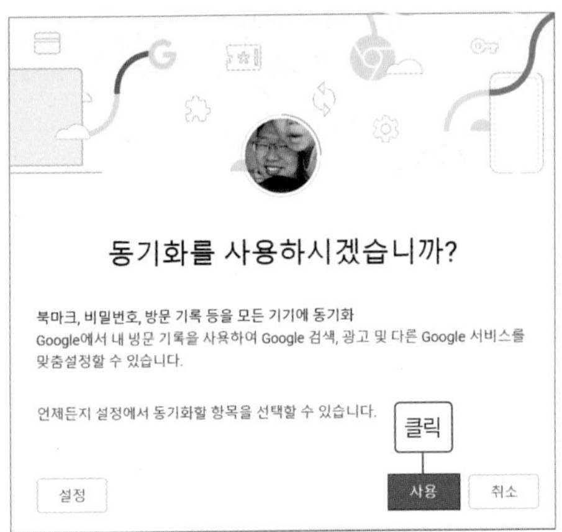


**04** 잠시 기다리면 동기화가 완료되고 북마크, 방문기록 등의 인터넷 사용 정보와 이전에 설치했던 확장 프로그램이 자동으로 설치됩니다.

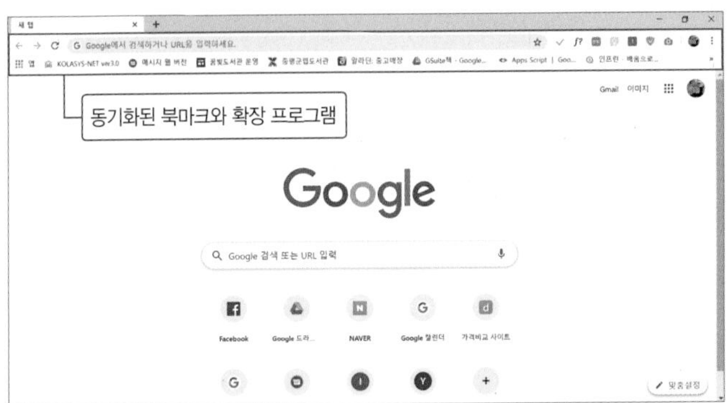

## Google+ | 동기화 항목 관리하기

동기화한 뒤 Chrome의 [⋮]-[설정]-[동기화 및 Google 서비스]-[동기화 관리]을 차례로 선택하면 동기화할 항목을 선택할 수 있습니다. '동기화 관리'의 [모두 동기화]를 선택하면 아래 항목의 모든 정보를 동기화할 수 있고 원하는 항목만 선택하여 동기화할 수도 있습니다.

# TIP 005 Chrome 탭 브라우징 사용하기

Chrome을 비롯한 최근의 웹 브라우저는 새 브라우저 창을 여는 대신 하나의 창에서 여러 개의 탭을 여는 '탭 브라우징' 방식을 사용합니다. 이번에는 Chrome의 탭 브라우징에 대해 알아보겠습니다.

Chrome은 각각의 웹사이트를 탭으로 구분하여 표시합니다. 탭 브라우징을 사용하면 하나의 Chrome 창에 여러 개의 탭을 추가해 많은 웹사이트를 표시할 수 있습니다. 물론 새 Chrome 창을 열어 웹사이트를 표시할 수도 있습니다.

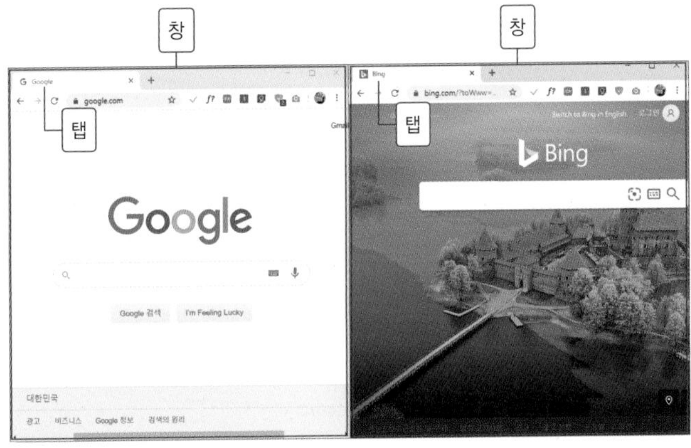


## 탭

**01** 지금 열려 있는 웹사이트를 그대로 둔 상태에서 다른 웹사이트를 방문하고 싶다면 [새 탭] **+**를 클릭합니다.

**잠깐만요**

단축키 Ctrl+T로도 새 탭을 추가할 수 있습니다.

**02** Chrome 창에 새 탭이 표시되면 새 탭의 주소 표시줄에 원하는 웹사이트의 주소를 입력해 해당 웹사이트로 이동할 수 있습니다. 이렇게 [새 탭]+을 누르는 방식으로 다양한 웹사이트를 열고 쉽게 전환할 수 있습니다.

**잠깐만요**

Ctrl+Tab 키를 누르면 현재 Chrome 창에 활성화 되어 있는 다른 탭으로 이동합니다.

**03** Chrome 창에 열려 있는 탭을 닫으려면 닫으려는 탭의 [×]를 클릭합니다. 만약 실수로 닫은 탭을 다시 표시하려면 [새 탭]+을 마우스 오른쪽으로 클릭한 뒤 [닫은 탭 다시 열기]를 선택하면 됩니다.

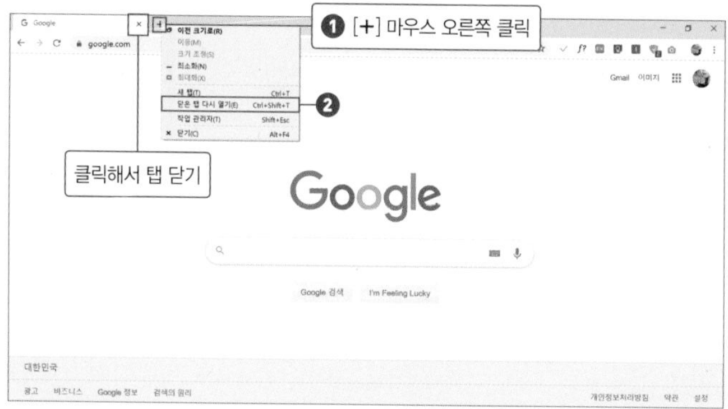


**잠깐만요**

단축키 Ctrl+Shift+T 키로도 닫은 탭을 다시 열 수 있습니다.

## 창

화면에 표시된 Chrome 창을 그대로 유지한 채 새 Chrome 창을 열거나 기존 Chrome 창의 탭을 분리해 별도의 Chrome 창으로 전환할 수도 있습니다.

**01** Chrome 창에 표시된 탭 중 새 창으로 분리하고 싶은 탭 제목 표시줄을 클릭한 채 탭 표시줄 밖으로 드래그하면 선택한 탭이 새 Chrome 창으로 분리되어 표시됩니다.

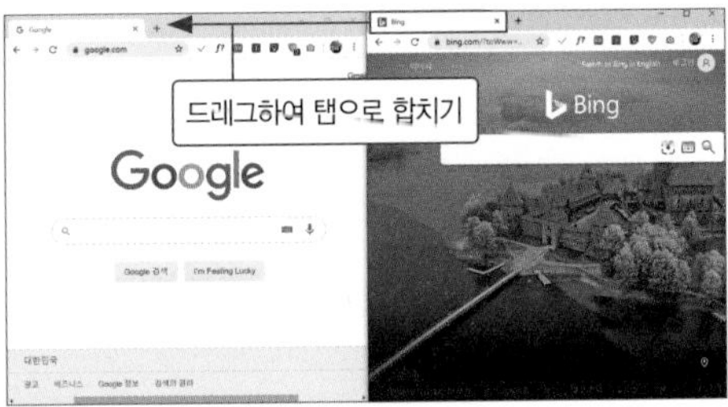


**잠깐만요**

분리한 Chrome 창을 다시 탭으로 합치려면 탭 제목 표시줄을 클릭한 뒤 Chrome 창의 탭 표시줄로 드래그하면 됩니다.

**02** 기존의 Chrome 창과 탭을 유지한 채 새 Chrome 창을 열려면 Chrome의 [⋮]-[새 창]을 클릭합니다.

**잠깐만요**

단축키 Ctrl+N 키로도 새 창을 만들 수 있습니다.

# TIP 006 Chrome 주소 표시줄에서 검색하기



Chrome 주소 표시줄에서는 크게 두 가지 작업을 할 수 있습니다. 하나는 URL을 입력하여 원하는 웹사이트로 이동하는 것이고 또 하나는 원하는 검색어를 입력하여 검색결과를 찾는 것입니다.

**01** Chrome 주소 표시줄에 원하는 검색어를 입력하고 Enter 키를 누르면 검색결과를 바로 확인할 수 있습니다.

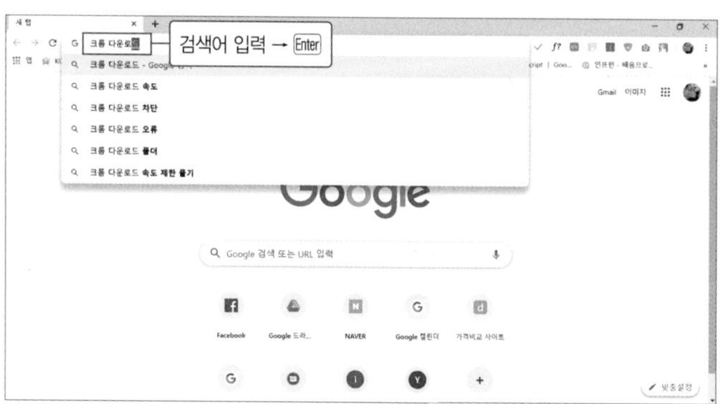


**잠깐만요**

Alt+D 키나 F6 키를 누르면 바로 Chrome의 주소 표시줄로 이동합니다.

**02** 계산, 날씨, 환율 등과 같은 간단한 정보는 주소 표시줄에 원하는 검색어를 입력하는 것만으로도 자동완성되어 결과를 바로 확인할 수 있습니다.

▲ 계산

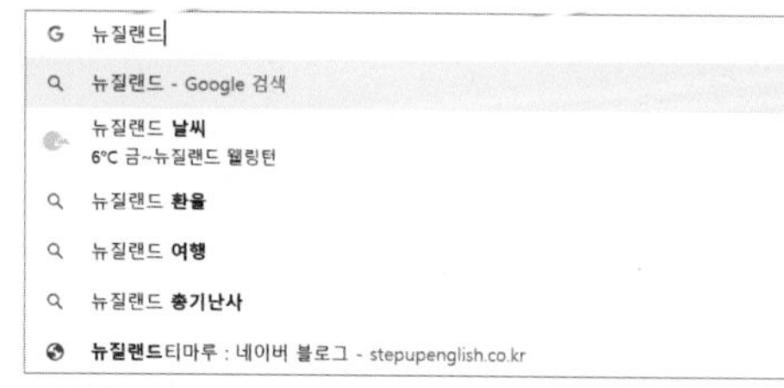


▲ 날씨

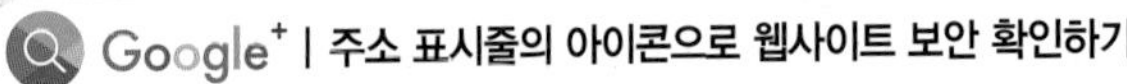

### Google+ | 주소 표시줄의 아이콘으로 웹사이트 보안 확인하기

Chrome의 주소 표시줄에는 웹사이트 주소 외에도 안전한 사이트인지 아닌지를 알려주는 아이콘이 표시됩니다. 만약 보안상 의심이 드는 웹사이트에 방문했다면 주소 표시줄의 아이콘을 확인해보세요.

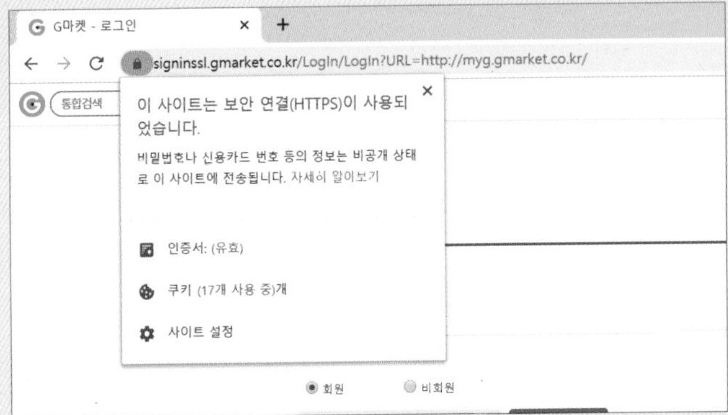


- **(보안)** : 아이콘이 표시되는 웹사이트는 통신 중에 생성되는 데이터를 암호화하여 다른 사람이 변경하거나 볼 수 없습니다. 주로 'https://'로 시작하는 웹사이트는 모두 보안이 적용된 웹사이트입니다.
- **ⓘ(주의 요망)** : ⓘ 아이콘이 표시되는 웹사이트에 입력하는 데이터는 암호화하지 않아 다른 사람이 정보를 변경하거나, 볼 수 있습니다. 주로 'http://'로 시작하는 웹사이트에는 가급적 비밀번호나 신용카드 번호 등의 개인정보를 입력하는데 주의할 필요가 있습니다.
- **▲(안전하지 않음)** : ▲ 아이콘이 표시되는 웹사이트에는 비공개 정보 또는 개인 정보를 입력하지 않는 것이 좋습니다. 더 나아가 방문하지 않는 것을 추천합니다.

주소 표시줄에 표시되는 아이콘을 클릭한 뒤 [사이트 설정]을 선택하면 해당 사이트에서 요구하는 권한이나 저장되는 쿠키를 확인할 수 있습니다.

# TIP 007 기본 검색엔진 설정하기



Chrome의 주소 표시줄에서 검색을 하면 기본적으로 Google에서 검색결과 표시됩니다. 만약 Google이 아닌 '네이버'나 '다음'과 같은 다른 검색엔진을 사용하고 싶다면 기본 검색엔진을 변경할 수도 있습니다.

**01** Chrome의 [⋮]–[설정]을 차례로 선택합니다.

**02** '설정' 페이지의 메뉴에서 [검색엔진]을 선택하면 현재 지정된 검색엔진이 표시됩니다. 기본 설정되어 있는 [Google]를 클릭하면 검색엔진을 변경할 수 있습니다. 여기서는 [네이버]를 선택했습니다.

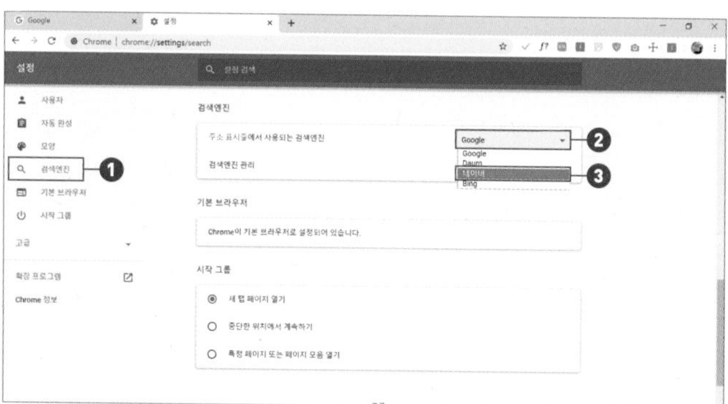


**잠깐만요**

[검색엔진 관리]를 클릭하면 기본 제공되는 검색엔진 외에 다양한 검색엔진을 선택하거나 추가, 삭제할 수 있습니다.

**03** '설정' 페이지를 닫은 뒤 주소 표시줄에 검색어를 입력하면 N 아이콘이 표시되고 '네이버'에서 검색한 결과가 표시됩니다.

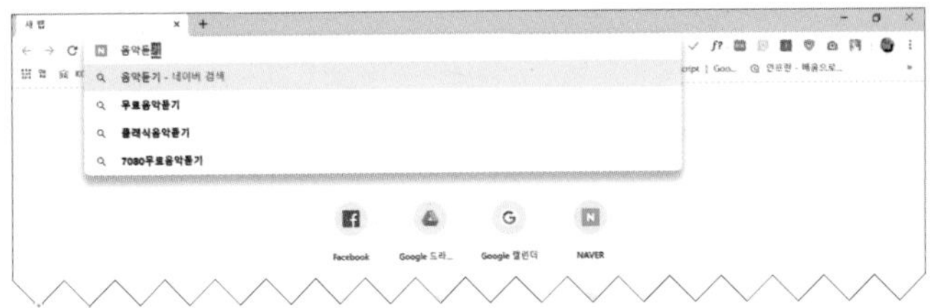

## TIP 008 시작 페이지 설정하기

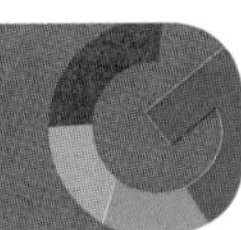

시작 페이지는 Chrome을 실행하면 처음 표시되는 페이지로 시작 페이지를 원하는 페이지로 설정하면 Chrome을 실행할 때마다 표시할 수 있죠.

**01** Chrome의 [⋮]–[설정]을 선택해 설정 페이지로 이동한 뒤 메뉴에서 [시작 그룹]을 클릭합니다. 시작 페이지는 [새 탭 페이지 열기], [중단한 위치에서 계속하기], [특정 페이지 또는 페이지 모음 열기] 중 하나를 선택할 수 있습니다. 여기서는 [특정 페이지 또는 페이지 모음 열기]를 선택하여 직접 원하는 웹사이트를 시작 페이지로 지정하겠습니다.

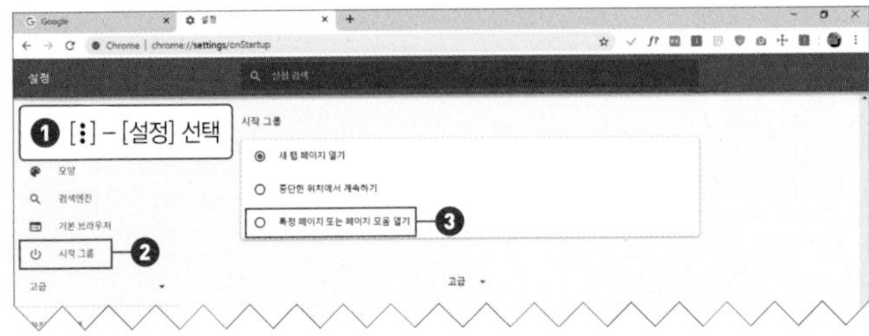


- **[새 탭 페이지 열기]** : Chrome을 실행하면 새 탭에 Google 검색창과 자주 방문했던 웹사이트 목록이 표시됩니다.
- **[중단한 위치에서 계속하기]** : Chrome을 실행하면 Chrome을 종료하기 전 방문했던 웹사이트가 표시됩니다.
- **[특정 페이지 또는 페이지 모음 열기]** : 사용자가 지정한 웹사이트를 각각의 탭으로 분리해 표시됩니다.

**02** [새 페이지 추가]를 선택하면 표시되는 '새 페이지 추가' 팝업창에 원하는 사이트의 주소를 입력한 뒤 [추가]를 클릭합니다. 같은 방법으로 여러 개의 사이트를 시작 페이지로 지정할 수 있습니다.

**잠깐만요**

[특정 페이지 또는 페이지 모음 열기]의 [현재 페이지 사용]를 선택하면 현재 Chrome에 표시된 웹사이트를 시작 페이지로 지정할 수 있습니다.

**03** 설정을 변경하고 Chrome을 종료한 뒤 다시 실행하면 설정한 웹페이지가 시작 페이지로 표시됩니다.

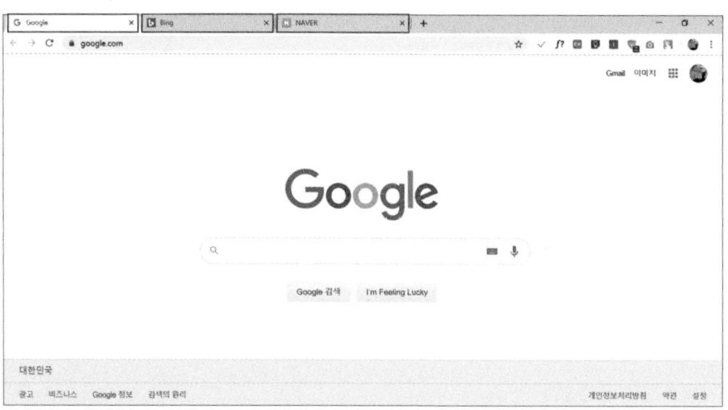

# TIP 009 다른 브라우저 북마크 및 설정 가져오기

다른 웹 브라우저에서 지정한 북마크(즐겨찾기)나 설정을 Chrome으로 가져올 수 있습니다. 기존에 사용했던 브라우저와 같은 환경으로 Chrome을 사용해보세요.

**01** Chrome의 [⋮]-[설정]를 선택한 뒤 메뉴의 [나와 Google의 관계]-[북마크 및 설정 가져오기]를 차례로 선택합니다.

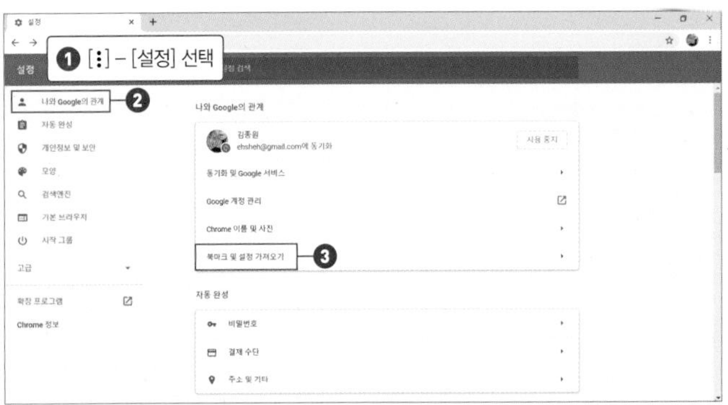


**02** '북마크 및 설정 가져오기' 팝업창이 표시되면 북마크를 가져올 브라우저를 선택할 수 있습니다. 여기서는 [Microsoft Internet Explorer]를 선택했습니다.

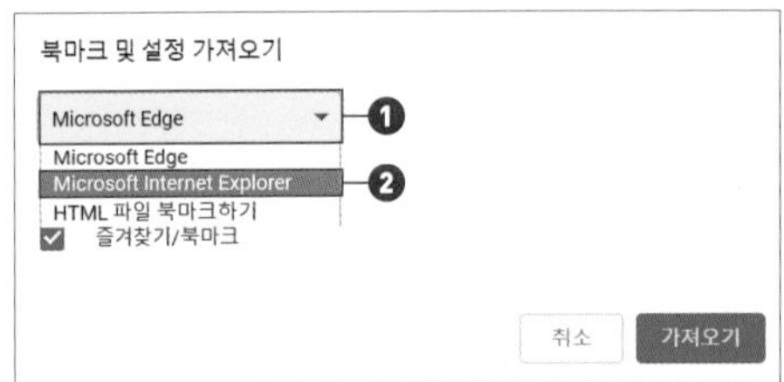

**03** 선택한 브라우저에서 가지고 올 항목을 선택할 수 있습니다. 원하는 항목을 선택한 뒤 [가져오기]를 클릭합니다.

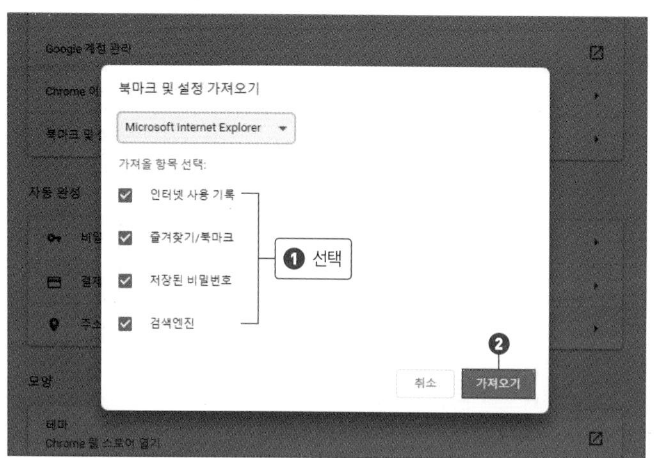


**04** Chrome의 [⋮]-[북마크]를 차례로 선택하거나 북마크바를 확인하면 [IE에서 가져온 북마크] 북마크 폴더에 'Internet Explorer'에서 가져온 북마크 목록이 표시됩니다.

**잠깐만요**

Chrome에서 북마크바를 표시하는 방법은 61쪽을 참고하세요.

# TIP 010 Chrome 북마크 관리하기

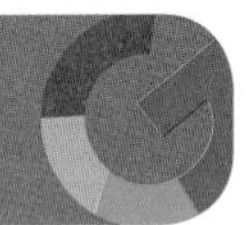

자주 방문하는 웹사이트를 북마크로 지정하면 주소 표시줄에 웹사이트 주소를 입력하지 않고도 북마크바에서 원하는 웹사이트로 선택해 바로 이동할 수 있습니다. 웹사이트를 북마크로 지정하고 관리하는 방법에 대해 알아봅니다.

## 북마크 추가하기

**01** 북마크에 추가하고 싶은 웹사이트로 이동한 뒤 주소 표시줄의 [현재 탭을 북마크에 추가]☆를 클릭합니다.

**02** '북마크 수정' 팝업창이 표시되면 저장할 북마크의 이름과 폴더를 선택한 후 [완료]를 클릭합니다.

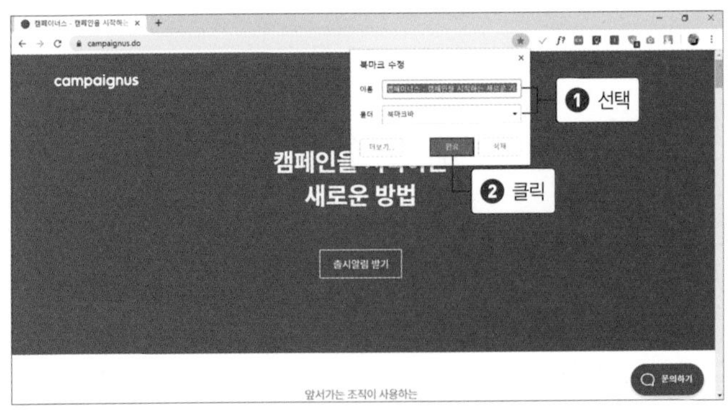


**잠깐만요**

북마크 이름을 짧게 지정하면 북마크바에 더 많은 북마크를 표시할 수 있어 편리합니다.

**03** 이렇게 추가한 북마크는 Chrome의 [⋮]–[북마크]를 선택하면 확인할 수 있습니다.

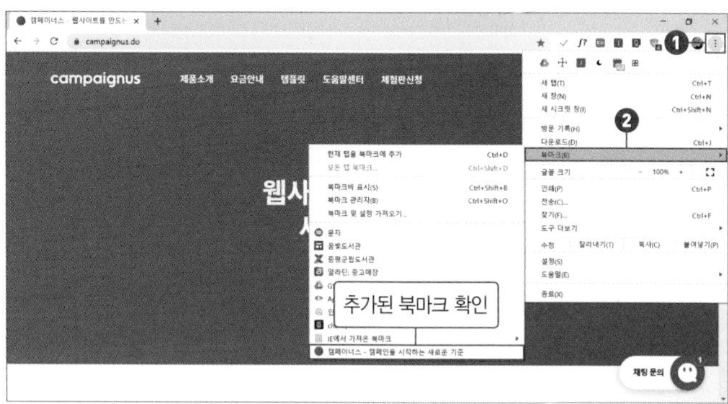

## 북마크바 표시하기

Chrome의 [⋮]–[북마크]를 차례로 선택하면 저장한 북마크를 확인할 수 있지만 Chrome에 북마크바를 표시하면 언제든 저장된 북마크를 확인할 수 있습니다.

**01** Chrome에 북마크바를 표시하려면 [⋮]–[북마크]–[북마크바 표시]를 클릭합니다.

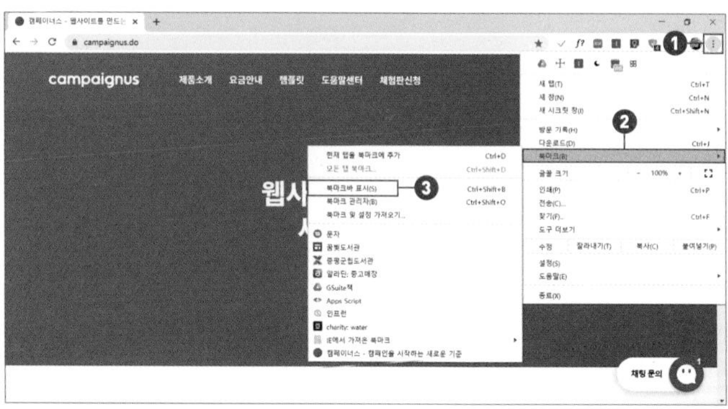

**02** 북마크바에 표시되는 북마크를 클릭해 원하는 위치로 드래그하면 북마크의 위치를 변경할 수 있습니다.

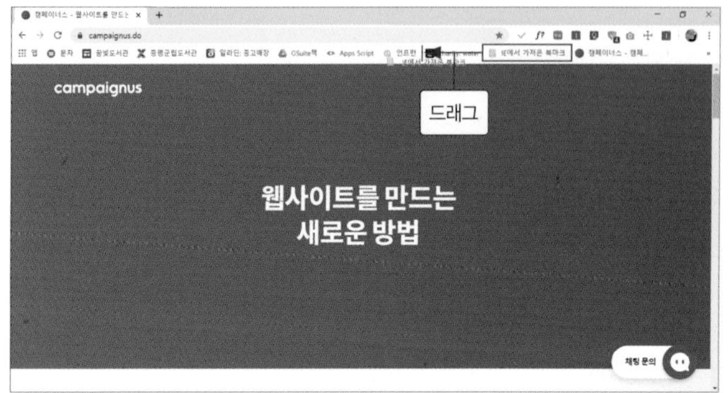


**03** 북마크를 마우스 오른쪽 버튼으로 클릭하면 삭제, 추가, 표시 등의 설정을 변경하고 확인할 수 있습니다.

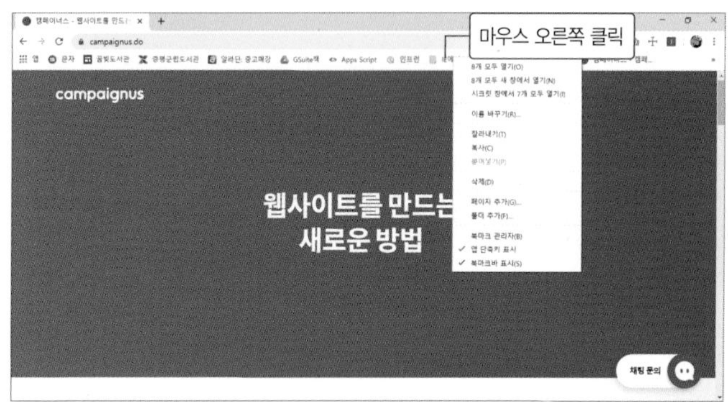

## 북마크 관리하기

'북마크 관리자'에서는 북마크를 폴더 단위로 관리하거나 저장한 북마크의 이름을 수정할 수 있고 북마크바에 표시할 순서를 변경하는 등을 저장된 북마크를 관리할 수 있습니다.

**01** 북마크바를 마우스 오른쪽 버튼 클릭한 뒤 [북마크 관리]를 선택합니다.

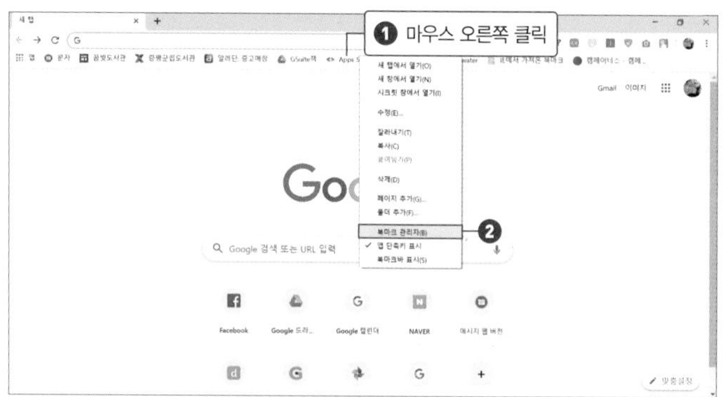


**잠깐만요**

Chrome의 [⋮]–[북마크]–[북마크 관리자]를 선택해도 됩니다.

**02** '북마크' 페이지의 왼쪽에는 북마크 폴더가, 오른쪽에는 해당 폴더에 등록된 북마크 목록이 표시됩니다.

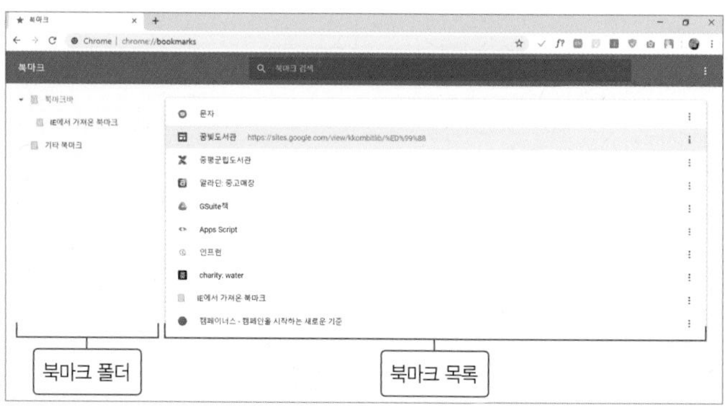

**03** '북마크' 페이지의 [⋮]를 클릭하면 북마크를 관리할 수 있는 메뉴가 표시됩니다.

- **[이름순 정렬]** : 선택한 북마크 폴더의 북마크를 이름순으로 정렬합니다.
- **[새 북마크 추가]** : 새 북마크를 추가합니다
- **[새 폴더 추가]** : 새 북마크 폴더를 추가합니다. Windows의 파일 탐색기와 같이 폴더 안에 폴더나 북마크 항목을 추가할 수도 있습니다.
- **[북마크 가져오기]** : HTML 형식으로 저장된 북마크 파일을 가져옵니다.
- **[북마크 내보내기]** : 저장되어 있는 북마크를 HTML 형식의 파일로 저장합니다.
- **[고객센터]** : 북마크 관련 Chrome 도움말을 확인할 수 있습니다.

**04** 북마크 항목을 원하는 위치로 드래그하면 순서를 변경하거나 다른 북마크 폴더로 이동할 수 있습니다.

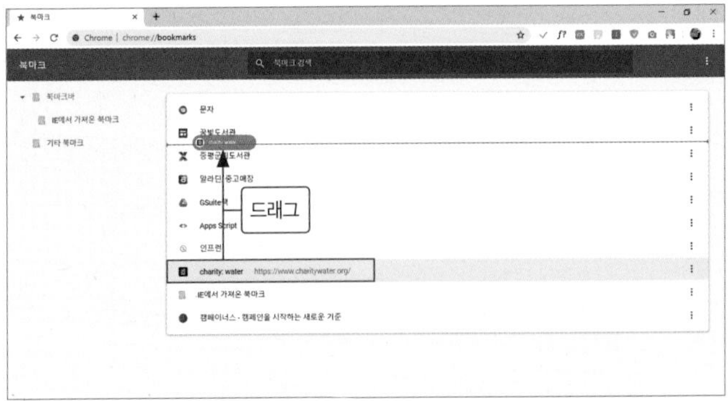

**05** 각 북마크 항목의 [⋮]–[삭제]를 차례로 선택하면 원하는 북마크 항목을 삭제할 수 있습니다.

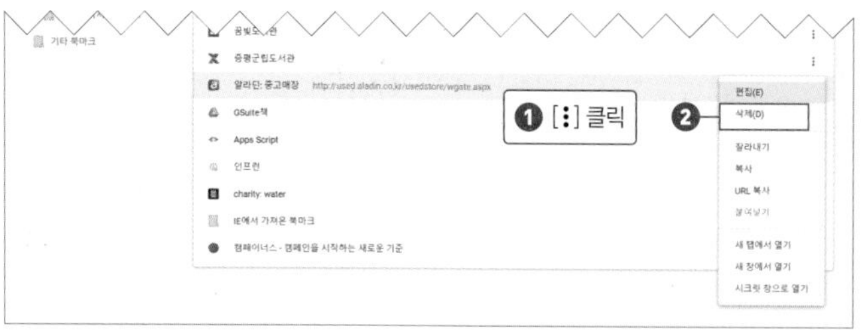

- **[편집]** : 선택한 북마크의 이름이나 URL을 편집합니다.
- **[삭제]** : 선택한 북마크를 삭제합니다.
- **[잘라내기/복사/URL 복사]** : 선택한 북마크를 잘라내거나 복사합니다. [URL 복사]를 선택하면 선택한 북마크의 URL이 클립보드에 저장됩니다.
- **[새 탭에서 열기/새 창에서 열기], [시크릿 창으로 열기]** : 선택한 항목을 [새 탭], [새 창], [시크릿 창]으로 열 수 있습니다.

## TIP 011 웹페이지 확대/축소하기

웹페이지의 텍스트나 이미지를 크게 또는 작게 보고 싶다면 웹페이지 화면을 확대/축소할 수 있습니다.

**01** Chrome의 [⋮]를 선택한 뒤 '글꼴 크기'의 [+]나 [–]를 클릭하면 웹페이지를 확대/축소할 수 있습니다.

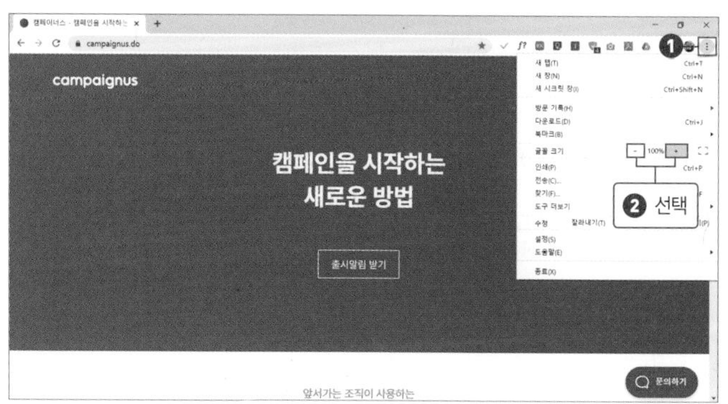


**잠깐만요**

Ctrl + + 키나 Ctrl + - 키로도 웹페이지를 확대/축소할 수 있습니다. Ctrl + 0 키를 누르면 확대/축소한 웹페이지가 초기화됩니다.

**02** Chrome의 [⋮]를 선택한 뒤 '글꼴 크기'의 [전체화면][ ]을 클릭하면 웹페이지를 화면에 가득 채울 수도 있습니다. 전체화면을 종료하려면 F11키나 Esc키를 누르면 됩니다.

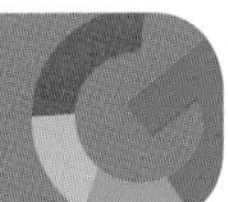

**잠깐만요**

F11 키를 눌러서도 웹페이지를 전체 화면에 표시할 수 있습니다.

## TIP 012 외국어 웹페이지 번역하기

Chrome으로 다양한 웹사이트를 방문하다 보면 외국어로 된 사이트를 방문할 때도 있죠? 이럴 땐 Chrome의 번역 기능을 사용해 보세요.

**01** 외국어로 된 웹페이지에 방문하면 'Google Translate' 팝업창이 표시됩니다.

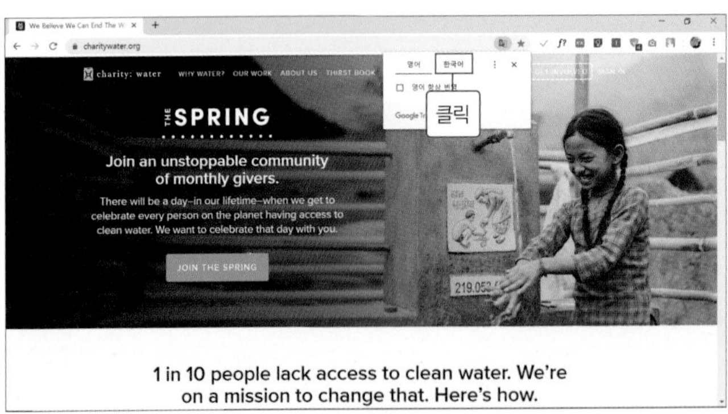

**02** 팝업창의 [한국어]를 클릭하면 자동으로 웹페이지가 한글로 번역되어 표시됩니다. 매끄럽게 번역되지 않아 아쉽지만 전반적인 내용을 이해할 수 있는 수준으로 번역됩니다.

**03** 'Google Translate' 팝업창이 표시되지 않는다면 웹페이지 빈 공간을 마우스 오른쪽으로 클릭한 뒤 [한국어(으)로 번역]을 클릭하면 됩니다.

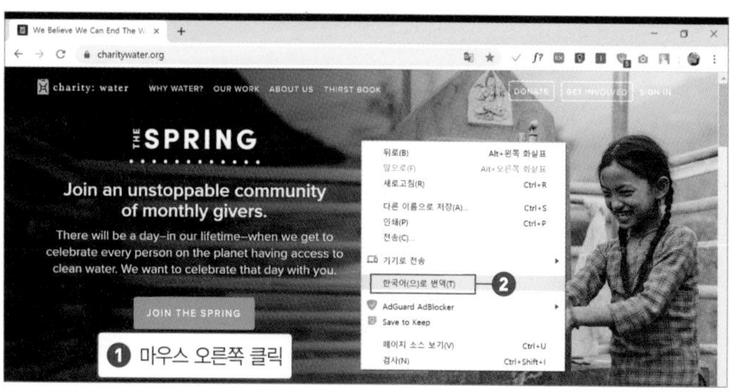


Chrome

# TIP 013 팝업 허용하기

Chrome의 기본 설정은 팝업을 차단 하지만, 쇼핑몰 결제, 보안 프로그램 설치 등의 이유로 팝업을 사용해야 할 때가 있죠? 이번에는 차단된 팝업을 허용하는 방법에 대해 알아보겠습니다.

Chrome은 기본적으로 팝업을 차단하기 때문에 팝업이 포함된 웹페이지라도 팝업을 표시하지 않고 주소 표시줄에 [ ]아이콘이 표시됩니다.

**01** 차단된 팝업을 확인하려면 주소 표시줄의 [ ]을 클릭합니다.

**02** [ ]을 클릭하면 다음 중 하나의 방법으로 팝업을 사용할 수 있습니다. 자주 방문하는 웹사이트로 항상 팝업을 사용하려면 [팝업 및 리디렉션을 항상 허용]을 선택한 후 [완료]를 클릭합니다.

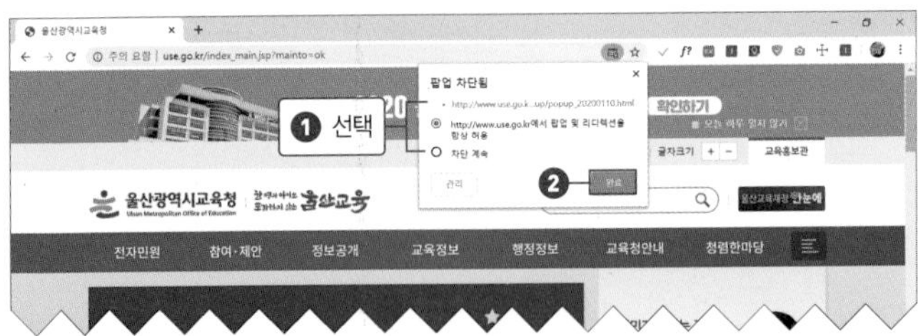


- **[팝업 링크]** : 링크를 클릭하면 차단된 팝업을 표시합니다.
- **[팝업 및 리디렉션을 항상 허용]** : 현재 웹사이트의 팝업을 항상 허용합니다.
- **[차단 계속]** : 현재 웹사이트의 팝업을 지속적으로 차단합니다.

**03** 이제 다시 웹사이트에 방문하면 차단된 팝업을 확인할 수 있습니다.

**04** 이미 팝업이 차단된 웹사이트의 팝업을 항상 표시하고 싶다면 설정을 변경할 수도 있습니다. 팝업 설정을 변경하려면 Chrome의 [⋮]–[설정]를 선택한 뒤 '설정' 페이지 메뉴에서 [개인정보 및 보안]–[사이트 설정]–[팝업 및 리디렉션]을 클릭합니다.

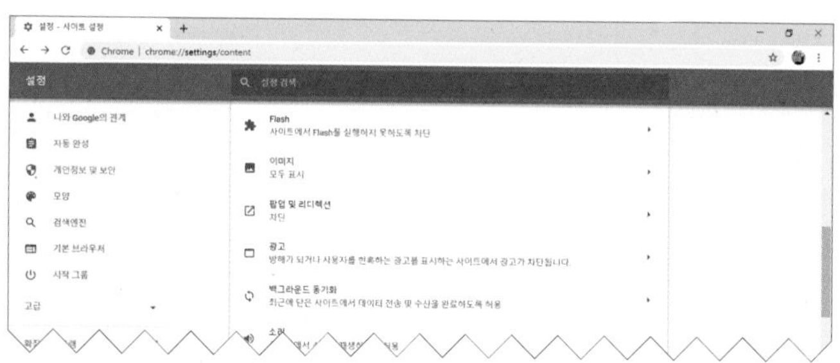


**05** '팝업 및 리디렉션'에는 팝업이 차단/허용된 웹사이트 목록이 표시됩니다. '차단(권장)'의 [토글 꺼짐]를 클릭해 [토글 켜짐]로 바꾸면 모든 웹사이트에서 팝업을 사용할 수 있습니다.

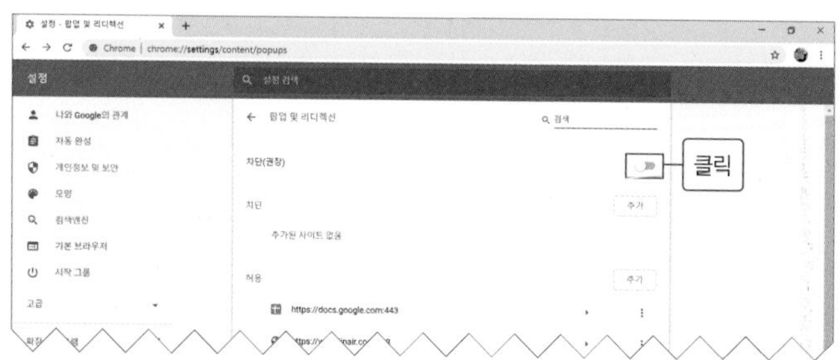


**잠깐만요**

'차단'과 '허용' 항목의 [추가]를 클릭하면 팝업을 차단/허용할 웹사이트의 주소를 직접 입력할 수 있습니다.

# TIP 014 Adobe Flash Player 사용하기

Chrome의 기본 설정에서는 'Adobe Flash Player'를 사용할 수 없기 때문에 'Adobe Flash Player'가 포함된 웹사이트를 사용하기 위해서는 설정을 변경해야 합니다. 이번에는 Chrome에서 'Adobe Flash Player'를 사용하는 방법을 알아보겠습니다.

한 때 화려하고 역동적인 웹사이트 제작을 위해 'Adobe Flash Player'를 사용했지만 최근 웹 기술의 발전과 다양한 문제로 Chrome은 'Adobe Flash Player'를 사용할 수 없도록 차단하고 있습니다. 또한 Adobe사에서도 2020년 12월 이후 'Adobe Flash Player'의 지원을 중단한다는 공식 발표가 있었죠. 하지만 아직 일부 웹사이트는 'Adobe Flash Player'를 사용하고 있기 때문에 이런 웹사이트를 제대로 확인하려면 사용자가 직접 'Adobe Flash Player' 사용 설정을 해야 합니다.

**01** 'Adobe Flash Player'가 포함된 웹사이트를 접속하면 아래 그림과 같이 'Adobe Flash Player이(가) 차단되었습니다.'라는 메시지가 표시됩니다.

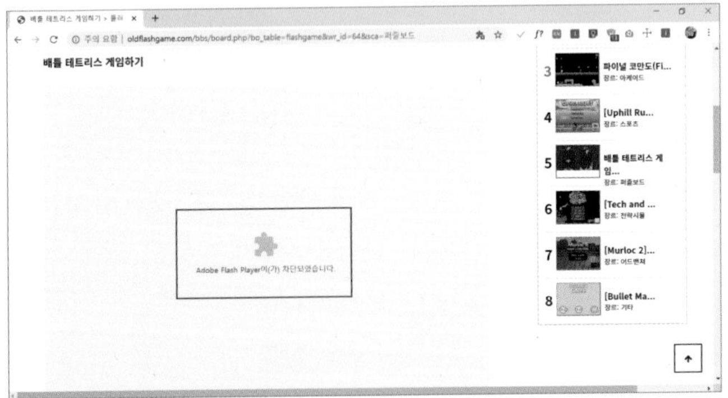


**02** 차단된 'Adobe Flash Player'를 사용하려면 주소 표시줄에 표시되는 [ ]를 클릭한 후 [관리]를 선택합니다.

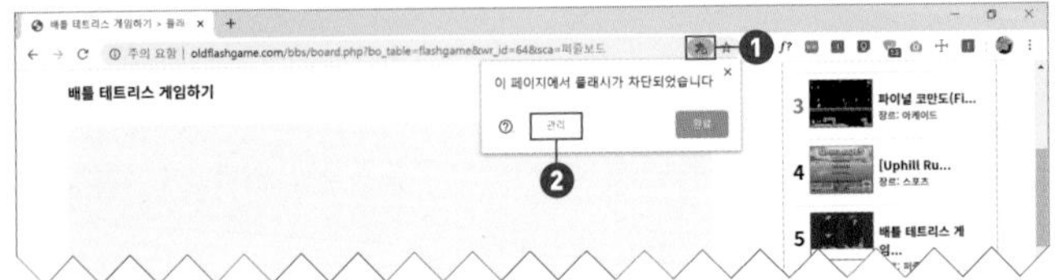

**03** [사이트의 플래시 실행 차단(권장)]의 [ ]를 클릭해 [ ]로 설정을 변경합니다.

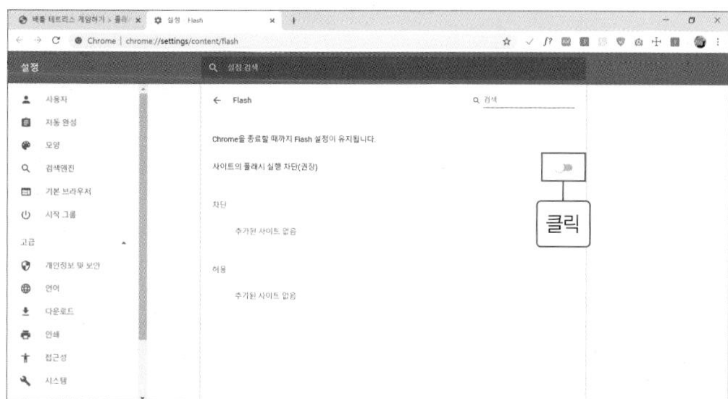


**04** 설정을 변경한 뒤 'Adobe Flash Player'가 있는 웹페이지로 돌아가면 'Adobe Flash Player이(가) 차단되었습니다.'라는 메시지가 'Adobe Flash Player을(를) 사용하려면 클릭하세요.'로 표시됩니다.

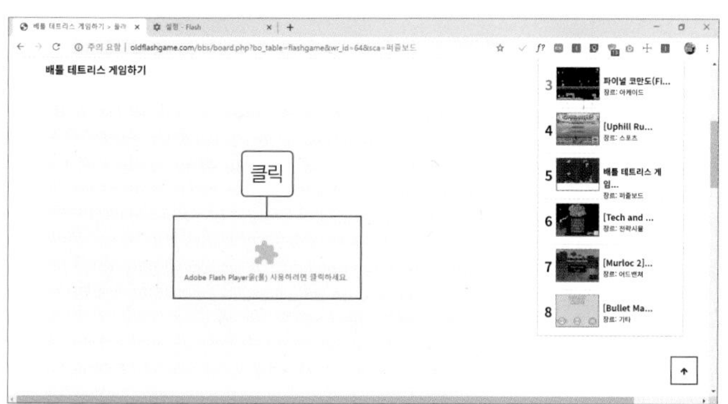

**05** [Adobe Flash Player을(를) 사용하려면 클릭하세요.]를 클릭하면 표시되는 팝업창의 [허용]을 선택하면 'Adobe Flash Player'를 사용할 수 있습니다.

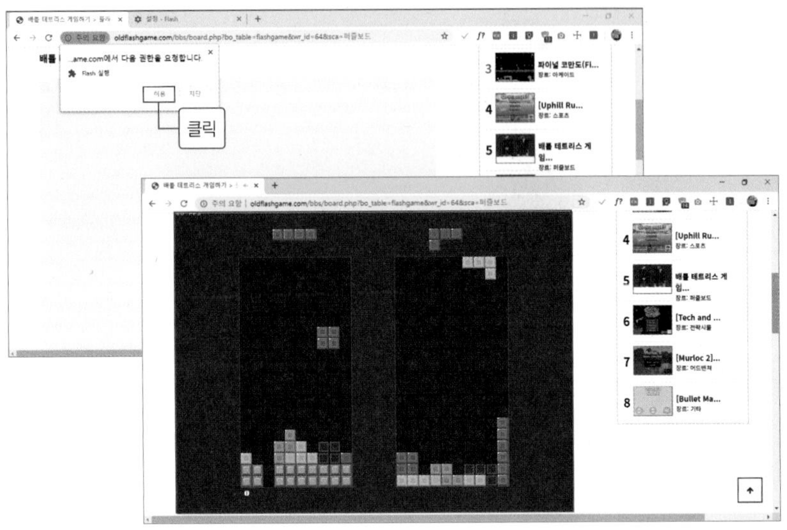


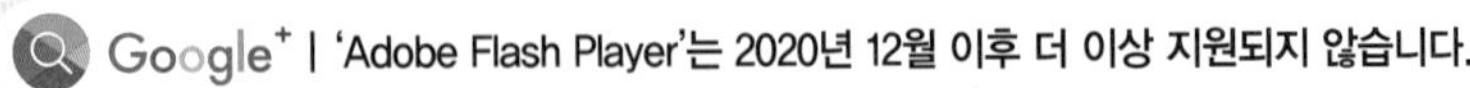

**Google⁺ | 'Adobe Flash Player'는 2020년 12월 이후 더 이상 지원되지 않습니다.**

설정을 변경하여 'Adobe Flash Player'를 사용했어도 Chrome을 종료한 후에 다시 실행하면 'Flash Player는 2020년 12월 이후 더 이상 지원되지 않습니다.'라는 메시지와 함께 [사용 중지]버튼이 표시됩니다. Chrome이 얼마나 사용자가 'Adobe Flash Player'를 사용하지 않기를 바라는지 알 수 있는 대목입니다.

# TIP 015 기기 간 웹페이지 공유하기

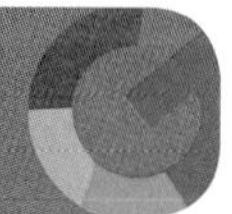

컴퓨터와 스마트폰 등 여러 기기를 같은 Google 계정으로 동기화하여 사용하고 있다면 컴퓨터에서 보고 있는 웹페이지를 스마트폰과 공유하거나 스마트폰에서 보고 있는 웹페이지를 컴퓨터와 공유할 수 있습니다.

## 컴퓨터에서 안드로이드 폰과 웹페이지 공유하기

**01** 컴퓨터에서 공유하고 싶은 웹페이지로 이동한 뒤, 주소 표시줄을 클릭하면 오른쪽 끝에 [ ]이 표시됩니다.

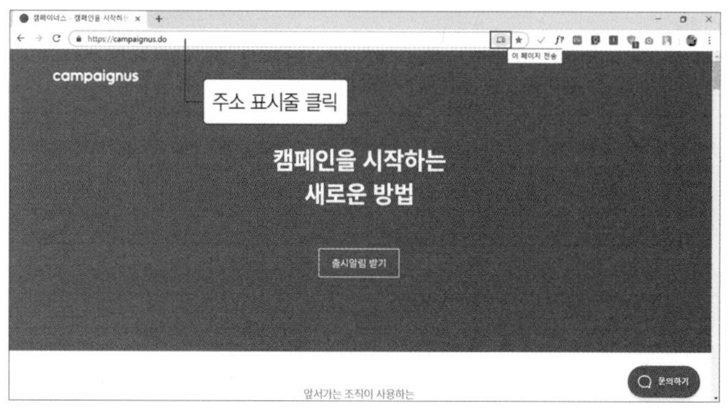


**잠깐만요**

동기화에 대한 자세한 내용은 47쪽을 참고하세요.

**02** [ ]을 클릭하면 같은 Google 계정으로 동기화된 기기 목록이 표시됩니다. 목록에서 공유할 기기를 선택하면 '[ ] 보내는 중...'이라는 메시지가 표시됩니다.

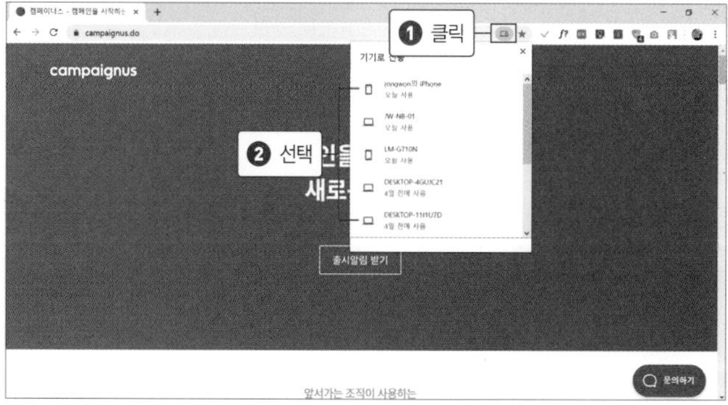

**03** 목록에서 선택한 스마트폰에 표시되는 알림을 터치하면 컴퓨터에서 공유한 웹페이지가 스마트폰의 Chrome에 표시됩니다.

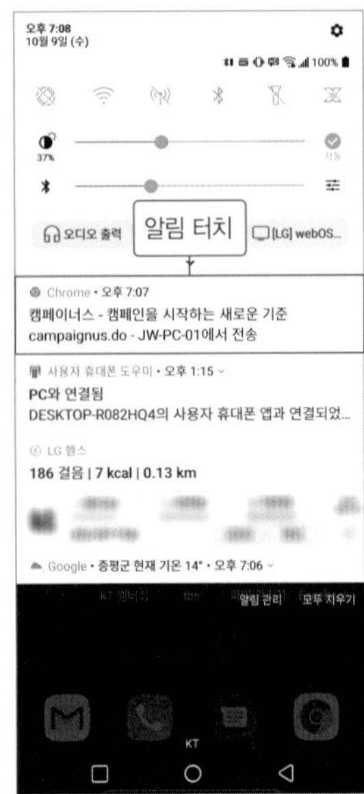

## 안드로이드폰에서 컴퓨터와 웹페이지 공유하기

**01** 스마트폰에서 공유하고 싶은 웹페이지로 이동한 뒤, 오른쪽 위에 있는 [⋮]–[공유...]를 차례로 터치합니다.

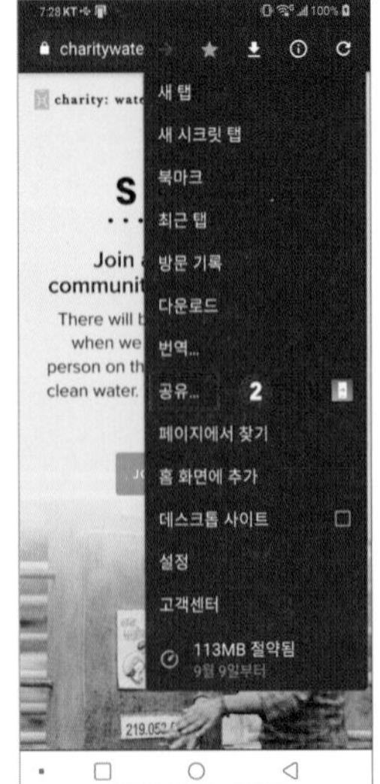

**02** 공유 방법 중 [기기로 전송]을 터치한 후 기기 목록에서 원하는 기기를 터치하세요.

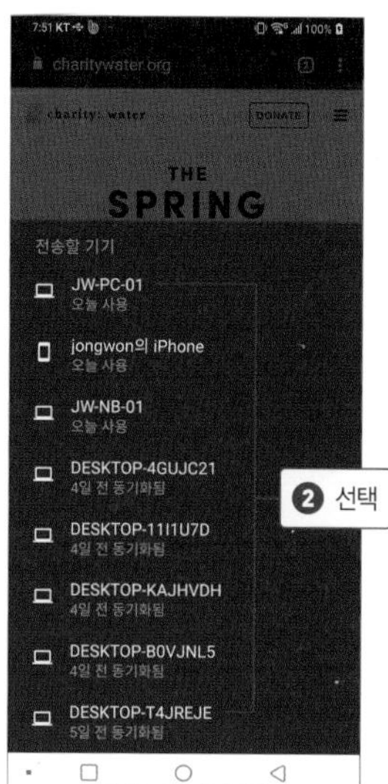


**03** 컴퓨터에 표시되는 알림을 클릭하면 스마트폰에서 공유한 페이지가 표시됩니다. [닫기]를 누르면 웹페이지 공유가 취소됩니다.

# TIP 016 다운로드 폴더 변경하기

Chrome에서 다운로드한 파일은 내 컴퓨터의 '다운로드' 폴더에 저장됩니다. 하지만 설정을 변경하면 원하는 저장 위치를 지정하거나 다운로드 받을 때마다 저장할 폴더를 선택할 수도 있습니다.

**01** Chrome에서 파일을 다운로드하면 화면 아래에 다운로드 한 파일명이 표시됩니다. 표시되는 파일명을 클릭하면 바로 해당 파일을 확인할 수 있습니다. 파일명 오른쪽의 [^]을 클릭하면 추가 메뉴가 표시됩니다.

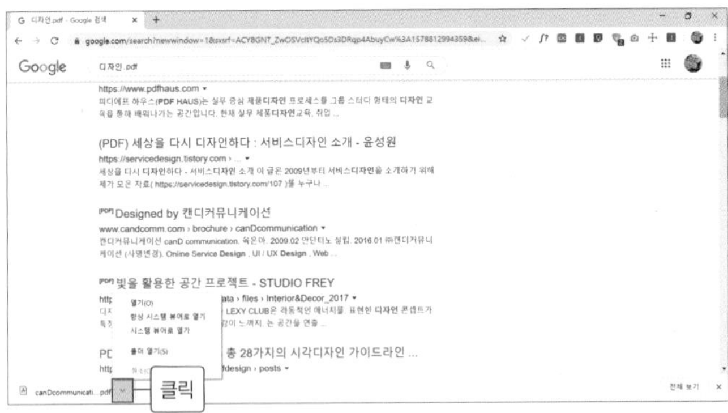


- **[열기]** : 다운로드 받은 파일을 실행하여 파일을 확인합니다.
- **[항상 시스템 뷰어로 열기]** : PDF, MP3, MP4 파일처럼 Chrome에서 실행할 수 있는 파일을 Windows에서 설정한 기본 프로그램을 통해 자동 실행합니다.
- **[시스템 뷰어로 열기]** : 이번 한 번만 Windows에서 설정한 기본 프로그램을 통해 다운로드한 파일을 실행합니다.
- **[폴더 열기]** : 다운로드한 파일이 저장된 폴더를 Windows 파일 탐색기에 표시합니다.

**잠깐만요**

[전체 보기]를 클릭하면 지금까지 다운로드 받은 전체 파일 목록을 확인할 수 있습니다.

**02** 지정된 다운로드 폴더를 변경하려면 Chrome의 [⋮]–[설정]를 차례로 선택해 '설정' 페이지로 이동한 후 메뉴에서 [고급]–[다운로드]를 차례로 선택합니다.

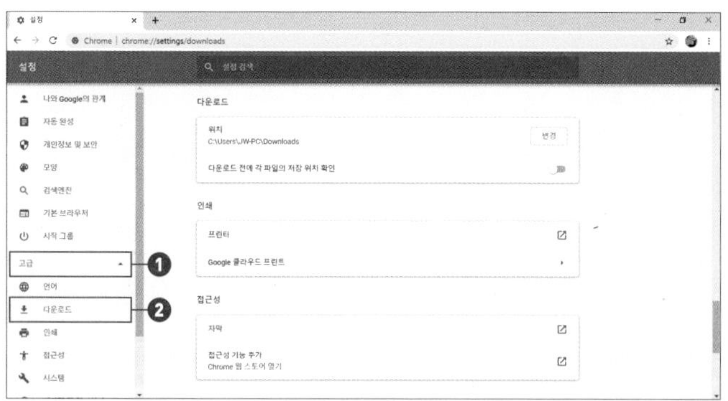

**잠깐만요**

'다운로드' 항목의 [다운로드 전에 각 파일의 저장 위치 확인]을 클릭하여 활성화하면 Chrome에서 파일을 다운로드할 때마다 원하는 저장 위치를 선택할 수 있습니다.

**03** '위치' 항목의 [변경]을 클릭하여 원하는 저장 위치를 선택한 후 [폴더 선택]을 클릭하면 이제부터 Chrome에 다운로드한 파일이 지정한 폴더로 저장됩니다.

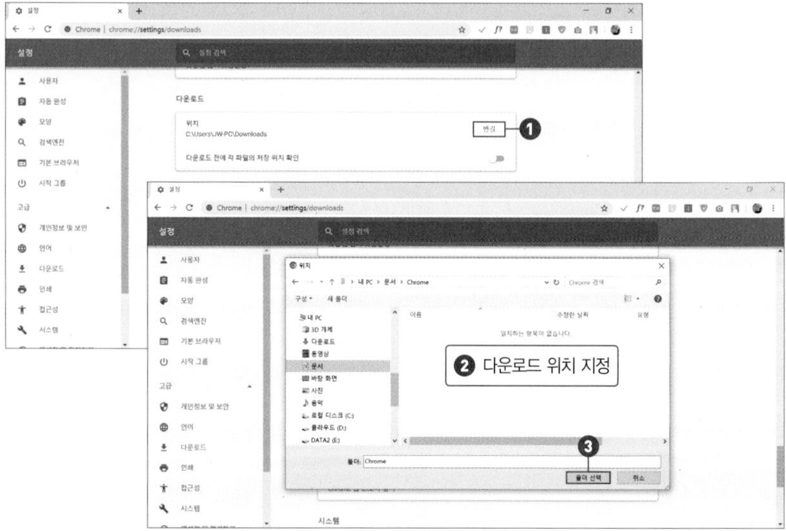

# TIP 017 웹페이지 저장하기

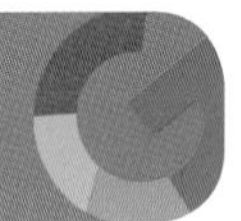

Chrome을 사용하면 원하는 웹페이지를 저장해 인터넷이 연결되지 않은 상황에서도 확인할 수 있습니다. 웹페이지를 저장해 오프라인에서 확인하는 방법에 대해 알아봅니다.

**01** 저장하고 싶은 웹페이지가 있다면 [⋮]–[도구 더보기]–[페이지를 다른 이름으로 저장]을 차례로 선택합니다.

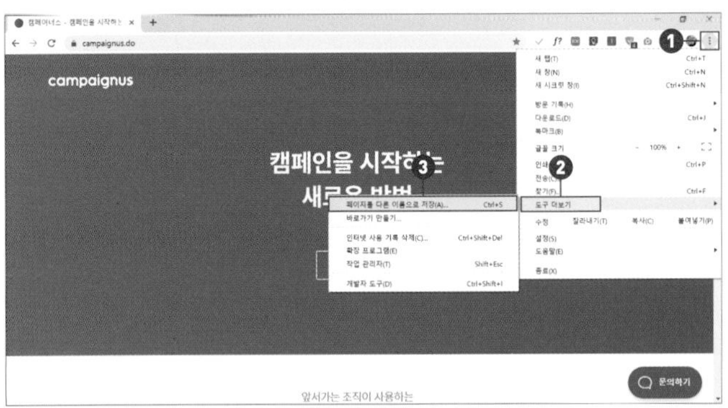


**잠깐만요**

[Ctrl]+[S] 키를 누르거나 저장하고 싶은 웹페이지의 빈 공간을 마우스 오른쪽으로 클릭한 후 [다른 이름으로 저장]을 선택해서도 웹페이지를 저장할 수 있습니다.

**02** '다른 이름으로 저장' 대화상자에서 저장할 위치를 선택한 후 [저장]을 클릭합니다.

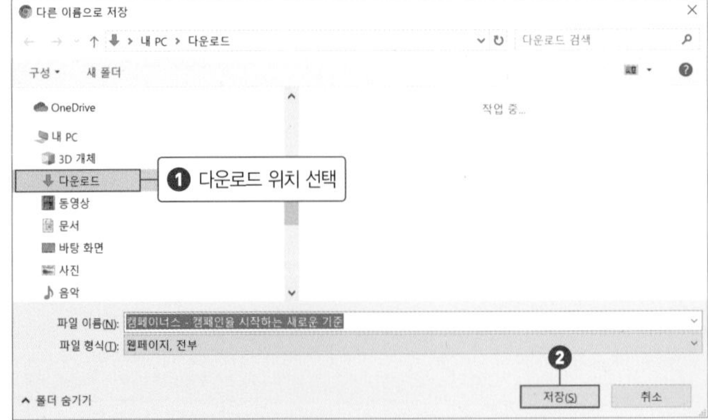

**03** 다운로드가 완료된 후 선택한 위치를 확인하면 HTML 파일과 같은 이름의 폴더가 저장된 것을 확인할 수 있습니다. HTML 파일을 더블 클릭하여 실행하면 저장한 웹페이지의 내용을 확인할 수 있습니다.

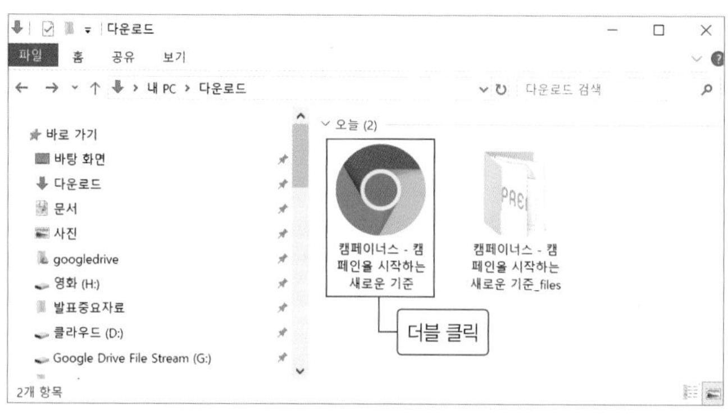


### Google+ | 웹페이지 저장 파일 형식

웹페이지는 HTML 파일 이외에도 다양한 파일을 연결하여 만들어집니다. 웹페이지에 포함된 jpg나 png 등의 이미지 파일부터 다양한 디자인 구성 파일 등 모두 웹페이지를 만드는데 꼭 필요한 파일이죠. 그래서 웹페이지를 파일로 저장할 때에는 해당 웹페이지를 어떤 방식으로 다운받을지 선택할 수 있습니다.

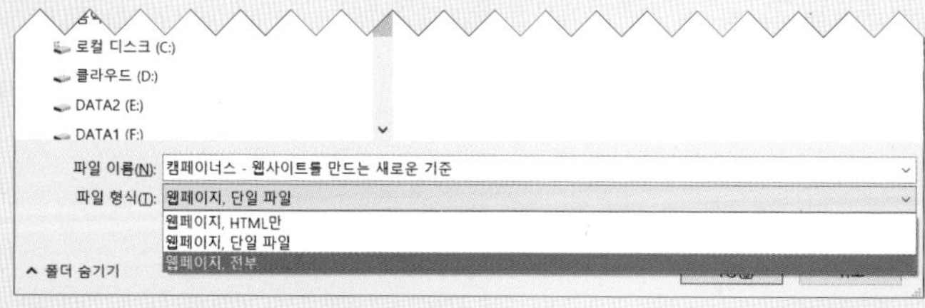


- **[웹페이지, HTML만]** : HTML 이외의 파일은 다운받지 않습니다. 이 방법으로 저장한 HTML 파일을 오프라인에서 실행하면 해당 웹페이지의 이미지나 디자인 요소가 제대로 표시되지 않습니다.
- **[웹페이지, 단일 파일]** : 웹페이지의 모든 파일을 한 개의 MHTML 파일 형식으로 다운로드합니다. 모든 파일을 다운받기 때문에 관리가 편하며 오프라인에서도 문제없이 저장한 웹페이지를 확인할 수 있습니다.
- **[웹페이지, 전부]** : HTML과 함께 모든 파일을 다운받습니다. HTML 이외의 파일은 폴더에 묶여집니다.

## TIP 018 웹페이지 바로가기 만들기

자주 방문하는 웹페이지를 시작 페이지로 지정해 Chrome을 실행할 때마다 표시할 수도 있지만, 웹페이지를 바로가기로 만들면 별도의 앱처럼 활용할 수도 있습니다.

**01** 바로가기로 저장할 웹페이지로 이동한 뒤 [⋮]–[도구 더보기]–[바로가기 만들기]를 차례로 선택합니다.

**02** 팝업창이 표시되면 원하는 이름을 입력한 뒤 [만들기]를 클릭합니다. 바탕화면에 만들어진 바로가기 아이콘을 더블 클릭하면 바로 해당 웹페이지로 이동할 수 있습니다.

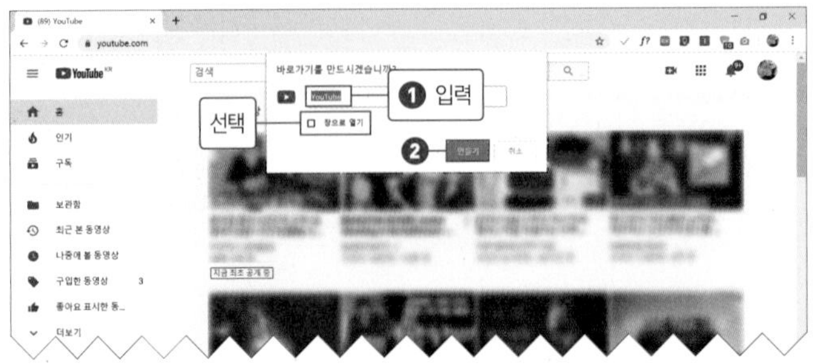


**잠깐만요**

여기서는 YouTube를 바로가기로 만들었기 때문에 바로가기 아이콘의 모양도 YouTube 로고와 같습니다. 바로가기 아이콘은 바로가기로 저장하는 웹페이지마다 다르게 생성됩니다.

## Google+ | 웹페이지를 별도의 앱처럼 사용하기

웹페이지를 바로가기로 만들 때, [창으로 열기]를 선택하여 바로가기로 만들면 해당 웹페이지는 Chrome 브라우저에서 표시되지 않고 별도의 창에 표시되어 웹페이지를 앱처럼 사용할 수 있습니다. 특히 Google 포토(photos.google.com), Google 지도(maps.google.com), Google 드라이브(drive.google.com) 등 Google이 서비스하는 웹페이지는 주소 표시줄 오른쪽에 표시되는 [⊕]을 클릭하면 바로 바탕화면에 바로가기를 만들 수 있습니다. 이렇게 만들어지는 바로가기는 '창으로 열기'를 선택하여 바로가기를 만든 것과 같은 별도의 앱처럼 실행됩니다.

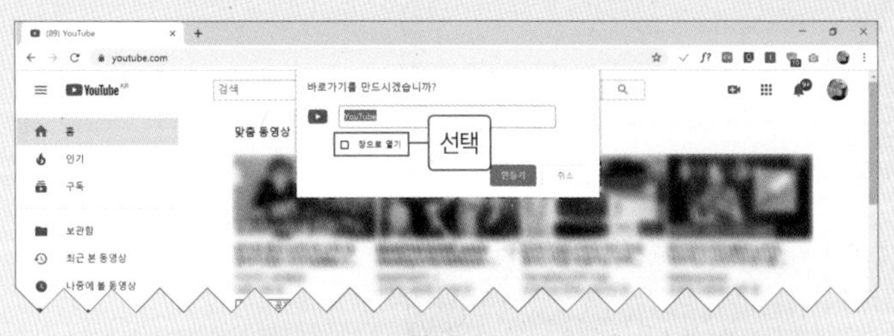

# TIP 019 시크릿 창 사용하기

Chrome은 사용자의 모든 활동이 기록되어 같은 Google 계정을 사용하는 기기에서 인터넷 사용 정보를 연속하여 사용할 수 있습니다. 만약 특정 웹사이트의 인터넷 사용 기록이나 로그인 양식 등을 남기기 싫지 않다면, 시크릿 창을 사용해보세요.

시크릿 창을 사용하면 방문한 웹사이트의 데이터와 쿠키가 저장되지 않지만 일반 Chrome 창에서 사용했던 북마크, 비밀번호, 자동완성 등 동기화 정보는 시크릿 창에서 그대로 사용할 수 있습니다.

**01** [⋮]–[새 시크릿 창]을 선택하면 바로 시크릿 창이 표시됩니다. 시크릿 창은 어두운 회색으로 일반 Chrome 창과 쉽게 구분할 수 있습니다.

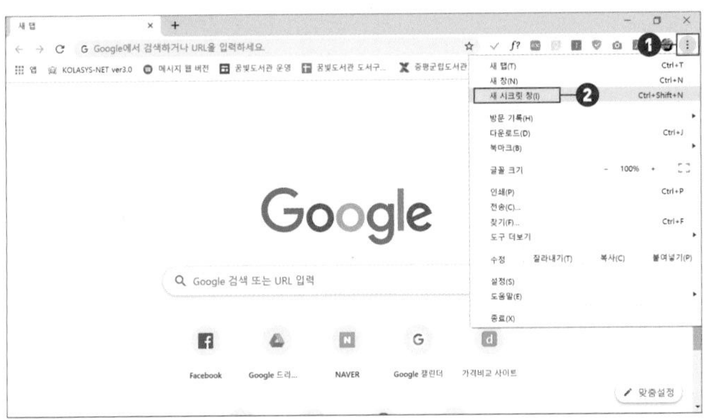


**잠깐만요**

단축기 Ctrl+Shift+N 키를 눌러서도 새 시크릿 창을 열 수 있습니다.

**02** 시크릿 창에서 사용하는 인터넷 사용 정보는 저장되지 않으며 다른 사용자가 내 활동을 확인할 수 없습니다. 하지만 시크릿 창에서 다운로드한 파일이나 추가한 북마크는 저장됩니다.

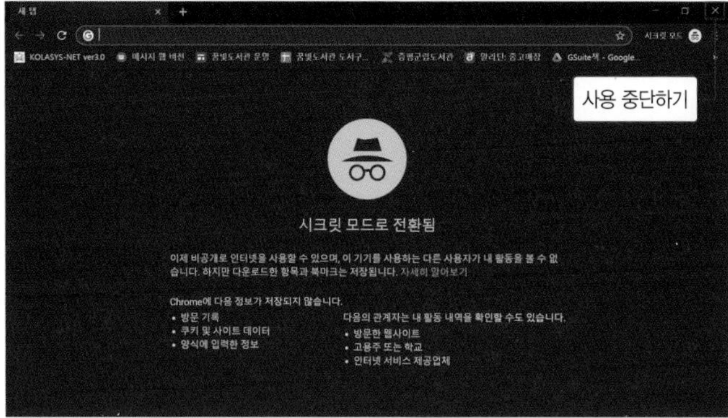


**잠깐만요**

시크릿 창 사용을 중단하려면 시크릿 창의 [×]를 클릭하면 됩니다.



## Google⁺ | Chrome 게스트 창

게스트 창을 사용하면 잠시 다른 사람의 컴퓨터를 사용하거나 공공 장소에서 공용 컴퓨터를 사용할 경우 내 계정을 사용하면서도 사용 정보가 저장되지 않습니다. 게스트 창을 사용하려면 Chrome의 [ ]을 클릭한 후 [게스트]를 클릭합니다.

다른 사용자에게 내 컴퓨터를 빌려주거나 내가 다른 사용자의 컴퓨터를 빌려 쓰는 경우 또는 공용 컴퓨터를 사용하는 경우 게스트 창을 사용해보세요. 게스트 창에 Google 계정으로 로그인하면 Gmail에서 메일을 확인하거나 Google 드라이브를 확인할 수 있지만 사용 정보가 저장되지 않습니다.

# TIP 020 여러 사용자 계정 추가하기

Chrome에서 사용자 계정을 추가하면 여러 사람이 공용 컴퓨터를 사용하거나 한 사람이 업무용 또는 개인용 Google 계정으로 구분하여 Chrome을 사용할 수 있습니다. 이번에는 Chrome에 사용자 계정을 추가하는 방법에 대해 알아보겠습니다.

**01** Chrome의 [프로필] 을 클릭한 후 [추가]를 클릭합니다.

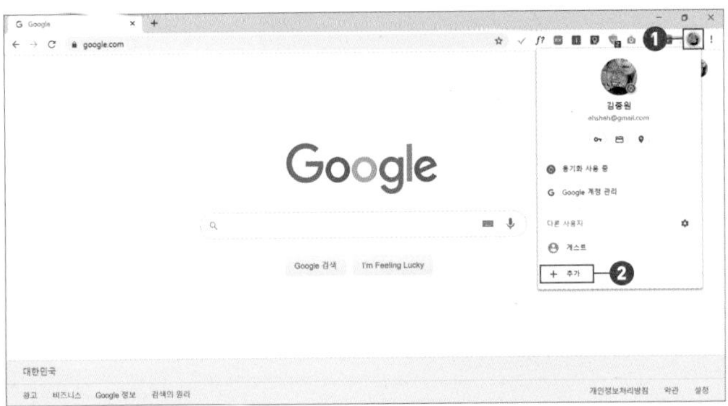


**잠깐만요**

프로필 아이콘 [ ]은 사용자 설정에 따라 다르게 표시됩니다.

**02** 추가할 사용자 이름과 프로필 이미지를 선택한 후 [추가]를 클릭합니다.

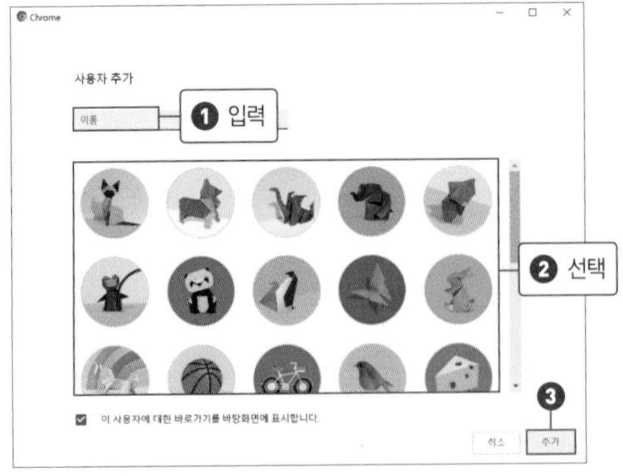


**잠깐만요**

[이 사용자에 대한 바로가기를 바탕화면에 표시합니다.]를 클릭하여 체크 표시하면 바탕화면에 바로가기 아이콘이 만들어 집니다.

**03** 사용자 계정이 추가되면 새로 추가한 Google 계정으로 로그인된 Chrome이 실행되고 바탕화면에는 프로필 이미지로 구분된 아이콘이 표시됩니다. 원하는 사용자 아이콘을 더블 클릭하면 사용자 별로 구분된 Chrome을 사용할 수 있습니다.

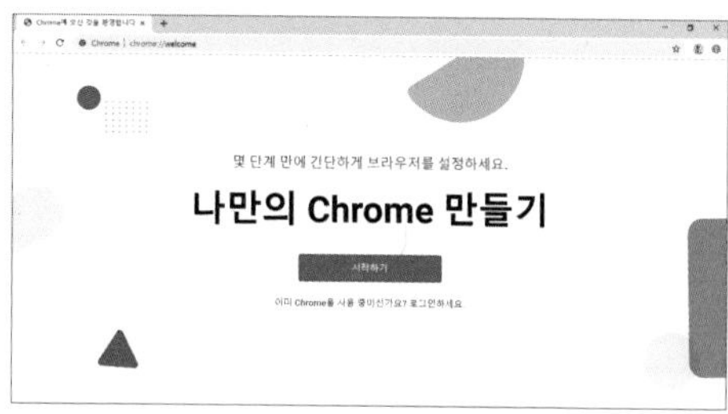


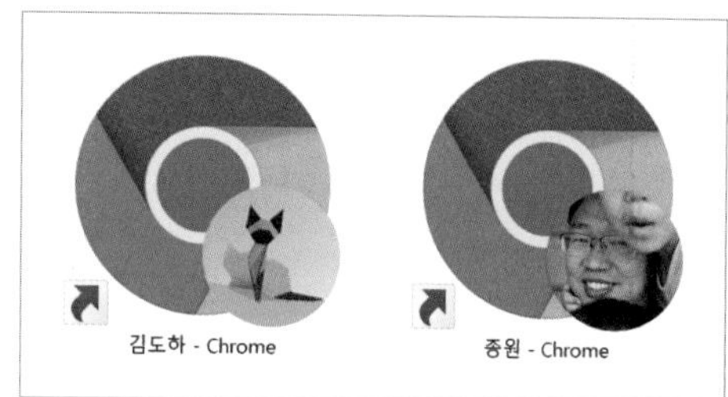


**잠깐만요**

동기화 설정에 대한 자세한 방법은 47쪽을 참고하세요.

### Google+ | 꼭 신뢰할 수 있는 사용자만 추가하세요.

개인용 컴퓨터에 업무용, 개인용으로 구분된 사용자 계정을 추가하는 것은 문제없지만, 공용 컴퓨터에 여러 사람의 사용자 계정을 추가하면 아무런 제약없이 Chrome에 저장된 다른 사람의 북마크나 방문 기록 등의 사용자 정보를 확인할 수 있으니 꼭 신뢰할 수 있는 사용자를 추가하는 것이 좋습니다.

추가한 사용자 계정을 삭제하려면 사용자 목록 창에서 삭제할 사용자 프로필에 마우스 커서를 올리면 표시되는 [⋮]를 클릭한 후 [이 사용자 삭제]를 선택하면 됩니다.

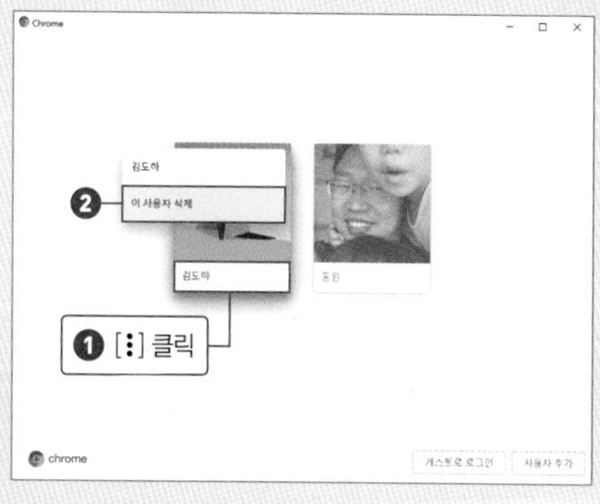

# TIP 021 로그인 정보 관리하기

대/소문자에 숫자, 특수문자까지 포함해 지정해야 하는 여러 웹사이트의 비밀번호를 모두 기억하는 것은 쉽지 않은 일이죠. 하지만 Google 계정에 로그인 정보를 저장해두면 수많은 웹사이트의 비밀번호를 안전하게 사용할 수 있습니다.

## 로그인 정보 저장하기

**01** 로그인이 필요한 웹사이트에 방문하여 로그인을 하면 '비밀번호를 저장하시겠습니까?' 라는 팝업창이 표시됩니다. 팝업창에 있는 [저장]을 클릭하면 로그인 정보가 Google 계정에 저장됩니다.

**02** 이후 로그인 정보를 저장한 웹사이트를 다시 방문하면 저장된 로그인 정보가 자동 완성 되어 표시됩니다. 만약 한 개의 웹사이트에 여러 개의 로그인 정보가 저장되어 있다면 목록이 표시되어 원하는 계정을 선택해 로그인할 수 있습니다.

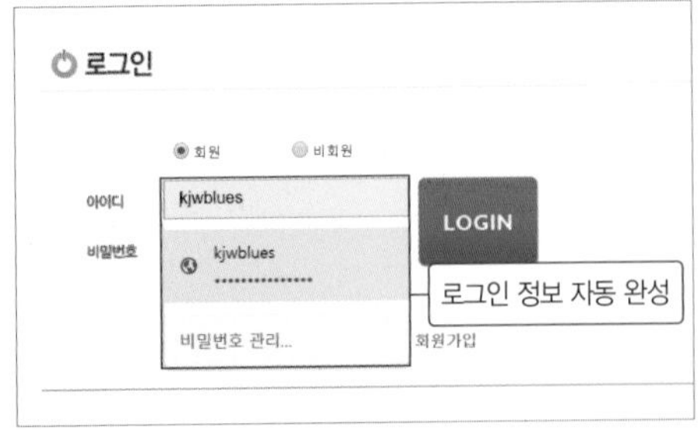


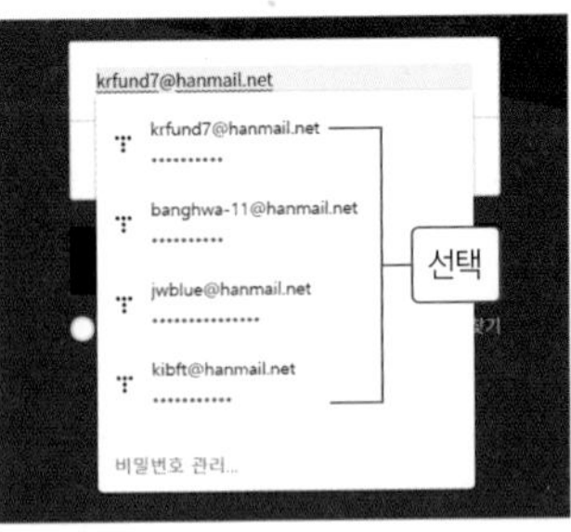


**잠깐만요**

로그인 정보가 저장된 웹사이트의 비밀번호를 변경할 경우 변경된 비밀번호로 다시 로그인하여 변경된 비밀번호를 업데이트해야 합니다.

## 로그인 정보 관리하기

Chrome에 저장된 로그인 정보를 목록으로 확인하며 관리할 수도 있습니다.

**01** Chrome의 [프로필] – [비밀번호] 를 클릭합니다.

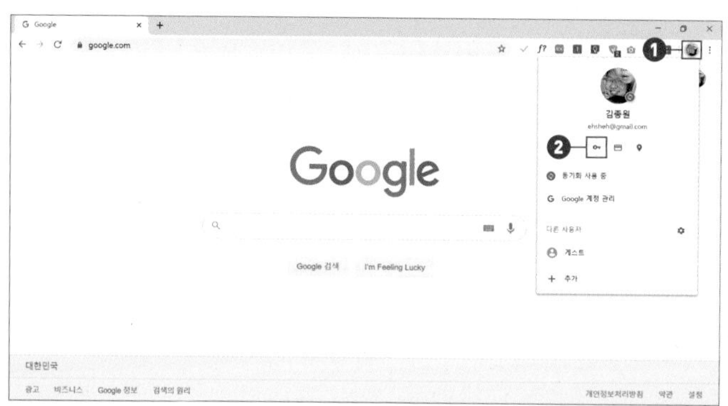


**02** 목록의 '사용자이름'은 해당 사이트의 아이디입니다. 비밀번호는 가려져 있습니다. 비밀번호를 확인하려면 확인할 항목의 [비밀번호 표시] 를 클릭합니다.

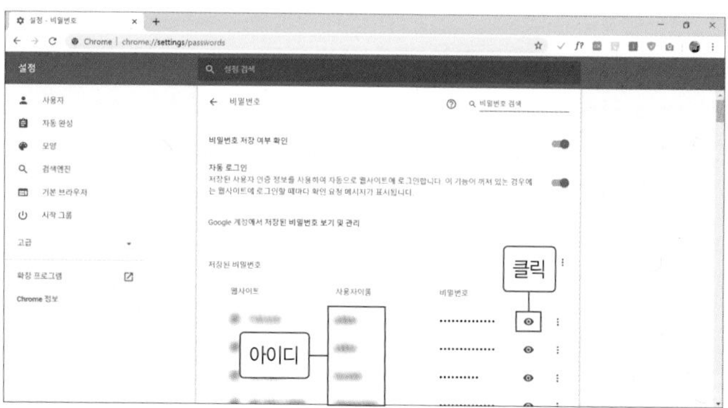


**잠깐만요**

[비밀번호 저장 여부 확인]을 해제하면 비밀번호 저장 여부를 묻는 팝업창이 표시되지 않습니다. [자동 로그인]을 해제하면 웹사이트에 로그인할 때마다 확인 요청 팝업창이 표시됩니다.

**03** 비밀번호를 확인하려면 인증을 위해 Windows 계정의 비밀번호를 입력해야 합니다.

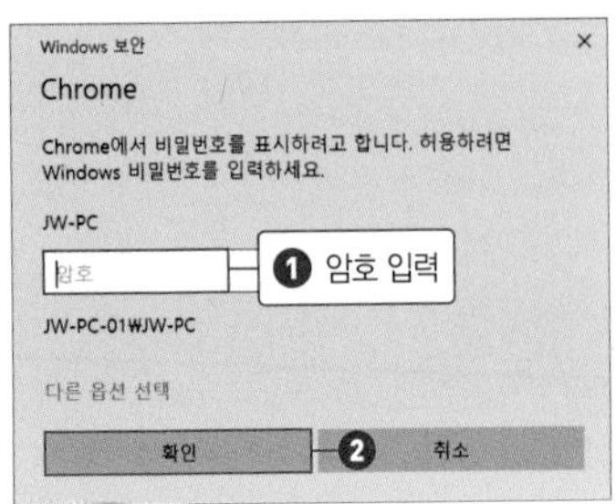


**잠깐만요**

인증에 사용할 Windows의 다른 계정을 선택하려면 [다른 옵션 선택]을 클릭하세요.

**04** 인증이 완료되면 선택한 항목의 비밀번호가 표시됩니다.

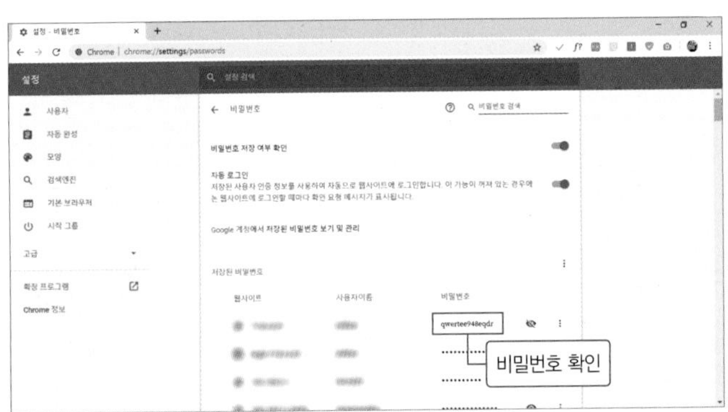


**잠깐만요**

각 항목의 [추가작업] ⋮을 클릭하면 해당 항목의 세부 정보를 확인할 수 있습니다.

# TIP 022 Chrome 웹 스토어 사용하기

Chrome은 별도의 웹 스토어에서 다양한 확장 프로그램을 제공합니다. 확장 프로그램을 사용하면 웹사이트에서 광고를 없애거나 Chrome을 멋지게 꾸밀 수도 있죠. 이번에는 Chrome 웹 스토어의 확장 프로그램을 사용하는 방법에 대해 알아보겠습니다.

## 확장 프로그램 사용하기

**01** 검색창에 'Chrome 웹 스토어'를 검색하거나 주소 표시줄에 직접 주소를(https://chrome.google.com/webstore) 입력합니다. Chrome 웹 스토어에서는 다양한 확장 프로그램과 테마를 제공합니다.

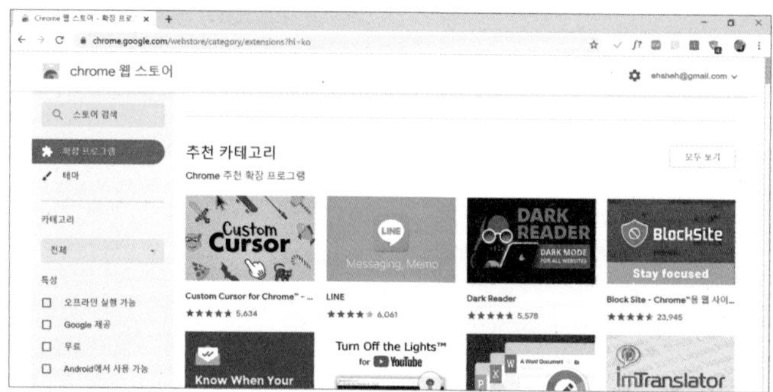


▲ Chrome 웹 스토어

**02** 여기서는 웹페이지 전체를 캡처할 수 있는 'Full Page Screen Capture'를 설치해보겠습니다. Chrome 웹 스토어 검색창에 'Full Page Screen Capture'를 검색한 뒤 검색결과에 표시되는 'Full Page Screen Capture'의 [Chrome에 추가]를 클릭합니다.

**잠깐만요**

검색결과의 썸네일 이미지를 클릭하면 해당 확장 프로그램의 자세한 설명을 확인할 수 있습니다.

**03** 팝업창이 표시되면 [확장 프로그램 추가]를 클릭합니다.

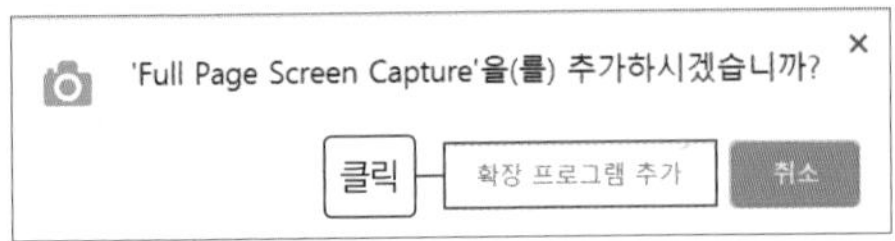


**04** 설치가 완료되면 메시지와 확장 프로그램 아이콘이 표시됩니다.

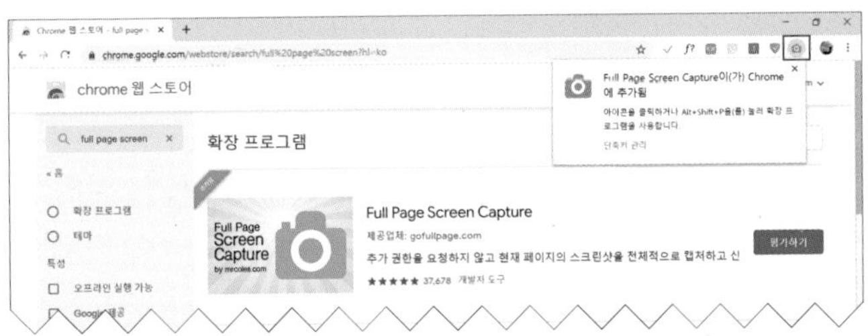


**05** 주소 표시줄 옆에 추가된 [📷]를 클릭하면 해당 웹페이지의 전체 화면이 캡처됩니다. 캡처한 이미지는 PDF나 PNG 파일로 다운 받을 수 있습니다.

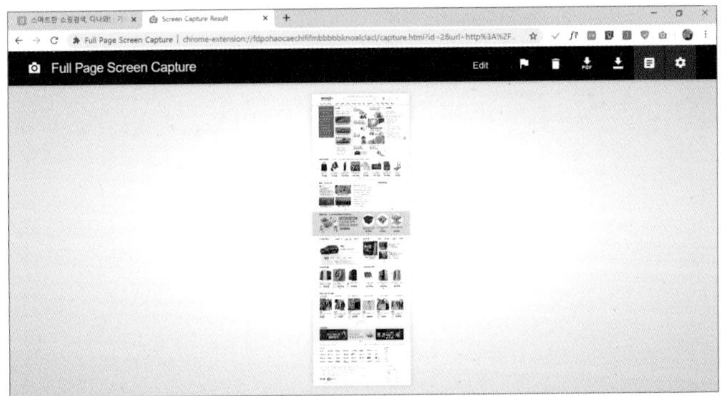


**잠깐만요**

Chrome '설정' 페이지의 [확장 프로그램] 선택하면 설치된 확장 프로그램의 설정을 변경하거나 삭제할 수 있습니다.

## Google+ | 추천 확장 프로그램

Chrome 웹 스토어에는 Chrome에서 사용할 수 있는 유용한 웹 앱이나 게임, 확장 프로그램 및 테마를 제공합니다. 어떤 확장 프로그램을 좋을지 모르겠다면 다음의 확장 프로그램부터 한번 사용해보세요.



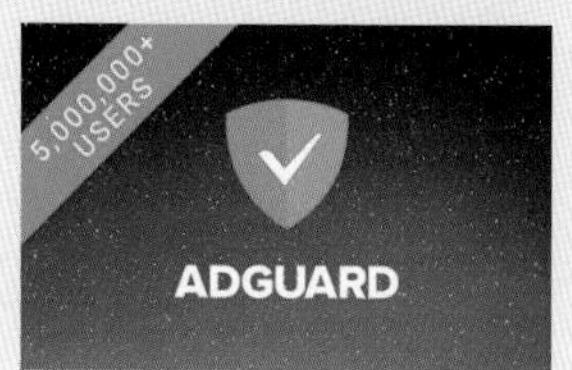


**adGuard 광고차단기** : 웹페이지에 표시되는 광고를 차단합니다.

Google Keep

**Google Keep Chrome 확장 프로그램** : 웹페이지 링크를 메모와 함께 Google Keep에 저장할 수 있습니다.

Google Search by Image

**Search by image(by Google)** : 웹페이지의 이미지를 사용해 Google 이미지 검색을 실행할 수 있습니다.

Tool Tip Dictionary (English - Korean)

**Tooltip Dictionary (English – Korean)** : 웹페이지의 영어 단어에 마우스 커서를 올려놓으면 해당 영어 단어의 뜻을 바로 확인할 수 있습니다.

## Chrome 테마 사용하기

Chrome 웹 스토어에서는 확장 프로그램뿐만 아니라 Chrome 창을 사용자의 개성에 맞게 꾸밀 수 있는 다양한 테마도 제공합니다.

**01** Chrome 웹 스토어의 메뉴 중 [테마]를 선택하면 웹 스토어에서 제공하는 다양한 테마를 확인할 수 있습니다. 원하는 테마의 썸네일을 클릭하면 테마가 적용된 미리보기 이미지나 리뷰를 확인할 수 있습니다.

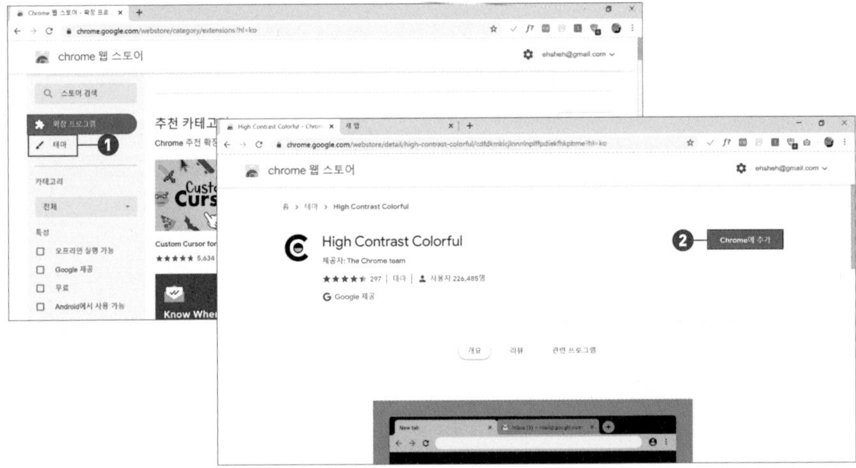


**02** 원하는 테마의 [Chrome에 추가]를 클릭하면 테마가 바로 적용됩니다. 만약 적용된 직후 테마가 마음에 들지 않는다면 [실행취소]를 클릭해 적용된 테마를 취소할 수도 있습니다.

**잠깐만요**

Chrome의 [⋮]–[설정]–[모양]–[테마]를 선택하면 적용된 테마의 설정을 변경할 수 있습니다.

# TIP 023 방문 기록 관리하기

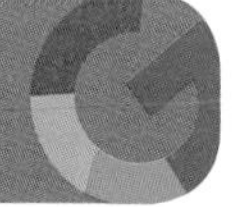

Chrome으로 방문한 웹페이지의 기록을 확인하거나 삭제할 수 있습니다. 이번에는 방문 기록을 확인하고 삭제하는 등 방문 기록을 관리하는 방법에 대해 알아보겠습니다.

**01** 방문 기록을 확인하려면 Chrome의 [⋮]–[방문 기록]–[방문 기록]을 선택하세요.

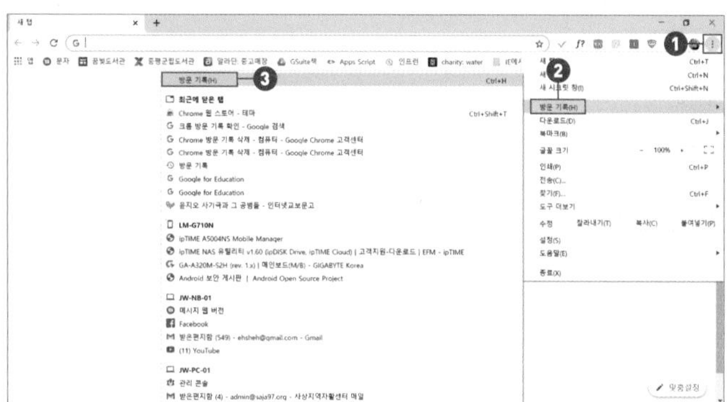

**02** 새 탭에 '방문 기록' 목록이 표시됩니다. 목록에는 방문 날짜와 시간, 웹페이지 이름을 확인할 수 있습니다. 목록 중 원하는 항목을 클릭하면 다시 해당 페이지로 이동합니다.

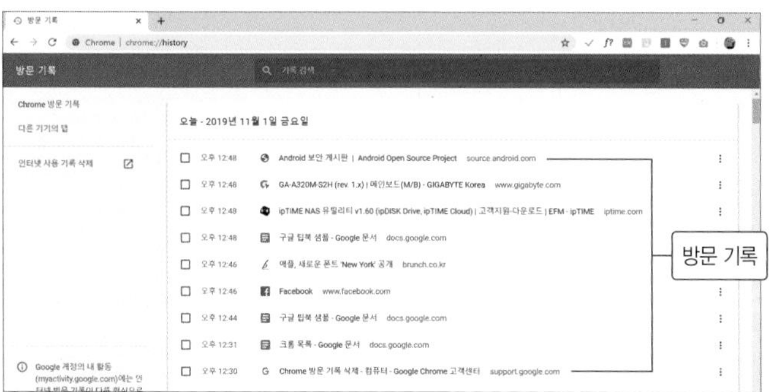


**잠깐만요**

각 항목의 [⋮]을 클릭한 뒤 [이 사이트에서 더보기]를 클릭하면 선택하면 해당 웹사이트의 방문 기록만 모아서 확인할 수 있고 [기록에서 삭제]를 선택하면 해당 항목을 바로 삭제할 수 있습니다.

**03** 목록에서 삭제하고 싶은 방문 기록이 있다면 삭제할 항목 앞의 체크 박스를 클릭해 체크한 뒤 [삭제]를 클릭하면 됩니다.

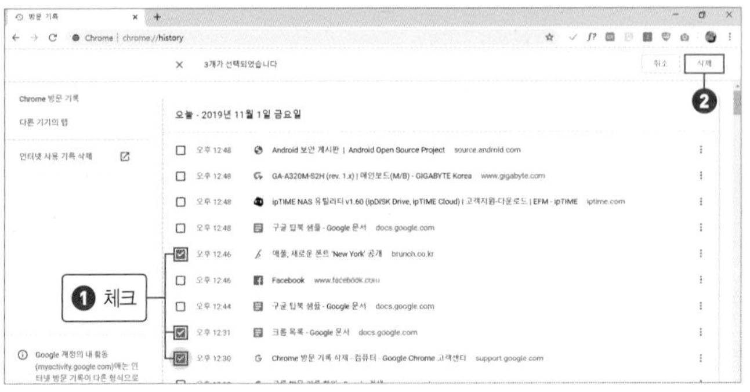


**잠깐만요**

[Google 계정 관리]-[데이터 및 맞춤설정]-[내 활동]에서도 방문 기록을 삭제할 수 있습니다. 방문 기록에 대한 자세한 내용은 201쪽을 참고하세요.

## TIP 024 인터넷 사용 기록 삭제하기

여러 웹사이트를 방문하다 보면 각 웹사이트의 캐시나 쿠키 등의 각종 사용 기록 저장되는데 이런 정보가 계속 저장되면 인터넷 사용에 자잘한 문제를 일으킬 수도 있죠. 이번에는 캐시나 쿠키 등의 인터넷 사용 기록을 삭제하는 방법에 대해 알아보겠습니다.

**01** Chrome의 [⋮]-[설정]를 선택하여 '설정' 페이지로 이동한 뒤 메뉴에서 [개인정보 및 보안]-[인터넷 사용 기록 삭제]를 선택합니다.

**02** '인터넷 사용 기록 삭제' 창에서는 삭제할 기간과 기록을 선택할 수 있습니다. 선택을 완료한 뒤 [인터넷 사용 기록 삭제]를 클릭합니다.

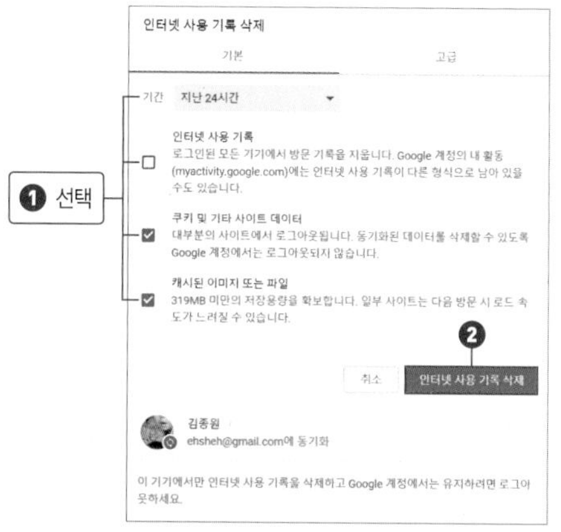


- **[기간]** : '지난 1시간', '지난 24시간', '지난 7일', '지난 4주', '전체 기간' 중 원하는 기간을 선택할 수 있습니다.
- **[인터넷 사용 기록]** : 웹사이트 방문 기록을 삭제합니다.
- **[쿠키 및 기타 사이트 데이터]** : 쿠키는 각 웹사이트에서 사용한 사용자 특성 정보입니다. 가장 대표적인 예로 로그인 정보나 쇼핑몰의 장바구니에 담아 놓은 상품 정보 등이 있습니다.
- **[캐시 이미지 또는 파일]** : 캐시는 웹사이트를 빠르게 불러올 수 있도록 임시로 저장된 정보입니다.

**잠깐만요**

[고급] 탭을 선택하면 조금 더 자세하게 구분된 인터넷 사용 기록을 선택하여 삭제할 수 있습니다.

## TIP 025 유해한 소프트웨어 삭제하기

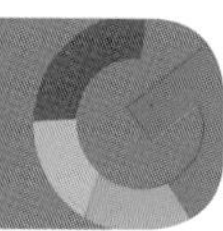

인터넷을 사용하는 중 알게 모르게 설치된 악성 코드를 삭제하면 더 안전하고 쾌적하게 인터넷을 사용할 수 있습니다. 이번에는 유해한 소프트웨어를 확인하고 삭제하는 방법에 대해 알아보겠습니다.

인터넷을 사용하는 중 갑자기 광고 페이지로 이동하거나 팝업창이 수시로 표시된다면 악성 코드가 설치되었을 가능성이 높습니다. 이밖에도 다음과 같은 현상이 나타난다면 유해한 소프트웨어가 설치된 것일 수 있습니다.

- 팝업 광고 또는 새 탭이 사라지지 않음
- Chrome 첫 페이지나 검색 엔진이 지속적으로 변경됨
- 원하지 않는 Chrome 확장 프로그램이나 툴바가 표시됨
- 바이러스 또는 랜섬웨어 감염에 대한 경고가 표시됨

**01** 유해한 소프트웨어를 삭제하려면 Chrome '설정' 페이지로 이동한 후 메뉴 중 [고급]-[재설정 및 정리하기]-[컴퓨터 정리]를 차례로 선택합니다.

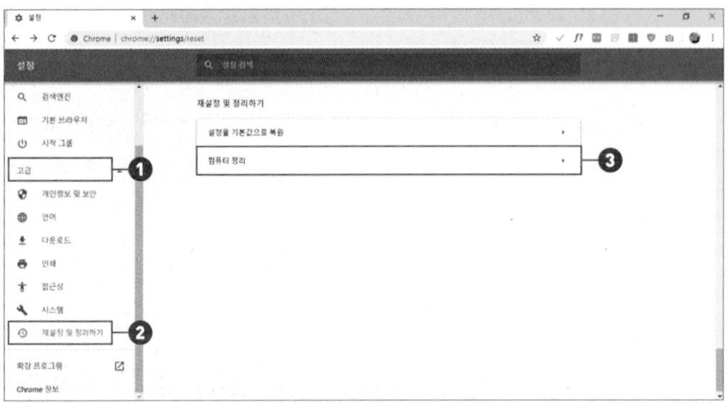

**02** '컴퓨터 정리'의 [찾기]를 클릭하면 자동으로 유해한 소프트웨어의 검색이 진행되고 조금 기다리면 결과가 표시됩니다.

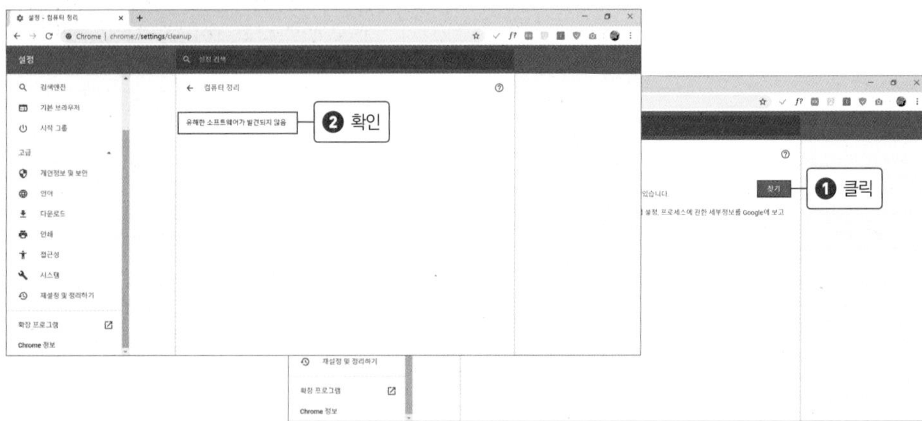

# TIP 026 Chrome 설정 초기화하기

Chrome을 사용하는 중 너무 많은 확장 프로그램을 설치했거나 변경한 설정을 다시 원래대로 돌리고 싶다면 설정을 초기화할 수 있습니다. 설정을 초기화해도 저장한 북마크와 로그인 정보는 삭제되지 않으니 안심하세요.



**01** Chrome '설정' 페이지로 이동한 후 메뉴 중 [고급]–[재설정 및 정리하기]–[설정을 기본값으로 복원]를 차례로 선택합니다.

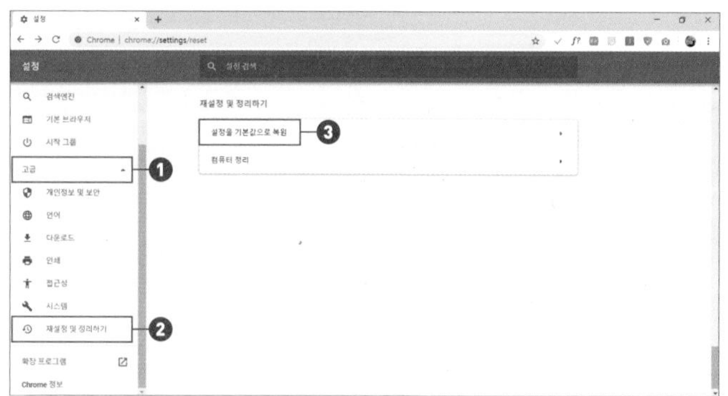

**02** 팝업창의 [설정 초기화]를 클릭하면 바로 Chrome 초기화가 진행됩니다. 초기화가 완료된 후 Chrome을 다시 실행하면 처음 Chrome을 설치했을 때와 같이 초기화된 것을 확인할 수 있습니다. 설정을 초기화 하면 다음의 사항이 변경됩니다.

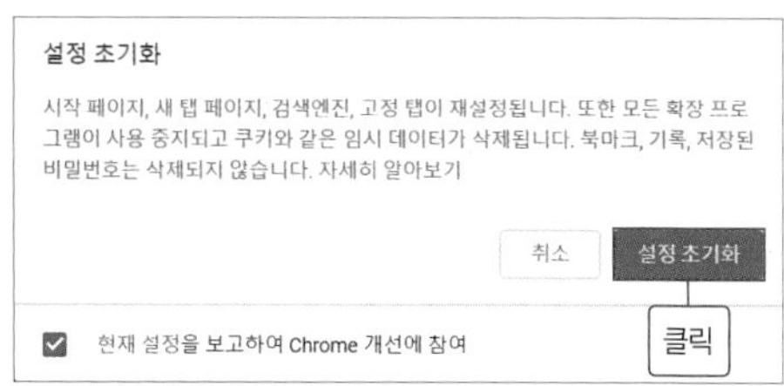


- **[기본 검색엔진]** : 검색엔진이 다시 Google로 변경됩니다. 검색엔진을 변경하는 방법은 55쪽을 참고하세요.
- **[홈페이지와 탭]** : 시작 페이지가 초기화됩니다. 시작 페이지나 그룹을 변경하는 방법은 56쪽을 참고하세요.
- **[확장 프로그램 및 테마]** : 추가한 확장 프로그램이나 테마가 초기화 됩니다. 확장 프로그램과 테마를 추가하는 방법은 89쪽을 참고하세요.

## Google+ | Chrome 업데이트 하기

Chrome 업데이트하면 새로운 기능이 추가되고 보안이 향상됩니다. 업데이트는 보통 자동으로 진행되지만 수동으로 업데이트를 진행할 수도 있죠. Chrome 설정을 초기화 하기 전 마지막으로 진행할 수 있는 업데이트가 있는지 확인해보세요. 업데이트를 확인하려면 Chrome의 [⋮]–[도움말]–[Chrome 정보]를 차례로 선택합니다.

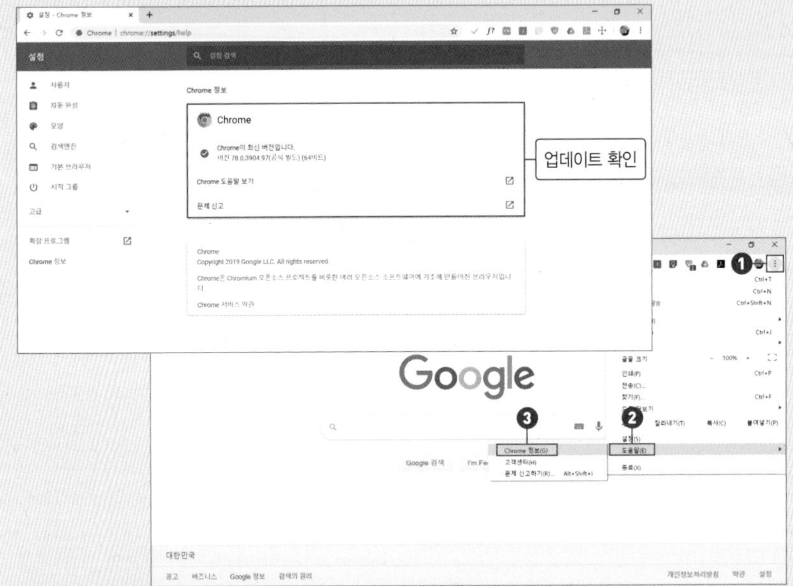


진행할 업데이트가 없다면 'Chrome이 최신 버전입니다.'라는 메시지가 표시되고 진행할 업데이트가 있으면 'Chrome 업데이트 중'이라는 메시지와 함께 자동으로 업데이트가 진행됩니다.

# TIP 027 Chrome 오류 해결하기

Chrome을 사용하는 중 예기치 못한 오류가 발생하는 경우 다양한 오류 코드가 함께 표시됩니다. 그냥 지나치기 쉬운 오류 코드도 조금만 관심을 갖고 살펴본다면 해결 방법을 찾을 수 있습니다.

Chrome을 사용하는 중 오류가 발생하면 오류 메시지와 함께 발생한 오류에 대한 오류 코드가 함께 표시됩니다. 해당 오류 코드가 어떤 의미인지 알 수 있다면 해결 방법도 찾을 수 있겠죠?

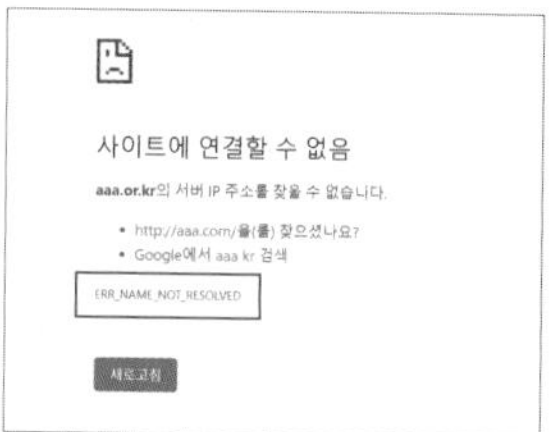


대부분의 오류는 [새로고침] C 을 클릭하면 해결할 수 있지만 이 방법으로 해결되지 않는다면 다른 방법을 확인해보세요.

- 사용하는 기기가 유/무선 네트워크에 연결되어 있는지 확인합니다.
- 사용하는 기기에서 실행되어 있는 앱이나 프로그램을 종료해보세요. 기기의 메모리가 부족하여 웹사이트를 불러오지 못할 수도 있습니다.
- 캐시와 쿠키 등 인터넷 사용 기록을 삭제합니다. 인터넷 사용 기록을 삭제하는 방법은 94쪽을 참고하세요.
- Chrome에서 사용하지 않는 불필요한 확장 프로그램을 삭제합니다.

- **['앗, 이런!']** : Chrome에서 웹페이지를 불러오는 데 문제가 있습니다.
- **[ERR_NAME_NOT_RESOLVED]** : 호스트 이름(웹 주소)이 존재하지 않습니다. 잘못된 주소를 입력했을 가능성이 높습니다.
- **[ERR_INTERNET_DISCONNECTED]** : 기기가 인터넷에 연결되지 않았습니다.
- **[ERR_CONNECTION_TIMED_OUT 또는 ERR_TIMED_OUT]** : 페이지에 연결하는 데 시간이 너무 오래 걸립니다. 연결된 네트워크가 너무 느리거나 웹페이지에 접속한 사용자가 많을 수 있습니다.
- **[ERR_CONNECTION_RESET]** : 웹페이지 연결을 방해하는 요소가 발생했습니다.
- **[ERR_NETWORK_CHANGED]** : 페이지를 불러오는 중에 기기의 네트워크 연결이 해제되었거나 새로운 네트워크에 연결되었습니다.
- **[ERR_CONNECTION_REFUSED]** : 웹페이지에서 Chrome의 연결을 허용하지 않았습니다.
- **[ERR_CACHE_MISS]** : 웹페이지에서 이전에 입력한 정보를 다시 한 번 제출하도록 요청합니다.
- **[ERR_EMPTY_RESPONSE]** : 웹사이트에서 데이터를 전혀 전송하지 않았으며 다운되었을 수 있습니다.
- **[ERR_SSL_PROTOCOL_ERROR]** : 페이지에서 전송된 데이터를 Chrome에서 이해하지 못했습니다.
- **[BAD_SSL_CLIENT_AUTH_CERT]** : 주로 은행이나 회사 인트라넷에 발생하는 오류로 클라이언트 인증서에 오류가 발생하여 웹사이트에 로그인할 수 없습니다.

### Google⁺ | 공룡 게임

인터넷이 연결되지 않아 웹사이트에 접속할 수 없을 때 '인터넷 연결 없음'이라는 메시지가 표시됩니다. 대부분은 그냥 창을 닫아 버리지만 이때 Spacebar 키를 눌러보세요. 화면의 공룡이 갑자기 달리기를 시작합니다.

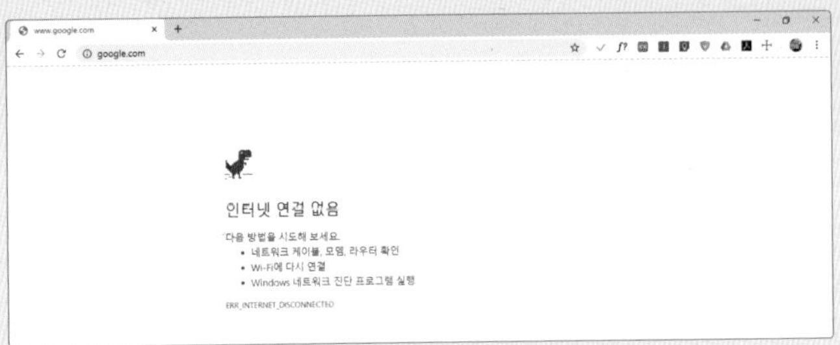


이것은 Chrome의 '이스터 에그'로 Spacebar 키를 눌러 장애물을 피하는 게임입니다. 부활절 계란을 뜻하는 '이스터 에그'는 개발자가 의도적으로 숨겨 놓은 재미 요소입니다. 이 밖에도 Google은 다양한 이스터 에그가 숨겨져 있습니다.

## TIP 028 Chrome 단축키 사용하기

단축키로 Chrome를 능숙하게 다뤄보세요 여기서는 전체 단축키 중 유용한 일부 단축키에 대해 알아보겠습니다.

- **새 창 열기(Ctrl+N)** : 지금 화면에 표시된 창 외에 새 창을 열어 표시합니다.
- **새 탭 열기 (Ctrl+T)** : 지금 화면에 선택된 창에 새 탭을 열어 표시합니다.
- **시크릿 모드로 새 창 열기(Ctrl+Shift+N)** : 시크릿 모드의 새 창을 열어 표시합니다.
- **이전에 닫은 탭 열기(Ctrl+Shift+T)** : 닫은 탭을 다시 열어 표시합니다. 단축키를 누를 때마다 닫았던 탭이 순서대로 표시됩니다.
- **열려 있는 다음 탭으로 이동(Ctrl+Tab 또는 Ctrl+PgUp/PgDn)** : Chrome 창에 열린 이전/다음 탭으로 이동합니다.
- **특정 탭으로 이동(Ctrl+1~8)** : Chrome 창에 열린 탭 중 원하는 탭으로 바로 이동합니다. 제일 왼쪽에 열린 탭부터 단축키(Ctrl+1)가 할당됩니다.

- **현재 탭에서 홈페이지 열기(Alt+Home)** : 지금 화면에 선택된 탭에 시작 페이지를 표시합니다.
- **현재 탭에 표시된 웹페이지의 이전/다음 페이지 열기(Alt+→/←)** : 현재 탭에 표시된 웹페이지의 이전/다음 페이지로 이동합니다.
- **현재 탭 닫기(Ctrl+W 또는 Ctrl+F4)** : 지금 화면에 표시된 탭을 닫습니다.
- **현재 창 닫기(Ctrl+Shift+W 또는 Alt+F4)** : 지금 화면에 표시된 창을 닫습니다.
- **Chrome 메뉴 열기(Alt+F 또는 Alt+E)** : Chrome 맞춤설정 및 제어 메뉴를 열어 표시합니다.
- **북마크바 표시/숨기기(Ctrl+Shift+B)** : 북마크 바를 표시하거나 숨깁니다.
- **북마크 관리자 열기(Ctrl+Shift+O)** : 새 탭에 북마크 관리자를 열어 표시합니다. 북마크를 관리하는 방법은 63쪽을 참고하세요.
- **새 탭에서 방문 기록 페이지 열기(Ctrl+H)** : 새 탭에 방문 기록 페이지를 표시합니다. 방문 기록을 관리하는 방법은 93쪽을 참고하세요.
- **새 탭에서 다운로드 페이지 열기(Ctrl+J)** : 새 탭에 다운로드 기록을 표시합니다. 다운로드 폴더를 변경하는 방법은 76쪽을 참고하세요.
- **현재 페이지 내 검색(Ctrl+F 또는 F3)** : 지금 표시된 웹페이지 안에서 원하는 단어를 검색할 수 있습니다. Ctrl+F 또는 F3 키를 누른 후 원하는 검색어를 입력하면 웹페이지 내 해당 검색어가 노란색 음영으로 표시됩니다.
- **개발자 도구 열기(Ctrl+Shift+J 또는 F12)** : 표시된 웹페이지의 소스를 확인할 수 있는 개발자 도구를 표시합니다.
- **인터넷 사용 기록 삭제 옵션 열기(Ctrl+Shift+Delete)** : 설정 페이지를 열어 인터넷 사용 기록 삭제 창을 표시합니다. 인터넷 사용 기록을 삭제하는 방법은 94쪽을 참고하세요.
- **주소 표시줄로 이동(Alt+D 또는 F6)** : Chrome 창의 주소 표시줄로 이동합니다. 주소 표시줄을 활용하는 방법은 53쪽을 참고하세요.
- **페이지 어디서나 검색(Ctrl+K 또는 Ctrl+E)** : 웹페이지에서 어디서나 주소 표시줄로 이동하여 원하는 내용을 검색할 수 있습니다. 검색을 실행하면 설정된 검색 엔진으로 검색한 결과를 바로 확인할 수 있습니다. 주소 표시줄을 활용하는 방법은 53쪽을, 검색엔진을 변경하는 방법은 55쪽을 참고하세요.

# Google로 생산성 높이기

Google 캘린더를 사용하면 잊어버리기 십상인 수많은 일정을 효율적으로 관리할 수 있습니다. Gmail은 라벨, 필터 등의 기능이 있어 비즈니스용 메일로 안성맞춤이죠. Google의 다양한 서비스는 각각의 서비스 모두가 훌륭한 업무 도구이지만 Google의 다양한 서비스를 연계하여 활용하면 업무 생산성을 비약적으로 높일 수 있습니다.

# Google 주소록

생산성 높이기

Google 주소록에 이름, 이메일 주소, 전화번호 등의 연락처를 저장하면 Google 드라이브나 Gmail, 캘린더 등 다양한 Google 서비스를 사용할 때 저장된 연락처 정보를 사용할 수 있습니다. 주소록에 메일 주소가 저장되어 있다면 Gmail로 메일을 보낼 때 이름만 입력하면 바로 메일 주소가 자동 완성됩니다.

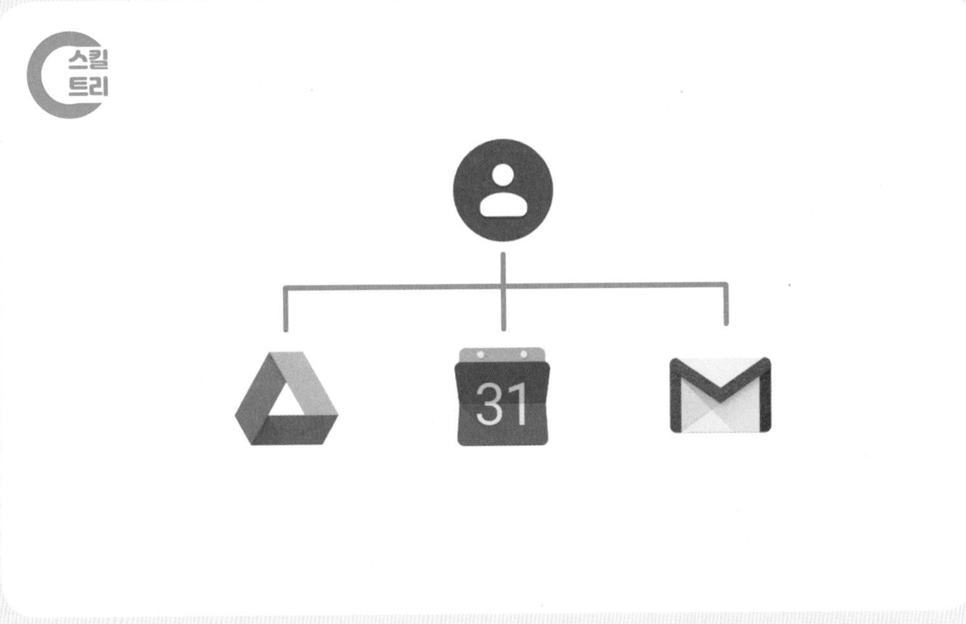

연락처 등록 107쪽 | 연락처 내보내기/가져오기 109쪽 | 연락처 일괄 등록하기 111쪽 | 연락처 병합하기 113쪽 | 연락처 라벨 114쪽

## TIP 001 Google 주소록 살펴보기

주소록에 자주 연락하는 사람의 연락처를 저장하면 Gmail이나 Google 드라이브, 캘린더 등의 다양한 Google 서비스에 활용할 수 있습니다. 주소록 활용법을 알아보기 전, 주소록의 화면 구성을 살펴보겠습니다.

Google 주소록으로 이동하려면 Google 첫 화면의 [⠿]–[주소록]을 차례로 선택합니다.

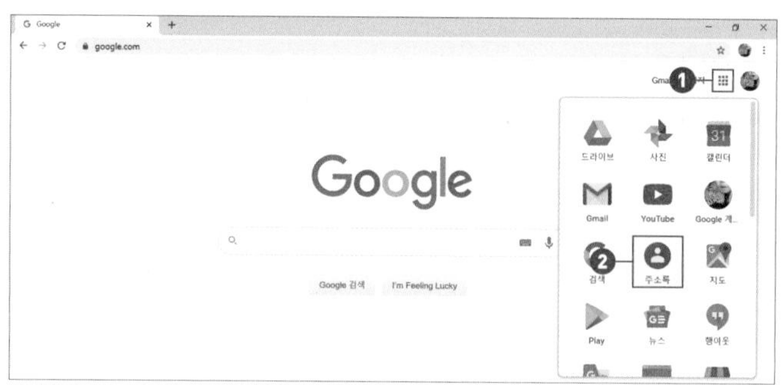

Google 주소록 페이지에서는 연락처를 저장할 수도 있고 저장된 연락처 정보를 활용해 바로 메일을 보낼 수도 있습니다.

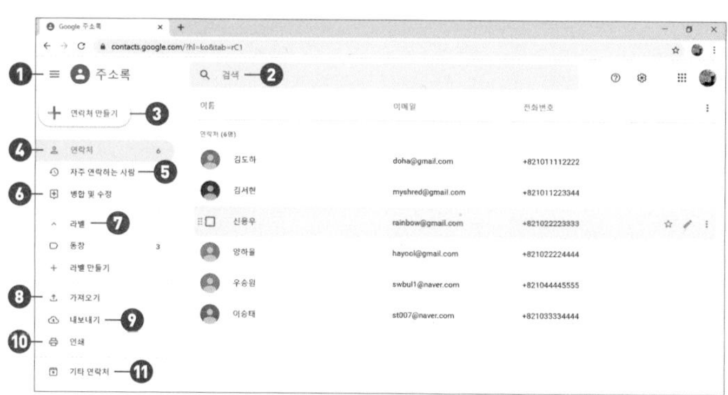

❶ **[메뉴]** : 주소록의 메뉴를 표시하거나 숨깁니다.

❷ **[검색]** : 주소록에 저장된 연락처를 검색할 수 있습니다. 이름이나 이메일 주소의 일부, 전화번호 등으로도 검색할 수 있습니다.

❸ **[연락처 만들기]** : 주소록에 새 연락처를 추가합니다. 연락처를 추가하는 방법은 107, 111쪽을 참고하세요.

❹ **[연락처]** : 주소록에 저장된 모든 연락처를 확인합니다.

❺ **[자주 연락하는 사람]** : 자주 연락하는 연락처만 표시합니다.

❻ **[병합 및 수정]** : 주소록에 저장된 같은 연락처를 하나로 병합하거나 수정합니다. 중복된 연락처를 병합하는 방법은 113쪽을 참고하세요.

❼ **[라벨]** : 여러 연락처를 라벨로 묶어 관리합니다. 라벨을 추가하고 적용하는 방법은 114쪽을 참고하세요.

❽ **[가져오기]** : 파일로 저장된 연락처 정보를 가져옵니다. 주소록에 연락처를 가져오는 방법은 110쪽을 참고하세요.

❾ **[내보내기]** : 주소록에 저장된 연락처 정보를 파일로 저장합니다. 연락처를 내보내는 방법은 109쪽을 참고하세요.

❿ **[인쇄]** : 주소록에 저장된 연락처 정보를 출력합니다.

⓫ **[기타 연락처]** : 주소록에 저장되지는 않았지만 메일 등으로 연락한 적이 있는 연락처나 사용자가 숨긴 연락처 목록을 확인합니다.

Google 주소록의 [⋮]를 클릭하면 화면에 표시할 연락처 정보의 밀도나 순서를 변경할 수도 있습니다.

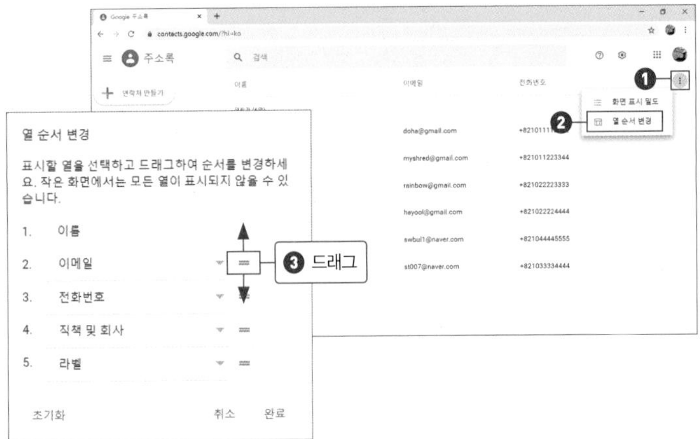


- **[화면 표시 밀도]** : 주소록에 표시할 연락처 정보의 밀도를 [넓게]와 [좁게] 중 하나로 선택할 수 있습니다.
- **[순서 변경]** : 주소록에 표시되는 연락처 정보의 열 순서를 변경할 수 있습니다. [열 순서 변경]을 선택하면 표시되는 '열 순서 변경' 팝업창에서 원하는 항목을 클릭해 위, 아래로 드래그하면 주소록에 표시되는 연락처 정보의 열 순서가 변경됩니다.

# TIP 002 주소록에 연락처 등록하기

Google 주소록에 연락처를 저장해보세요. 이메일 주소부터 전화번호, 회사, 직책 등을 저장해 다양한 Google 서비스에 편리하게 사용할 수 있습니다. 이번에는 Google 주소록에 연락처를 등록하는 방법에 대해 알아보겠습니다.



**01** Google 주소록에 원하는 연락처를 등록하거나 Outlook이나 다른 서비스에서 사용하던 기존의 연락처를 가져올 수 있습니다. 주소록의 메뉴에서 [+ 연락처 만들기]를 클릭한 한 후에 [연락처 만들기]를 클릭합니다. [여러 연락처 만들기]를 선택하면 여러 사람의 연락처를 한 번에 등록할 수 있습니다. 여러 연락처를 일괄 등록하는 방법은 111쪽을 참고하세요.

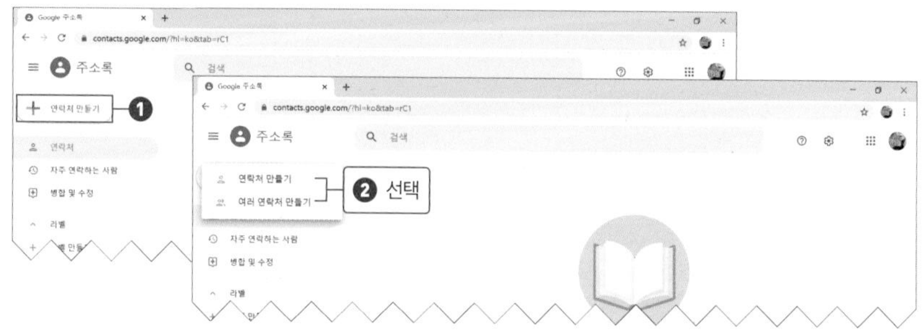


**잠깐만요**

기존의 연락처를 Google 주소록으로 가져오는 방법은 110쪽을 참고하세요.

**02** '새 연락처 만들기' 팝업창이 표시되면 이름, 성, 회사, 이메일, 전화 등의 연락처 정보를 입력한 뒤 [저장]을 클릭합니다.

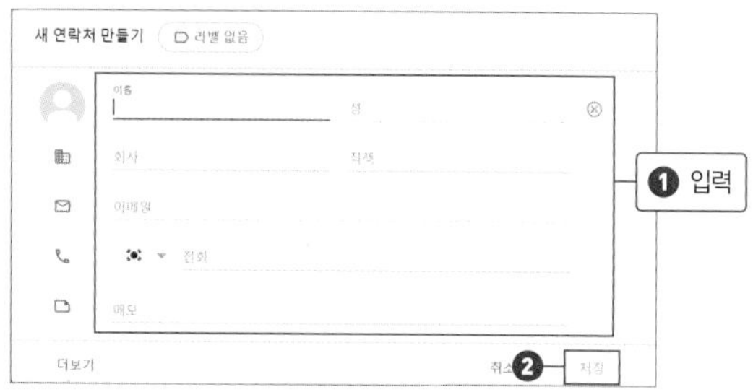


**잠깐만요**

[더보기]를 클릭하면 주소나 생일 등 더 자세한 정보를 입력할 수 있습니다.

**03** 입력한 연락처 정보를 확인한 뒤 [×]를 클릭하면 해당 연락처가 주소록에 저장됩니다. 만약 주소록에 추가하는 사람과 이전에 주고 받은 메일이나 일정을 공유한 캘린더가 있다면 '상호작용'에서 기록을 확인할 수 있습니다.

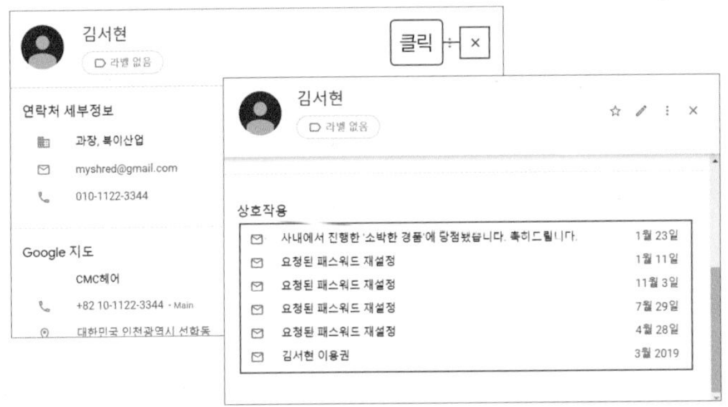


**04** 저장된 연락처 목록에 마우스 커서를 올리면 표시되는 [⋮]를 클릭하면 추가 메뉴가 표시됩니다.

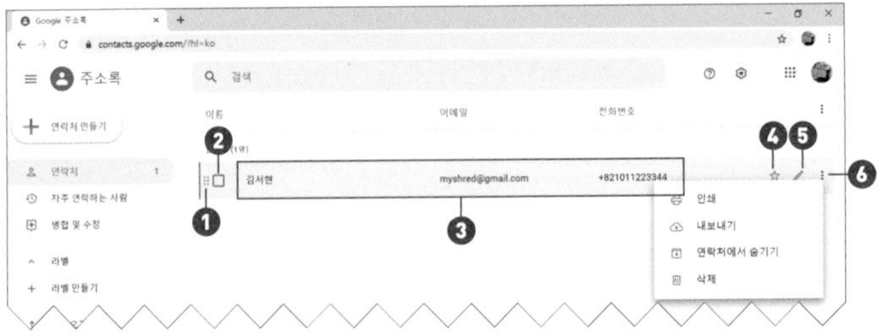


❶ 목록의 [ ⠿ ]를 클릭하여 주소록 메뉴의 라벨로 드래그 하면 해당 연락처에 라벨이 적용됩니다. 연락처에 라벨을 추가하고 적용하는 방법은 114쪽을 참고하세요.
❷ 체크 박스를 클릭해 여러 연락처를 선택합니다.
❸ 저장된 연락처 정보가 표시됩니다.
❹ 중요한 연락처에 별을 표시합니다.
❺ 연락처 정보를 수정합니다.
❻ 인쇄, 내보내기 등의 추가 메뉴를 표시합니다.

- **[인쇄]** : 선택한 연락처 정보를 인쇄합니다.
- **[내보내기]** : 선택한 연락처 정보를 파일로 내보냅니다.
- **[연락처에서 숨기기]** : 선택한 연락처를 주소록의 연락처 목록에서 숨깁니다.
- **[삭제]** : 선택한 연락처를 삭제합니다.

# TIP 003 연락처 내보내기 / 가져오기

Google 주소록에 저장된 연락처의 전부 또는 일부를 파일로 저장할 수 있습니다. 파일로 저장한 연락처는 다른 Google 계정으로 이전하거나 백업용 파일로 사용할 수 있습니다.



## 연락처 내보내기

**01** 연락처 목록에 마우스 커서를 올리면 표시되는 체크 박스를 클릭해 내보낼 연락처를 선택한 뒤 주소록 메뉴에서 [내보내기] 클릭합니다.

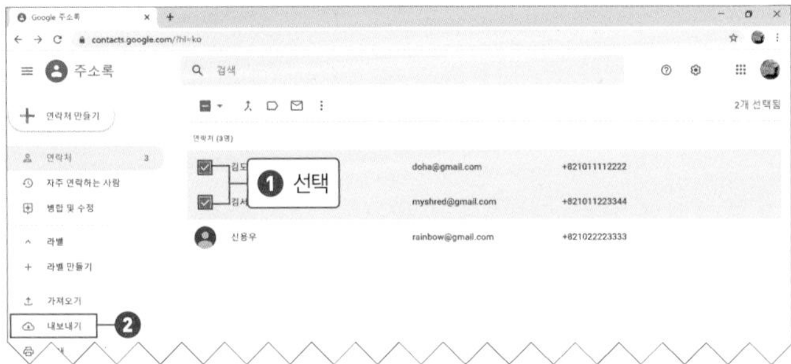


**02** '연락처 내보내기' 팝업창에서 원하는 형식을 선택한 뒤 [내보내기]를 클릭하면 선택한 연락처가 컴퓨터에 저장됩니다. 여기서는 [Google CSV] 형식을 선택했습니다.

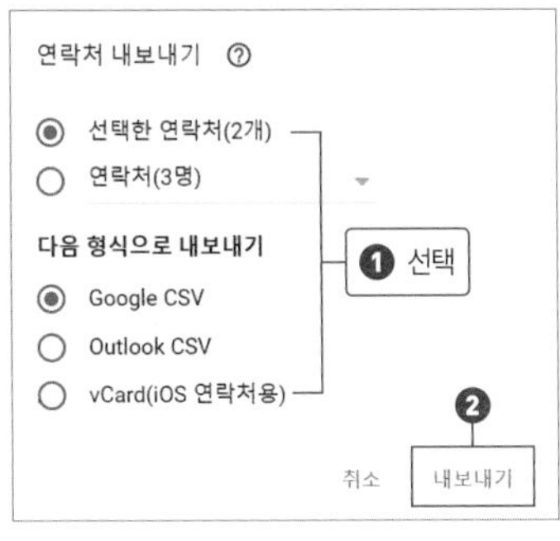


- **[선택한 연락처(#개)]** : 현재 주소록에서 선택한 연락처 개수가 표시됩니다.
- **[연락처(#개)]** : 전체 주소록에 저장된 연락처 개수가 표시됩니다. [▼]를 클릭하면 연락처를 라벨 단위로 선택할 수 있습니다.
- **[Google CSV]** : 선택한 연락처를 Google 형식으로 내보냅니다.
- **[Outlook CSV]** : 선택한 연락처를 Microsoft의 Outlook 형식으로 내보냅니다.
- **[vCard]** : 선택한 연락처를 Apple의 iCloud 형식으로 내보냅니다.

**03** 컴퓨터에 저장한 'contacts.csv' 파일을 Google 드라이브로 업로드하면 Google 스프레드시트에서 내보낸 연락처 정보를 확인하고 수정할 수 있습니다.

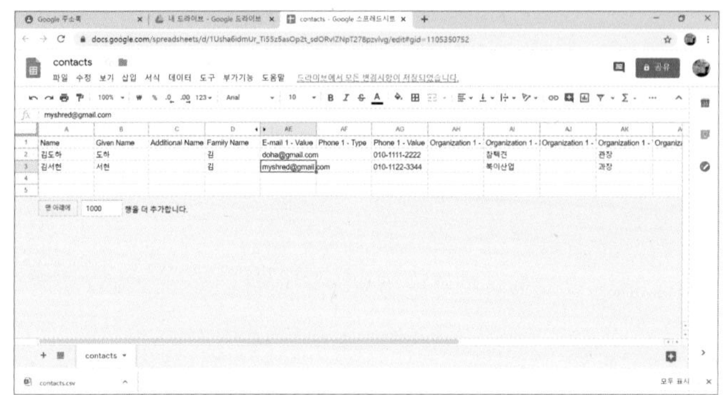

**잠깐만요**

CSV 파일을 Excel에서 확인하면 인코딩 문제로 제대로 표시되지 않지만 Google 스프레드시트에서는 문제없이 확인할 수 있습니다.

## 연락처 가져오기

**01** 다른 계정에서 내보낸 연락처를 가져오려면 Google 주소록 메뉴에서 [연락처 가져오기]를 선택합니다.

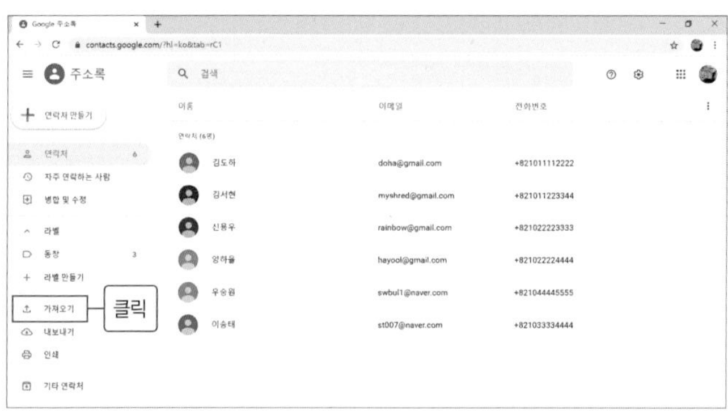


**02** '연락처 가져오기' 팝업창이 표시되면 컴퓨터에 저장된 Google CSV 파일을 선택한 후 [가져오기]를 클릭합니다.

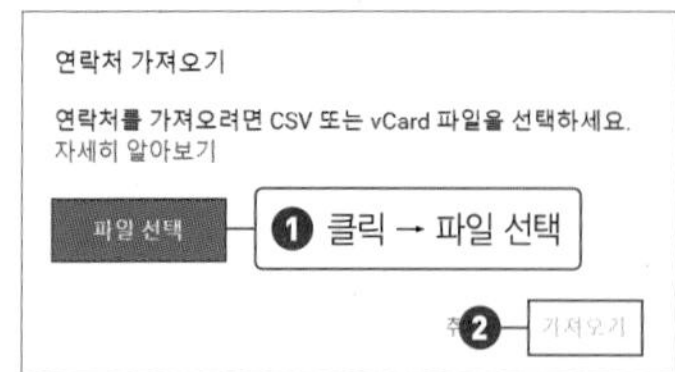

**03** 이렇게 가져온 연락처는 [###에 가져옴]이라는 라벨로 구분됩니다. ###에는 해당 연락처를 가져온 날짜가 표시됩니다.

## TIP 004 주소록에 연락처 일괄 등록하기

**주소록에 저장해야 할 연락처가 많다면 CSV 파일을 활용해보세요. 많은 연락처를 조금 더 편리하게 일괄 등록할 수 있습니다. 이번에는 CSV 파일을 활용해 많은 연락처를 일괄 등록하는 방법에 대해 알아보겠습니다.**

CSV 형식의 파일은 쉼표를 기준으로 여러 항목을 구분한 데이터 파일입니다. 연락처를 내보낼 때 저장되는 CSV 형식 파일을 활용하면 많은 연락처를 편리하게 등록할 수 있습니다. 여기서는 Google CSV 파일을 활용해 많은 연락처를 일괄 등록하는 방법에 대해 알아보겠습니다.

**01** 연락처 내보내기로 저장된 CSV 파일을 Google 스프레드시트로 불러오면 아래 그림과 같이 이름, 성, 전화번호 등 각각의 항목을 확인하며 입력할 수 있습니다. 여러 명의 연락처를 한번에 등록해야 한다면 스프레드시트에 행을 추가해 연락처 정보를 입력 할 수 있기 때문에 주소록에서 연락처를 등록하는 것보다 편리하게 연락처 정보를 입력할 수 있습니다.

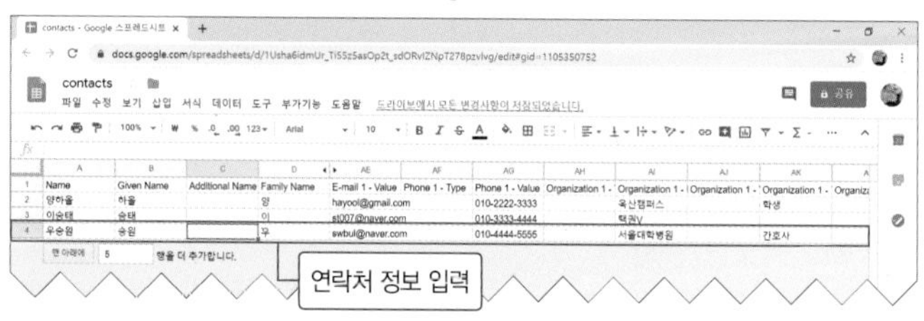

**02** 주소록에 추가할 연락처 정보를 모두 입력한 뒤 Google 스프레드시트의 [파일]-[다운로드]-[쉼표로 구분된 값(.csv, 현재 시트)]를 차례로 선택해 연락처 정보가 저장된 CSV 파일을 컴퓨터에 저장합니다.

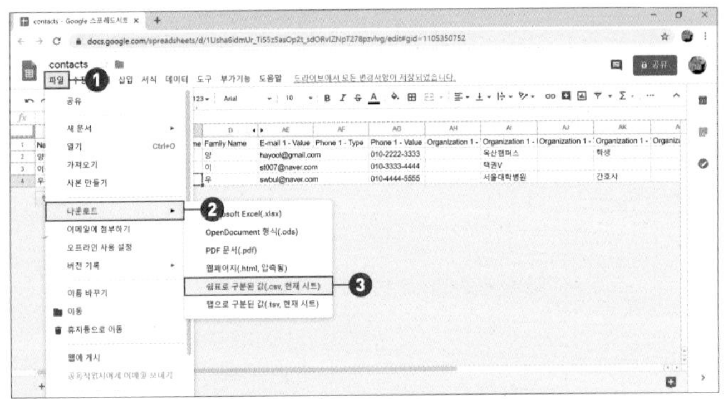


**잠깐만요**

Google 스프레드시트에서 파일을 가져오는 방법은 268쪽을 참고하세요.

**03** 이렇게 저장한 CSV 파일은 Google 주소록의 [가져오기]를 선택하여 가져오면 한번에 많은 연락처를 일괄 등록할 수 있습니다.

# TIP 005 주소록에 중복된 연락처 병합하기



꾸준히 Google 주소록을 사용하다 보면 알게 모르게 같은 사람의 연락처를 여러 번 저장해 중복되는 경우가 있습니다. 이렇게 중복된 연락처가 많아졌다면 동일한 연락처를 찾아 하나로 합칠 수 있습니다.

**01** 중복된 연락처를 확인하려면 Google 주소록의 메뉴에서 [병합 및 수정]를 클릭합니다.

**02** 중복된 연락처의 개수와 해당 목록이 표시됩니다. 목록의 연락처를 클릭하면 중복된 정보를 더 자세히 확인할 수 있습니다. 같은 연락처를 하나로 합치려면 해당 연락처의 [병합]을 클릭합니다.

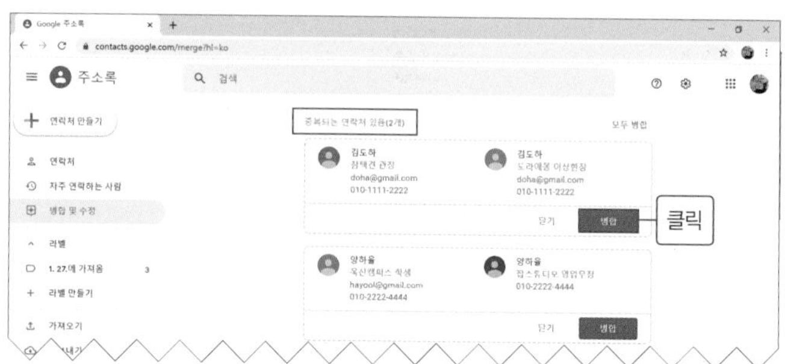


**잠깐만요**

[모두 병합]을 클릭하면 '중복되는 연락처 있음'에 표시된 모든 연락처를 한번에 병합할 수 있습니다.

**03** 병합이 완료되면 좌우로 중복된 연락처가 하나로 병합됩니다. 합쳐진 연락처 정보를 확인하려면 [보기]를 클릭합니다.

## TIP 006 주소록 연락처에 라벨 적용하기

주소록의 연락처에 라벨을 적용해보세요. 연락처에 라벨을 적용하면 수많은 연락처를 '친구', '가족', '회사' 등 원하는 그룹으로 묶어 편리하게 관리할 수 있습니다.

**01** 주소의 메뉴에서 [라벨 만들기]를 클릭합니다.

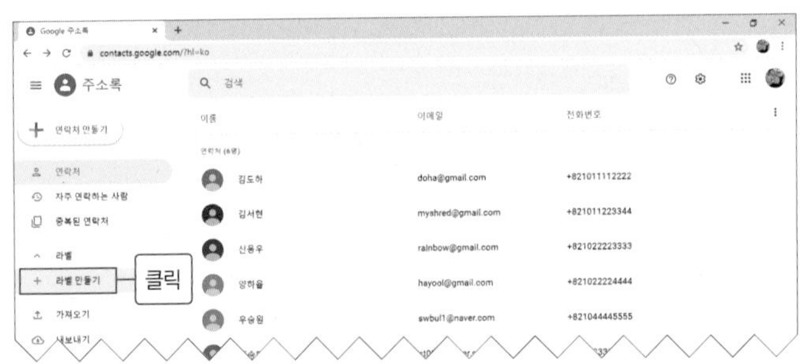


**02** '라벨 만들기' 팝업창이 표시되면 원하는 라벨 이름을 입력한 후 [저장]을 클릭합니다.

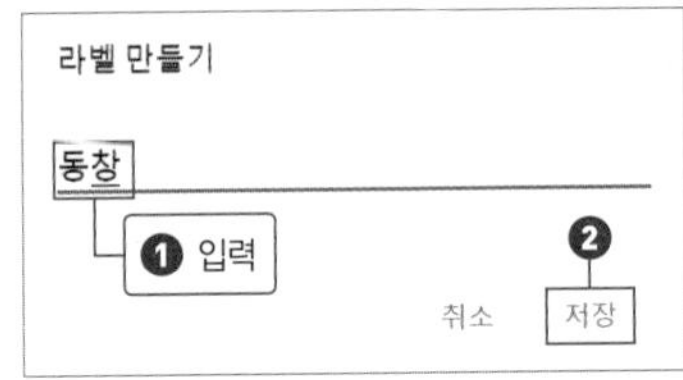

**03** 주소록의 메뉴에 라벨이 추가됐습니다. 주소록의 연락처 목록에서 라벨을 적용할 연락처의 체크 박스를 클릭해 체크 표시한 뒤 연락처 목록 위의 [라벨] – [동창] – [적용]을 차례로 클릭합니다.

**잠깐만요**

한 개의 연락처에 여러 개의 라벨을 적용할 수 있습니다.

**04** 주소록의 메뉴에서 [동창] 라벨을 클릭하면 같은 라벨로 묶인 연락처 목록을 확인할 수 있습니다.

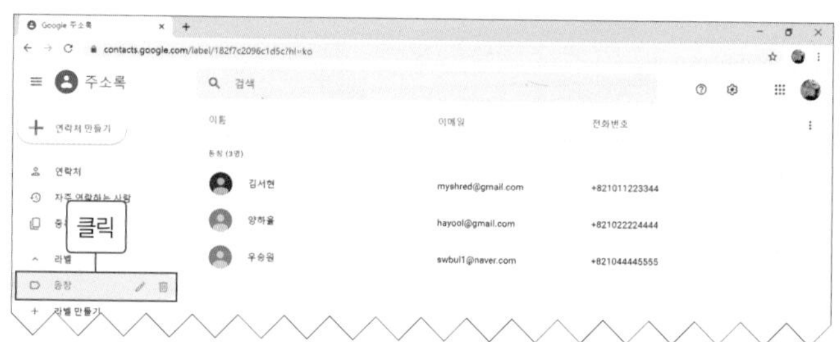


**05** Google 주소록에서 지정한 라벨은 Gmail에서도 사용할 수 있습니다. Gmail에서 메일을 보낼 때 [받는 사람]에 주소록에서 지정한 라벨 이름을 입력하면 해당 라벨이 적용된 모든 연락처가 한번에 입력됩니다.

**잠깐만요**

주소록에 지정한 라벨은 Google 드라이브에서 파일을 공유할 때도 사용할 수 있습니다. Google 드라이브에 파일을 공유하는 방법은 238쪽을 참고하세요.

# Gmail

생산성 높이기

Gmail은 Google에서 만든 웹 기반 메일 서비스로 Google 드라이브와 Google 포토와 공유하는 최대 15GB의 저장 공간을 제공합니다. 메일 메시지가 메신저 대화와 같이 그룹화되고 라벨, 필터 기능으로 여러 메일 메시지를 편리하게 분류할 수 있어 비즈니스용 메일로 사용하기 적합한 Gmail의 다양한 기능에 대해 알아보겠습니다.

스킬 트리

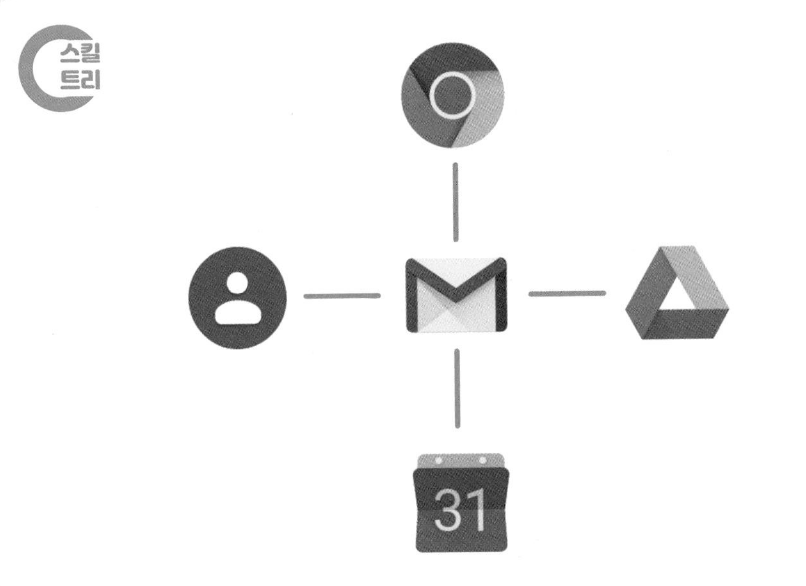


검색

# TIP 001 Gmail 살펴보기

Gmail의 기본 화면 구성은 다른 웹 메일과 크게 다르지 않기 때문에 바로 사용할 수 있지만, 세세하게 살펴보면 숨겨진 고급 기능이 많습니다. 여기서는 우선 기본적인 Gmail 화면 구성을 알아보겠습니다.

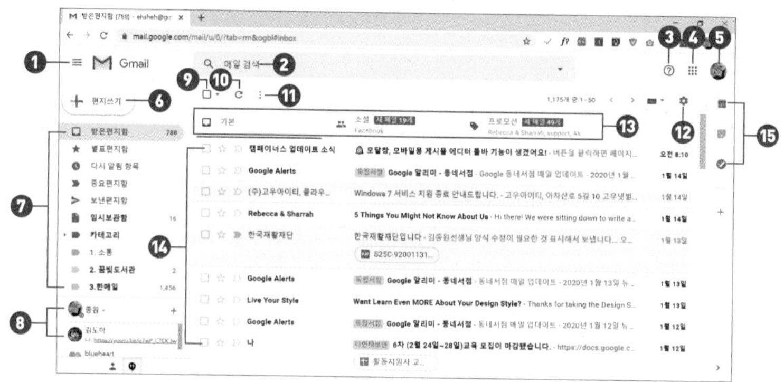


❶ **[기본 메뉴]** : Gmail 왼쪽 패널에 메뉴 이름을 표시하거나 숨깁니다.

❷ **[메일 검색]** : 메일 주소, 메일에 포함된 단어 등을 검색할 수 있습니다

❸ **[지원]** : Gmail 도움말이나 사용 방법을 확인할 수 있습니다.

❹ **[Google 앱]** : Google 드라이브, Google 문서 도구 등 Google 서비스 목록을 표시합니다.

❺ **[Google 계정]** : 현재 로그인된 Google 계정이 표시됩니다.

❻ **[편지쓰기]** : 새 메일을 작성합니다.

❼ **[편지함]** : 받은 편지함, 스팸함, 라벨 등 다양한 방법으로 분류한 메일함을 표시합니다.

❽ **[행아웃 기록]** : 행아웃 채팅 기록을 표시합니다.

❾ **[전체선택]** : 현재 페이지에 표시된 전체 메일을 선택합니다.

❿ **[새로고침]** : Gmail을 다시 로드하여 새로 온 메일을 확인합니다.

⓫ **[추가 작업]** : 보관 처리, 스팸 신고, 읽지 않은 상태로 표시 등 선택한 메일의 추가 작업을 선택합니다.

⓬ **[설정]** : Gmail 전체 설정을 확인하고 변경할 수 있습니다. 자세한 내용은 157쪽을 참고하세요.

⓭ **[카테고리]** : 메일을 분석하여 '소셜', '프로모션' 등의 탭으로 자동 분류합니다. 자동 분류에 대한 자세한 내용은 147쪽을 참고하세요.

⓮ **[메일 목록]** : 받은 메일이 목록으로 표시됩니다.

⓯ **[부가 기능]** : 캘린더, Keep, Tasks 등의 부가 기능을 Gmail에 표시합니다.

## TIP 002 메일 보내기 ①메일 작성하기

메일을 작성하며 텍스트 크기나 글꼴을 변경하고 글머리 기호 등을 추가할 수 있습니다. 그리고 이모티콘을 삽입하여 감정을 쉽게 전달할 수도 있죠. 만약 맞춤법 때문에 고민이라면 맞춤법 검사 기능을 사용해보세요.

**01** Google 첫 화면에서 [Gmail]을 선택하면 바로 Gmail 페이지로 이동합니다. Gmail 페이지의 [편지쓰기]를 클릭합니다.

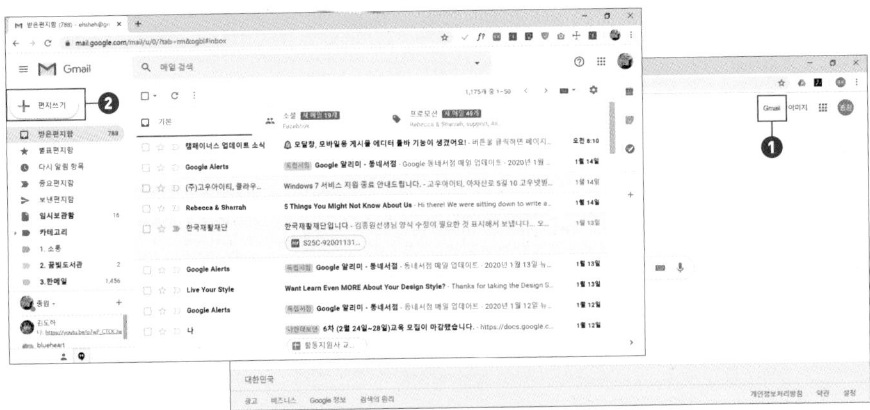

**02** Gmail 페이지 아래에 메일 작성 창이 표시됩니다.

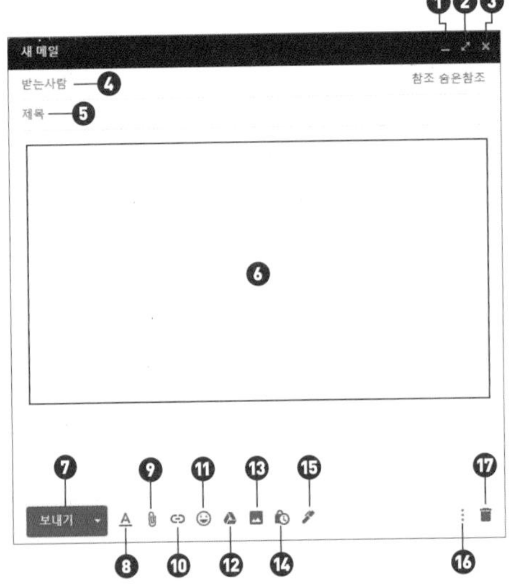


❶ **[최소화]** : [▬]를 클릭하면 메일 창을 최소화합니다.

❷ **[확대]** : [⤢]를 클릭하면 메일 창을 크게 표시할 수 있습니다.

❸ **[닫기]** : [✕]를 클릭하면 작성 중인 메일 창이 닫히고 작성 중인 메시지가 임시보관함에 저장됩니다.

❹ **[수신자]** : 메일을 받을 사람이나 참조/숨은 참조로 메일을 함께 확인할 사람을 추가할 수 있습니다.

❺ **[제목]** : 메일의 제목을 입력합니다. 제목을 입력하면 메일 창에 제목이 표시됩니다.

❻ **[본문]** : 메일의 본문을 작성하는 공간입니다.

❼ **[보내기]** : 작성한 메일을 발송합니다. [▼]를 클릭하면 '보내기 예약'을 할 수 있습니다. '보내기 예약'에 대한 자세한 내용은 122쪽을 참고하세요.

❽ **[서식 지정 옵션]** : 서식 지정 옵션을 표시합니다.

❾ **[파일 첨부]** : 내 컴퓨터에 있는 파일을 메일에 첨부합니다. 파일 첨부에 대한 자세한 내용은 123쪽을 참고하세요.

❿ **[링크 삽입]** : 메일에 링크를 추가합니다.

⓫ **[그림 이모티콘 삽입]** : 메일에 그림 이모티콘을 삽입합니다.

⓬ **[드라이브에 저장된 파일 삽입]** : 내 Google 드라이브에 있는 파일을 메일에 첨부합니다. 자세한 내용은 124쪽을 참고하세요.

⓭ **[사진 삽입]** : 메일에 이미지를 첨부합니다. 자세한 내용은 127쪽을 참고하세요.

⓮ **[비밀 모드 사용 또는 사용 중지]** : 비밀 모드로 메일을 작성합니다. 자세한 내용은 131쪽을 참고하세요.

⓯ **[서명 삽입]** : 메일에 서명을 삽입하거나 이미 작성된 서명을 관리합니다. 서명에 대한 자세한 내용은 126쪽을 참고하세요.

⓰ **[옵션 더보기]** : [전체 화면을 기본으로], [라벨] 등 추가 메뉴를 표시합니다.

⓱ **[임시 보관 메일 삭제]** : 작성 중인 메일을 임시 보관함에 저장하지 않고 삭제합니다.



**03** 수신자와 제목, 메일 내용을 입력하는 방법은 기존 웹 메일과 크게 다르지 않습니다. 수신자와 제목, 메시지 등을 입력합니다.

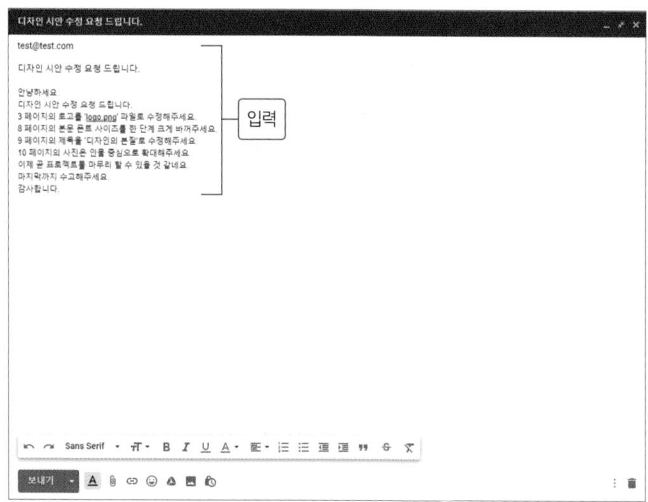


**잠깐만요**

를 클릭하면 메일 창을 크게 표시되고 자동으로 서식 지정 옵션이 표시됩니다.

**04** 메일 작성 창 아래의 [A]을 클릭하면 입력한 메일에 서식을 지정할 수 있습니다.

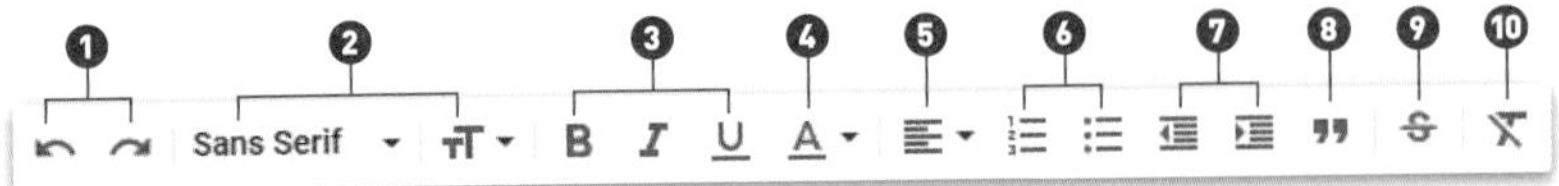

❶ **[실행취소]/[재실행]** : 메일 작성 과정을 취소하거나 재실행합니다.

❷ **[글꼴]/[크기]** : 작성한 메일에 글꼴과 크기를 지정합니다.

❸ **[굵게]/[기울임꼴]/[밑줄]** : 작성한 메일에 굵게, 기울임꼴, 밑줄을 지정합니다.

❹ **[텍스트 색상]** : 작성한 메일에 배경색이나 색상을 지정할 수 있습니다.

❺ **[정렬]** : 작성한 메일을 정렬합니다.

❻ **[번호 매기기 목록]/[글머리 기호 목록]** : 작성한 메일에 번호나 글머리 기호를 삽입합니다.

❼ **[덜 들여쓰기]/[더 들여쓰기]** : 작성한 메일에 들여쓰기나 내어쓰기를 지정합니다.

❽ **[인용구]** : 작성한 메일에 인용 표시를 합니다.

❾ **[취소선]** : 작성한 메일에 취소선을 표시합니다.

❿ **[서식 제거]** : 작성한 메일에 지정한 서식을 제거합니다.

**05** 서식을 지정하려면 서식을 지정할 영역을 드래그하여 선택한 후 원하는 서식 아이콘을 클릭하면 됩니다.

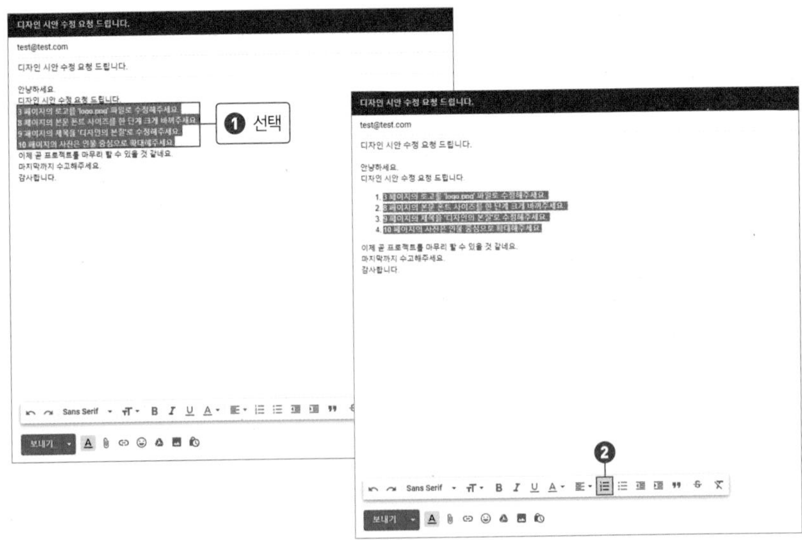

**06** 그림 이모티콘을 삽입해 감정을 표현할 수도 있습니다 그림 이모티콘을 삽입하려면 메일 작성 창 아래의 [☺]를 선택한 뒤 원하는 그림 이모티콘을 선택하면 됩니다.

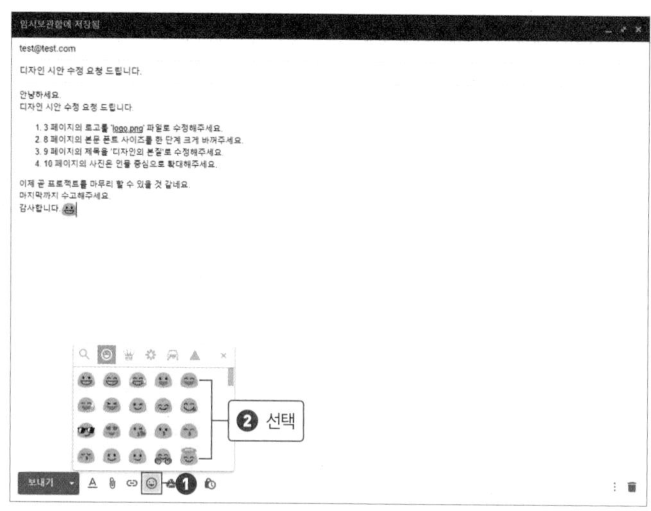


**잠깐만요**

그림 이모티콘 창 위의 아이콘을 선택하면 더 많은 그림 이모티콘을 살펴볼 수 있습니다.

**07** 메일 작성을 마친 뒤, 메일 작성 창 아래의 [⋮]–[맞춤법 검사]를 차례로 선택하면 작성한 메일의 맞춤법을 검사할 수 있습니다.

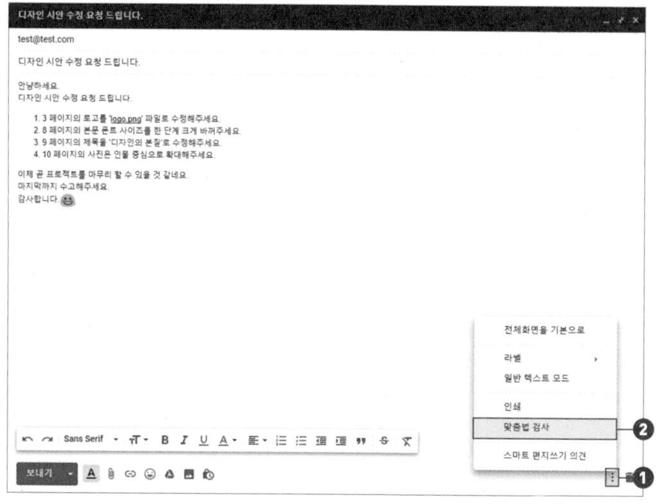

**08** 작성한 메일 중 맞춤법에 맞지 않는 부분이 블록 지정되어 표시됩니다. 표시된 부분을 클릭하면 수정 제안이 표시되어 맞춤법에 맞게 수정할 수 있죠. 적절한 수정 제안이 없거나 의도한 내용이라면 [무시하기]를 클릭하면 됩니다

**잠깐만요**

메일 작성 창 아래의 [보내기]를 클릭하면 메일이 발송되고 [보낸 메일함]에 저장됩니다.

## Google+ | 메일 보내기 예약

작성한 메일을 보낼 때 [보내기] 버튼 옆에 있는 [▾]을 클릭한 후에 [보내기 예약]을 선택하면 원하는 시간에 맞춰 메일을 보낼 수 있습니다. [보내기 예약]을 선택한 뒤 '보내기 예약' 팝업창 아래의 [날짜 및 시간 선택]을 클릭하면 원하는 날짜와 시간을 선택할 수 있죠. [보내기 예약]을 클릭하면 설정한 날짜와 시간에 맞춰 작성한 메일이 발송됩니다.

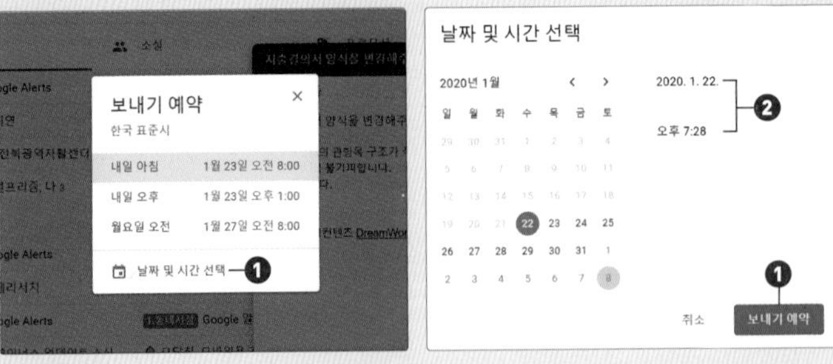


보내기 예약을 했지만 아직 발송 되지 않은 메일을 수정하거나 발송을 취소하려면 Gmail 편지함 목록에서 [예약됨]을 선택합니다. 발송이 예약된 메일 목록에서 수정하거나 취소하면 됩니다.

# TIP 003 메일 보내기 ②파일 첨부하기

Gmail에 직접 첨부할 수 있는 파일의 최대 용량은 25MB으로 25MB가 넘는 파일을 첨부하려면 Google 드라이브를 사용해야 합니다. 이번에는 Gmail에 이미지나 파일을 첨부하는 다양한 방법에 대해 알아보겠습니다.

## 파일 직접 첨부하기

**01** 메일에 파일을 첨부하려면 메일 작성 창 아래의 [📎]를 클릭합니다.

**02** '열기' 대화상자가 표시되면 메일에 첨부할 파일을 선택한 후 [열기]를 클릭합니다.

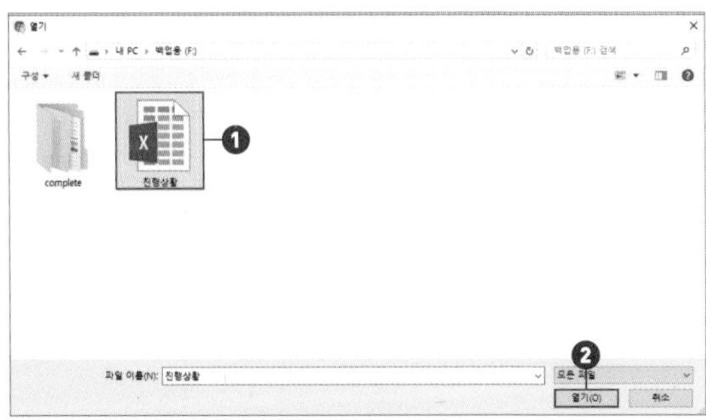


**잠깐만요**

첨부할 파일을 메일 작성 창으로 드래그해 첨부할 수도 있습니다.

Gmail

**03** 메일 작성 창에 첨부한 파일이 표시됩니다.

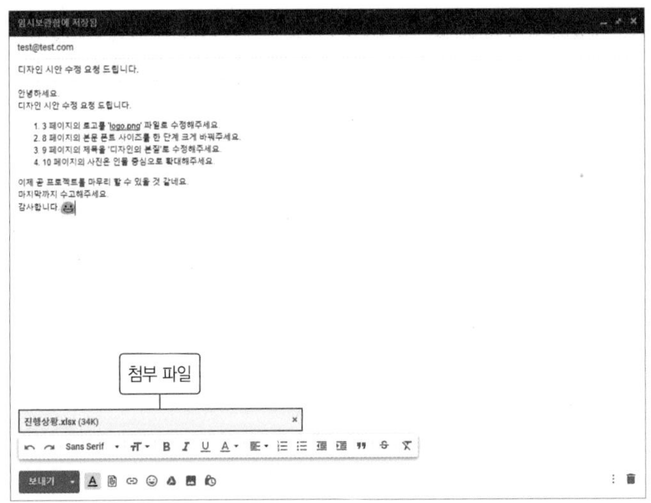


## 고용량 파일 첨부하기

**01** 메일에 25MB가 넘는 파일을 첨부하면 파일을 Google 드라이브로 공유해야 한다는 메시지가 표시됩니다. 팝업창의 [확인]을 클릭하면 파일이 자동으로 Google 드라이브에 업로드 됩니다.

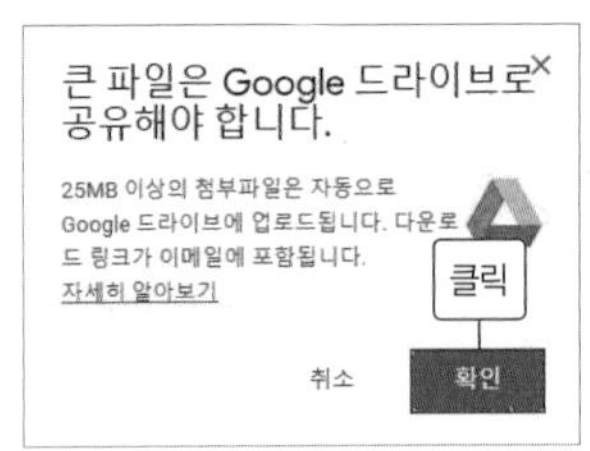


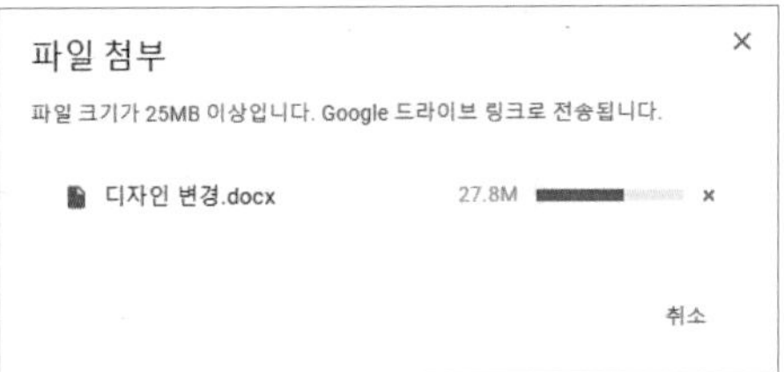


**잠깐만요**

Google 드라이브에 대한 내용은 220쪽을 참고하세요.

**02** Google 드라이브로 파일이 업로드된 후 [보내기]를 클릭하면 대화상자가 표시되어 수신자에게 파일 액세스 권한을 부여할 수 있습니다. 원하는 권한을 설정한 뒤 [보내기]를 클릭하면 메일이 발송됩니다.

**잠깐만요**

'#명'에는 메일을 수신 받는 사람 수가 표시됩니다.

**#명과 공유** : [▼]를 클릭하면 [보기], [댓글], [수정] 중 하나를 선택할 수 있습니다. 단순히 다운로드할 수 있는 권한만 주려면 [보기]를 선택합니다.

- **[보기]** : 기본 설정으로 파일을 확인하거나 다운 받을 수 있습니다.
- **[댓글]** : 첨부 파일을 확인하거나 다운 받을 수 있고 댓글을 작성할 수 있습니다. Google 드라이브 댓글에 대한 자세한 내용은 297쪽을 참고하세요.
- **[수정]** : 첨부 파일을 확인하거나 다운 받을 수 있고 Google 드라이브에 업로드한 파일을 수정할 수 있습니다.

**링크 공유 사용** : Gmail이 아닌 다음이나 네이버와 같은 메일 계정에 메일을 보낼 때는 [링크 공유 사용] 옵션을 선택해야 수신자가 첨부 파일을 다운 받을 수 있습니다.

**잠깐만요**

[액세스 권한 부여 안함]을 클릭하여 체크 표시하면 권한을 부여하지 않아 첨부 파일을 확인하거나 다운로드 받을 수 없습니다.

**03** 메일을 수신 받은 사람이 첨부된 파일을 클릭한 후 [다운로드]를 선택하면 첨부 파일이 다운로드 됩니다.

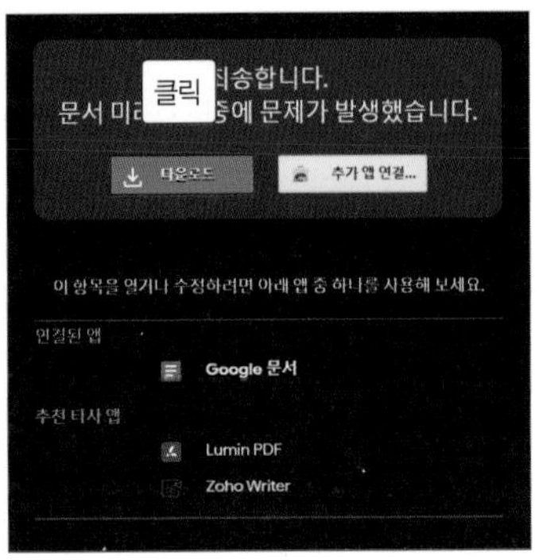


**잠깐만요**

대용량 첨부 파일의 경우 미리보기를 지원하지 않아 문제가 발생했다는 메시지가 표시되지만 첨부한 파일을 확인하거나 다운 받는 데에는 아무런 문제가 없으니 안심하세요.

## Google⁺ | 서명 만들기

Gmail 서명을 만들면 메일을 작성할 때마다 본문 하단에 자동으로 표시됩니다. 연락처나 구호, 문구 등 나만의 서명을 만들어보세요. 서명은 [⚙]–[모든 설정 보기]–[기본 설정] 탭의 '서명' 항목에서 만들 수 있습니다. 서명은 텍스트뿐만 아니라 이미지나 하이퍼링크도 넣을 수 있습니다. 서명 작성 창에 원하는 내용을 모두 입력했다면 설정 페이지 아래의 [변경사항 저장]을 클릭하면 됩니다.

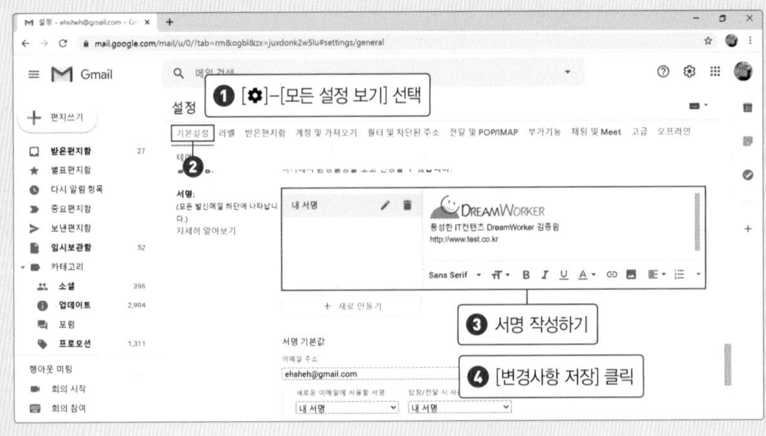

## 이미지 첨부하기

메일에 이미지를 첨부하는 방법은 파일을 첨부하는 것과 크게 다르지 않습니다. 이미지는 '사진', '앨범', '업로드', '웹 주소' 중 하나를 선택해 첨부할 수 있습니다.

**01** 메일에 이미지를 첨부하려면 메일 작성 창 아래의 [ ]를 클릭합니다.

**02** '사진 삽입' 팝업창이 표시되면 [사진], [앨범], [업로드], [웹 주소] 중 하나를 선택해 이미지를 첨부할 수 있습니다. 여기서는 [업로드]를 선택해 이미지를 첨부하는 방법에 대해 알아보겠습니다.

**[사진]** : Google 포토에 업로드 한 이미지를 첨부합니다.

**[앨범]** : Google 포토에서 만든 앨범 목록에서 이미지를 첨부합니다.

**[업로드]** : 내 컴퓨터에서 이미지를 첨부합니다.

**[웹 주소(URL)]** : 인터넷에 있는 이미지의 URL를 붙여 넣어 이미지를 첨부합니다.

**03** '사진 삽입' 팝업창의 [업로드] 탭을 선택한 뒤 첨부할 이미지를 선택해 팝업창으로 드래그하거나 [업로드할 사진 선택]을 클릭해 첨부할 이미지를 선택합니다.

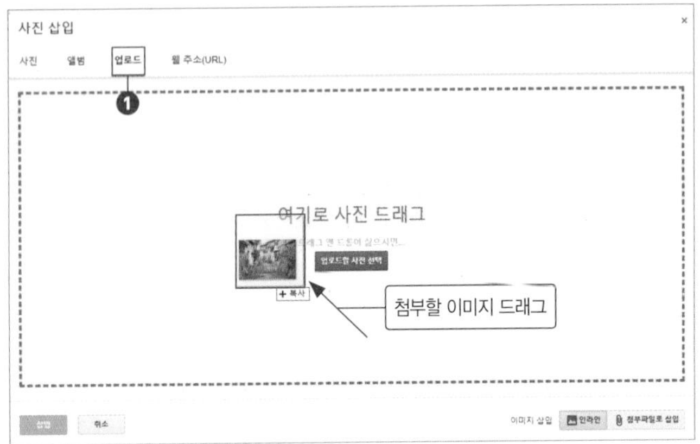


**잠깐만요**

내 컴퓨터에 저장된 파일이나 이미지를 삽입할 경우 [📎]나 [🖼]를 선택하지 않고 원하는 파일을 바로 메일 창으로 드래그해 첨부할 수 있습니다.

**04** 이미지 업로드가 완료되면 커서가 있던 위치에 첨부한 이미지가 표시됩니다.

**잠깐만요**

첨부된 이미지를 클릭하면 이미지 크기를 확대/축소 하거나 위치를 조정할 수 있습니다.

## Google+ | 메일 보내기 취소하기

메일을 보내고 난 뒤 파일을 첨부하지 않은 것이 생각나 당황한 경험이 있지 않나요? 이럴 땐 '실행취소' 기능을 사용해보세요. 메일을 보내고 난 직후 화면 왼쪽 아래에는 '메일을 보냈습니다.' 메시지와 함께 [실행취소]와 [메일 보기]가 표시됩니다. [메일 보기]를 클릭하면 방금 보낸 메일을 새 창에서 확인할 수 있습니다. [실행취소]를 클릭하면 메일 발송이 취소되고 메일 작성 창이 표시되어 메일 내용을 수정하거나 깜빡한 첨부 파일을 다시 첨부할 수도 있습니다. 실행취소는 기본적으로 발송 후 5초 동안 가능하고 Gmail 설정 페이지 [기본설정] 탭의 '보내기 취소' 항목에서 원하는 실행취소 시간을 선택할 수 있습니다.

◀ 전송 취소 설정

◀ 전송 취소하기

# TIP 004 메일 보내기 ③받는 사람/참조 추가하기

메일을 작성하다 보면 메일을 수신하는 당사자 외에 관련된 다른 사람도 함께 메일을 확인해야 할 경우가 있죠. 이럴 때는 '참조'와 '숨은 참조'를 사용해보세요.

**01** 메일을 작성하다 보면 같은 메일을 여러 사람에게 발송해야 할 경우가 있죠? 메일 받는 사람을 추가하려면 '메일 작성' 창의 [수신자]를 클릭한 뒤 메일 주소를 입력하고 Enter 키를 누르면 여러 명의 수신자를 추가할 수 있습니다.

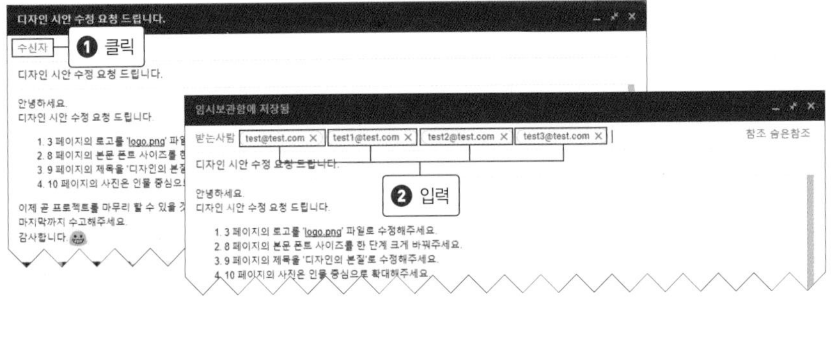


**잠깐만요**

메일 주소를 입력한 뒤, Enter, ;, , 키를 눌러서도 받는 사람을 추가할 수 있습니다.

**02** 받는 사람의 이메일을 입력하면 [참조]와 [숨은 참조]가 표시됩니다. [참조]와 [숨은 참조]를 클릭하면 입력란이 표시되어 이메일을 입력할 수 있습니다.

 Google+ | 참조와 숨은 참조는 무슨 차이가 있을까?

참조에 입력한 메일 주소는 받는 사람의 메일에도 표시되기 때문에 서로 메일 주소가 공개됩니다. 하지만 숨은 참조는 메일 주소를 감추는 것으로 숨은 참조에 입력한 메일 주소는 받는 사람에게는 보이지 않습니다. 메일을 받는 모든 사람에게 메일 주소를 공개해도 될 때는 '참조'를, 서로 메일 주소를 공개하지 않아야 할 경우에는 '숨은 참조'를 사용합니다.



## TIP 005 메일 보내기 ④비밀 모드로 메일 보내기

외부에 노출되면 안 되는 중요한 자료를 첨부해야 하거나 해킹으로 메일 메시지가 노출되는 것이 걱정된다면 비밀 모드를 사용해보세요.

비밀 모드에서 보낸 메일은 해킹 등을 통한 무단 접근을 차단할 수 있고 인증을 거친 후 메일을 확인할 수 있기 때문에 보안이 필요한 첨부 파일 등을 안전하게 주고 받을 수 있습니다. 뿐만 아니라 비밀 모드에서 작성한 메일은 전달, 복사, 인쇄, 다운로드할 수 없어 보안이 필요한 메일 업무에 유용합니다.

**01** 비밀 모드를 사용하려면 메일 작성 창 아래의 [🔒]를 클릭합니다.

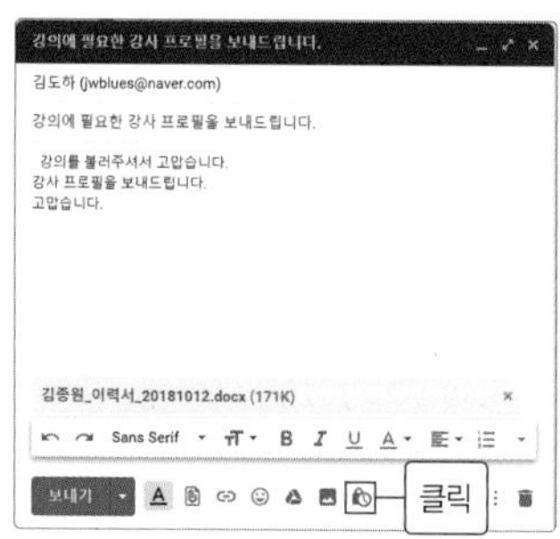

**02** '비밀 모드' 팝업창에서는 메일 만료일과 비밀번호를 설정할 수 있습니다.

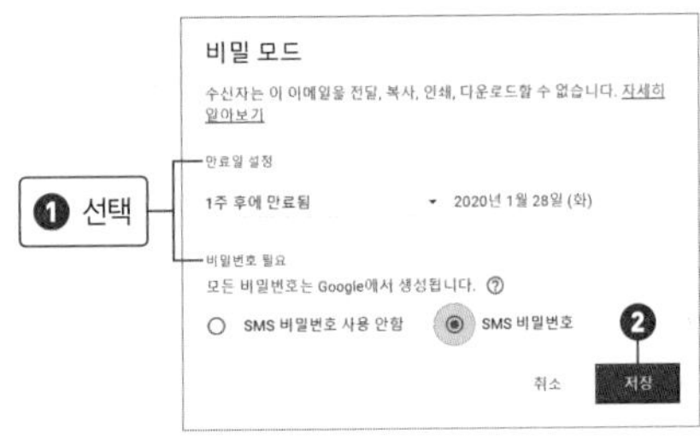


- **[만료일 설정]** : 만료일을 1일, 1주, 1달, 3달, 5년으로 설정할 수 있습니다.
- **[비밀번호 필요]** : 'SMS 비밀번호'를 선택하면 수신자에게 휴대전화 문자 메시지로 비밀번호가 전송됩니다.

**03** 설정을 완료한 뒤 [저장]을 클릭하면 메일 작성창이 파란색으로 바뀌고 콘텐츠 만료일이 표시됩니다.

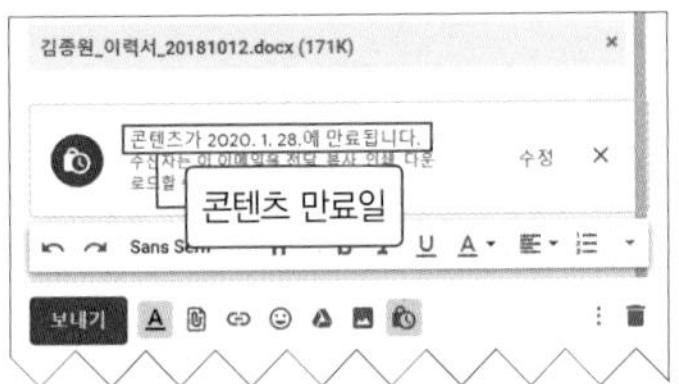


**04** 비밀 모드에서 작성한 메일의 [보내기]를 클릭하면 '전화번호 확인' 팝업창이 표시됩니다. 팝업창에 메일 수신자의 전화번호를 입력한 뒤 [전송]을 클릭합니다.

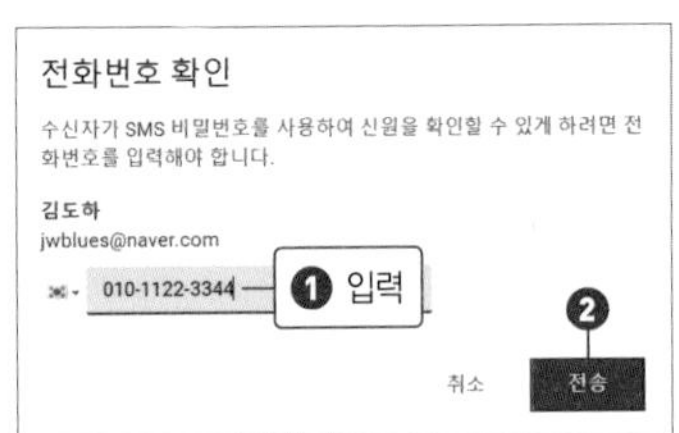


**05** 비밀 모드로 발송된 메일은 내용이 표시되지 않습니다. 비밀 모드 메일을 확인하려면 [이메일 보기]를 클릭합니다.

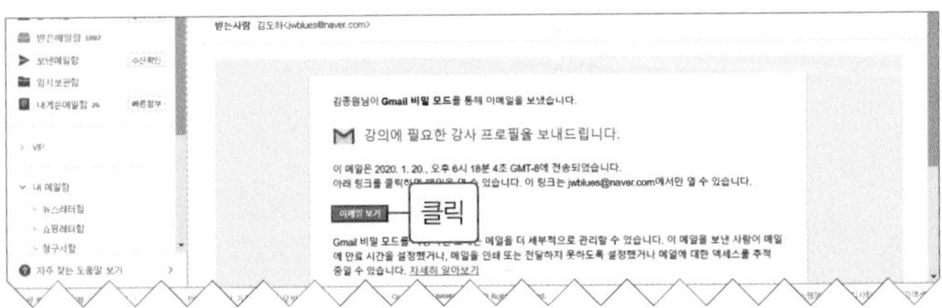

**06** 본인 확인을 해야 한다는 메시지와 함께 표시되는 [비밀번호 전송]을 클릭하면 휴대전화로 비밀번호가 전송됩니다. 전송된 비밀번호를 입력한 뒤 [제출]을 클릭합니다.

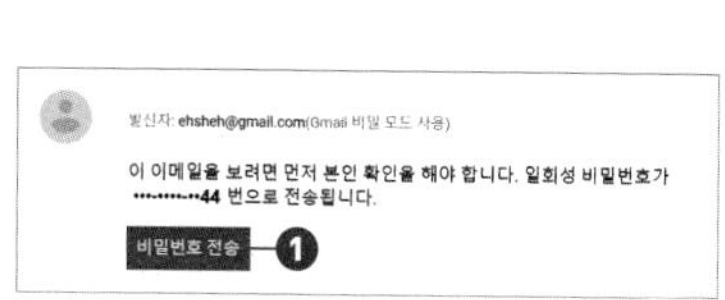


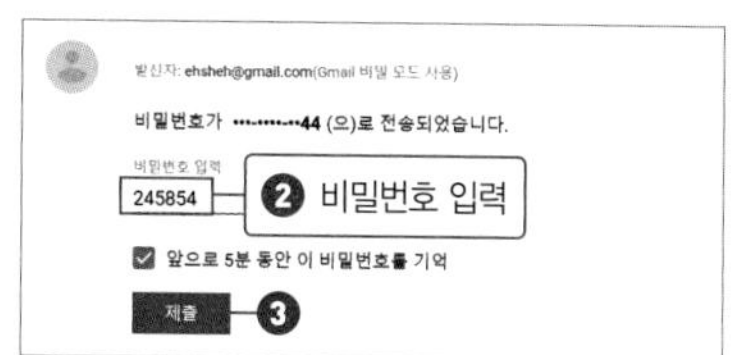


**07** 비밀번호를 입력하면 메일 내용을 확인할 수 있습니다. 첨부파일을 클릭하면 Google 자체 뷰어에서 첨부파일의 내용을 확인할 수 있습니다.

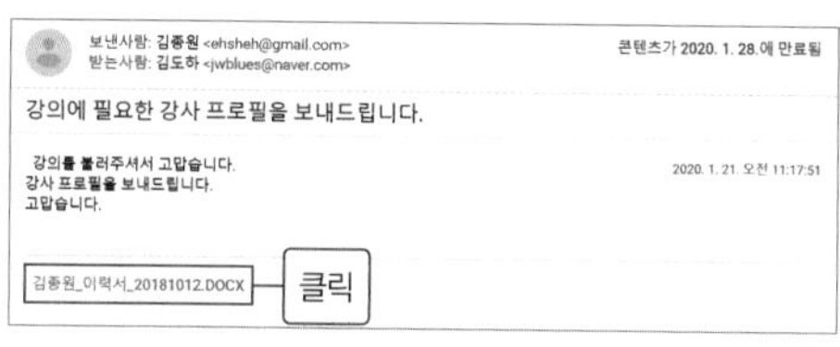


**08** 설정한 만료일 이후에 메일을 확인하면 아래 그림과 같이 '이메일이 만료됨'이라는 메시지가 표시되고 메일을 확인할 수 없습니다.

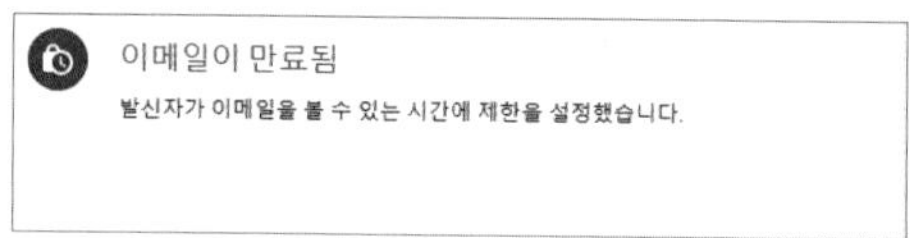


### Google+ | 비밀 모드에서는 HWP 형식의 파일을 첨부할 수 없습니다.

비밀 모드에서 작성된 메일의 첨부 파일은 다운로드할 수 없기 때문에 첨부한 파일을 Google 자체 뷰어에서 확인해야 합니다. 아쉽게도 HWP 형식의 파일은 Google 자체 뷰어에서 미리보기를 지원하지 않기 때문에 첨부한 파일을 확인할 수 없습니다. 이럴 때에는 HWP 형식의 파일을 PDF 파일 형식으로 변환하거나 다른 문서 프로그램으로 변환해 첨부하세요.

# TIP 006 외부 메일 가져오기

네이버나 다음 등의 외부 서비스의 메일도 Gmail에서 확인할 수 있습니다. 사용하고 있는 여러 메일 서비스의 메일을 모두 Gmail에서 확인하고 싶다면 원하는 외부 메일 서비스의 계정을 Gmail에 추가해보세요.

## 외부 메일 계정 추가하기

외부 메일 계정을 추가하려면 먼저 가져올 메일 서비스의 설정을 변경해야 합니다. 여기서는 다음(한메일)의 메일 가져오는 방법을 알아보겠습니다. 설정을 변경하고 가져오는 방법은 다른 메일 서비스와 크게 다르지 않습니다.

**01** 다음 메일 페이지의 [환경설정]-[IMAP/POP3]-[POP3]을 차례로 선택한 뒤 'POP3/SMAP 사용'을 [사용함]으로 변경합니다. '적용 범위', '원본 저장', '스팸메일' '메일함 선택' 등 원하는 설정도 변경할 수 있습니다. 설정을 모두 변경했으면 [저장]을 클릭합니다.

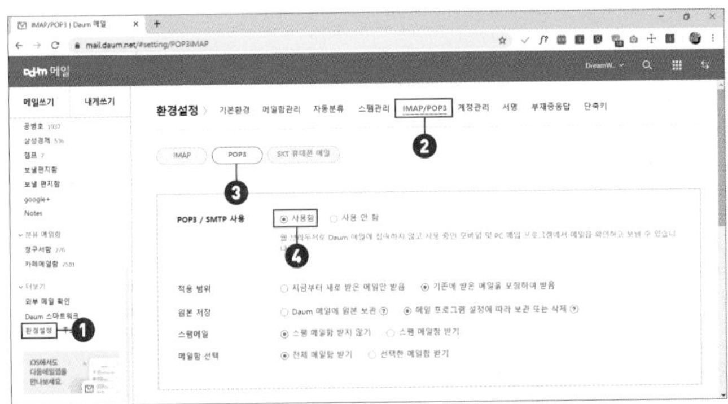


**02** 가져올 메일 서비스의 설정을 마쳤으면, Gmail의 [⚙]-[모든 설정 보기]-[계정 및 가져오기]을 차례로 선택한 뒤, '다른 계정에서 메일 확인하기' 항목의 [메일 계정 추가]를 클릭합니다.

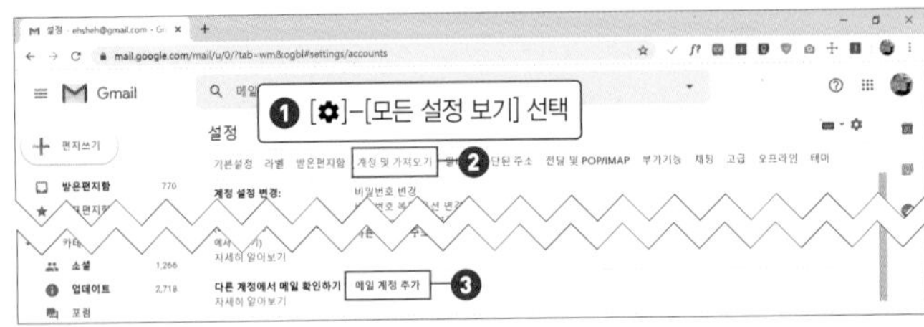

**03** '메일 계정 추가' 팝업창에 추가할 메일 주소를 입력하고 [다음]을 클릭한 뒤 [다른 계정에서 이메일 가져오기(POP3)]를 선택하고 [다음]을 클릭합니다.

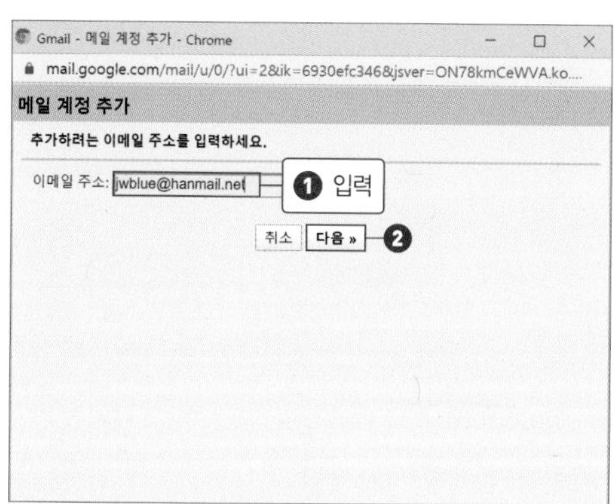


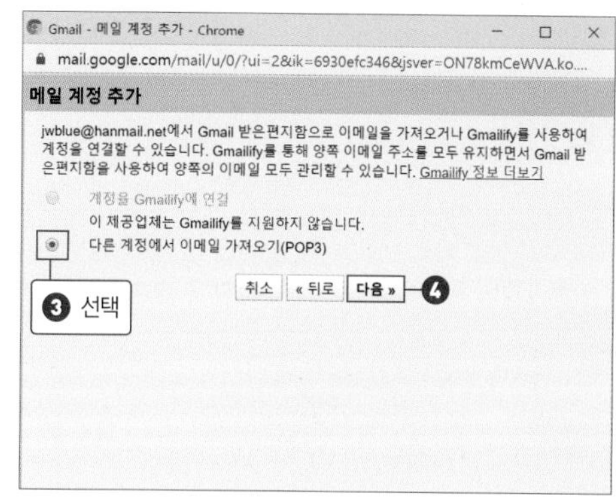


**04** 가져올 계정의 사용자 이름(아이디), 비밀번호를 입력하고 아래 설정 중 원하는 옵션을 선택한 뒤 [계정 추가]를 클릭합니다. 여기서는 아래 그림과 같이 설정했습니다.

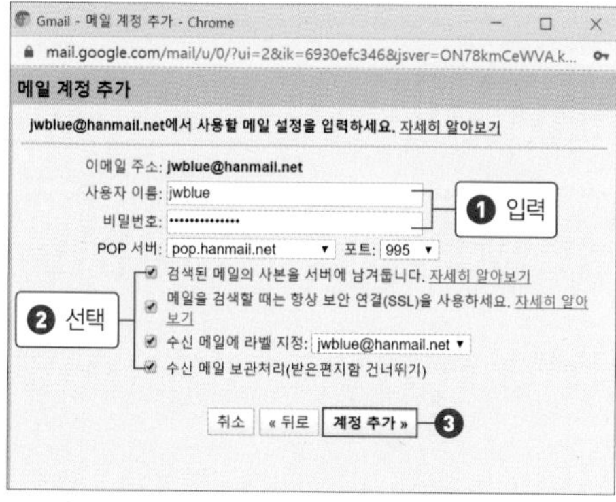


- **[검색된 메일의 사본을 서버에 남겨둡니다.]** : 가져올 메일 서비스에서 메일을 지우지 않고 복사하여 가져옵니다.
- **[메일을 검색할 때는 항상 보안 연결(SSL)을 사용하세요.]** : 암호화한 상태로 메일을 가져와 네트워크 상의 다른 사람이 메일을 볼 수 없습니다.
- **[수신 메일에 라벨 지정]** : 가져올 메일을 라벨로 분류합니다. [▼]를 클릭해 원하는 라벨을 선택하거나 새로운 라벨을 생성할 수 있습니다.
- **[수신 메일 보관처리(받은편지함 건너뛰기)]** : 가져 온 메일을 받은편지함에 표시하지 않고 바로 라벨을 적용합니다.

**잠깐만요**

라벨에 대한 자세한 내용은 143쪽을 참고하세요.

Gmail

**05** 마지막으로 가져온 메일 계정으로 메일 발송 여부를 선택할 수 있습니다. [아니요]를 선택하고 [다음]을 클릭합니다. 가져오기가 완료되면 추가한 계정의 라벨로 분류된 메일을 확인할 수 있습니다.

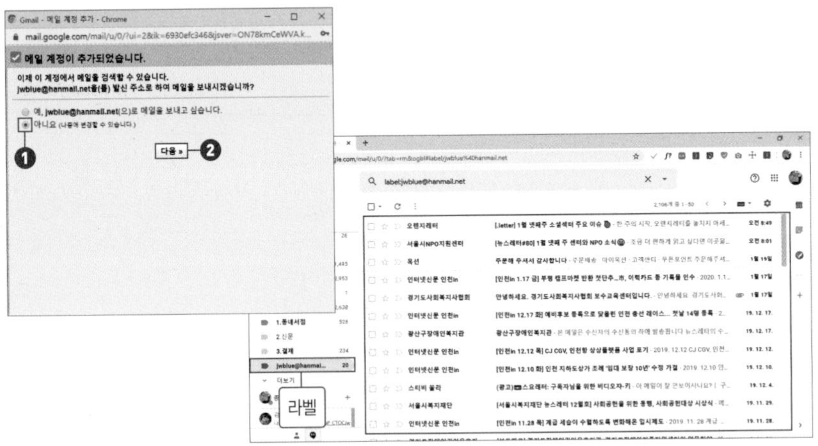


**잠깐만요**

Gmail에 추가한 외부 메일 계정으로 메일을 발송하는 방법은 137쪽을 참고하세요.

**06** 만약 추가한 계정의 메일이 표시되지 않는다면 Gmail의 [⚙]-[모든 설정 보기]-[계정 및 가져오기]를 차례로 선택한 후 '다른 계정에서 메일 확인하기' 항목의 [지금 이메일 확인]을 클릭합니다.

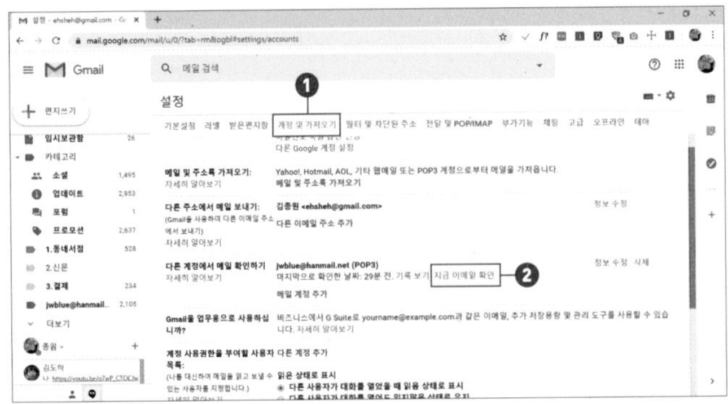

## 추가한 메일 계정으로 메일 보내기

Gmail에 추가한 외부 계정으로 메일을 보낼 수도 있습니다.

**01** Gmail의 [⚙]-[모든 설정 보기]-[계정 및 가져오기] 탭을 차례로 선택한 후 '다른 주소에서 메일 보내기' 항목의 [다른 이메일 주소 추가]를 클릭합니다.

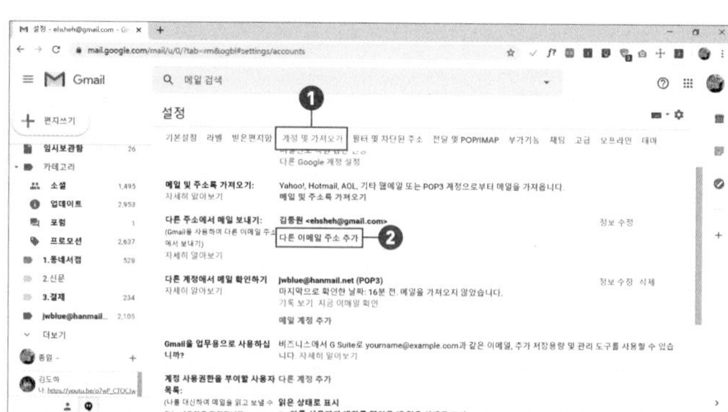


**02** '설정' 팝업창에 이름과 이메일을 입력하고 아래 옵션에서 원하는 설정을 선택한 뒤 [다음 단계]를 클릭합니다.

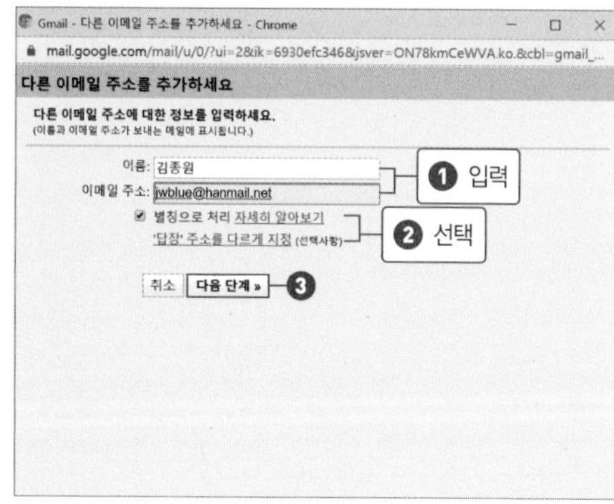


- **[별칭으로 처리]** : Gmail에 추가한 외부 계정을 Gmail 주소와 동일하게 취급합니다.
- **['답장' 주소를 다르게 지정]** : 답장 받을 메일 주소를 지정할 수 있습니다. 기본적으로 답장은 Gmail 주소로 전송됩니다.

**03** 추가한 계정으로 메일을 보낼 때 사용할 서버를 선택합니다. 기본 설정인 [Gmail에서 발송(설정이 쉬움)]을 선택한 상태로 [다음 단계]를 클릭한 후 추가한 외부 메일 주소의 확인 절차를 거쳐야 합니다. [확인 메일 보내기]를 클릭하세요.

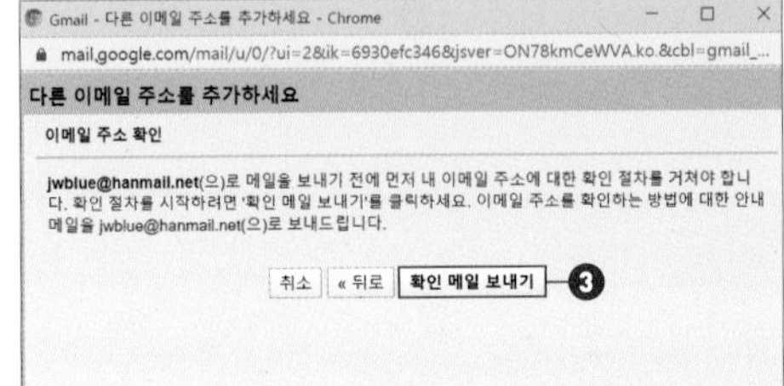


**04** 추가한 메일 서비스로 전달된 메일의 확인코드를 복사하여 '설정' 팝업창에 붙여 넣은 후 [확인]을 클릭합니다.

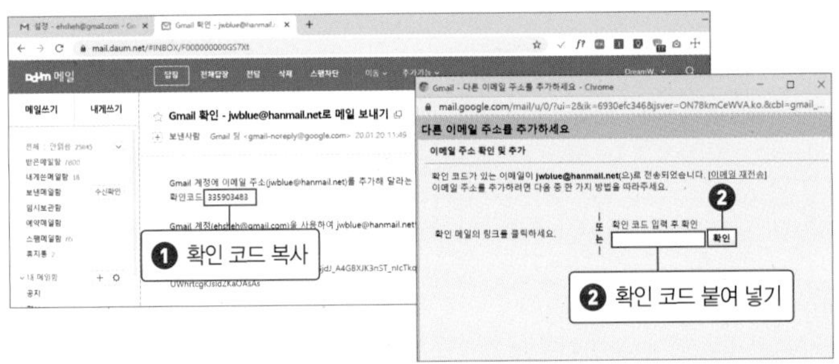


**05** 설정이 완료되면 '다른 주소에서 메일 보내기' 항목에 메일 주소가 추가된 것을 확인할 수 있습니다.

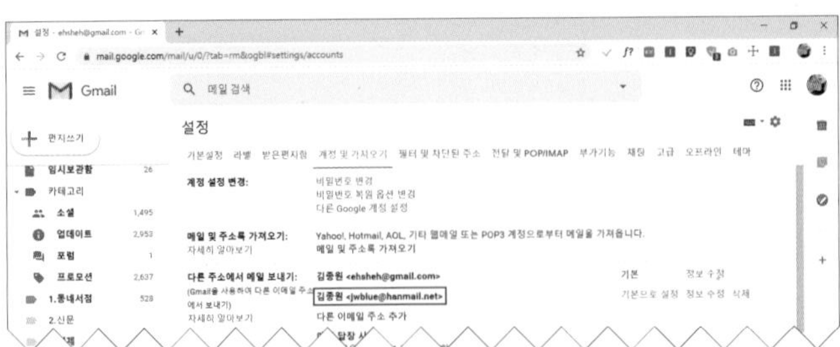

**06** 이제부터 새 메일 작성 창에서 원하는 계정을 선택하여 메일을 보낼 수 있습니다.

Gmail

# TIP 007 메일 그룹화 사용하기

Gmail은 같은 사람과 답장으로 주고받은 메일을 대화 형식으로 그룹화합니다. 이렇게 대화 형식으로 그룹화된 메일은 주제별로 메일을 확인하고 관리할 수 있어 편리합니다.

Gmail은 기본적으로 같은 사람과 답장으로 주고받은 메일을 대화 형식으로 그룹화합니다. 같은 사람과 주고받은 메일이 묶여 있기 때문에 이전에 주고받은 메일을 찾을 필요없이 한 번에 확인할 수 있습니다. 메일 목록의 보낸 사람 옆 숫자로 그룹화 된 메일의 개수를 확인할 수 있죠.

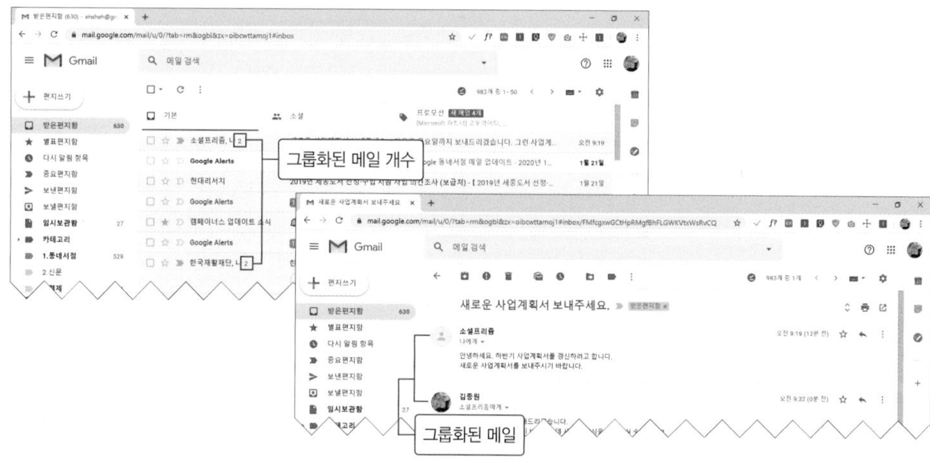

그룹화된 메일을 확인하며 답장을 보내거나 받으면 메일 목록에 새 메일로 표시되지 않고 그룹화된 메일에 추가됩니다.

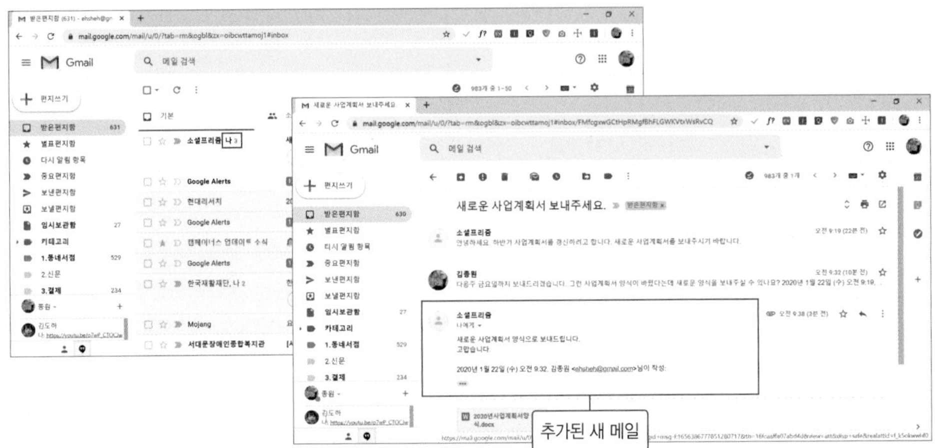


**잠깐만요**

새로운 주제로 대화를 시작할 때는 [편지쓰기]를 선택해 메일을 발송해야 새로운 주제의 메일 그룹이 만들어집니다.

만약 이렇게 대화 형식으로 그룹화된 메일이 보기 불편하면 설정을 변경할 수도 있습니다. 설정을 변경하려면 Gmail의 [⚙]-[모든 설정 보기]을 차례로 선택한 뒤 [기본설정] 탭의 '대화형식으로 보기' 항목에서 [대화형식으로 보기 사용 중지]로 선택하고 [변경사항 저장]을 클릭합니다.

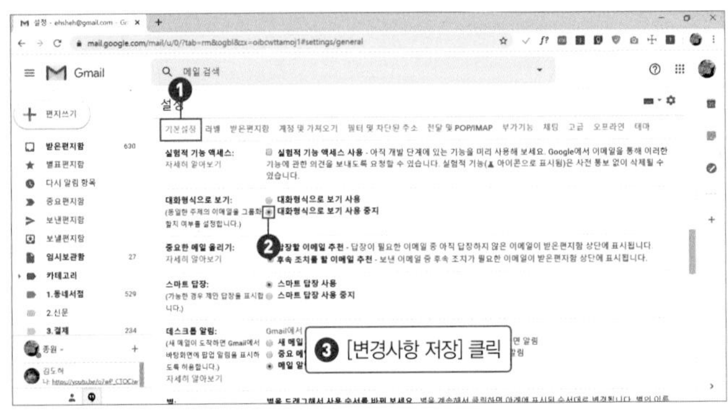

설정을 변경하면 대화 형식으로 그룹화 되었던 메일이 각각의 메일로 분리되어 표시됩니다.

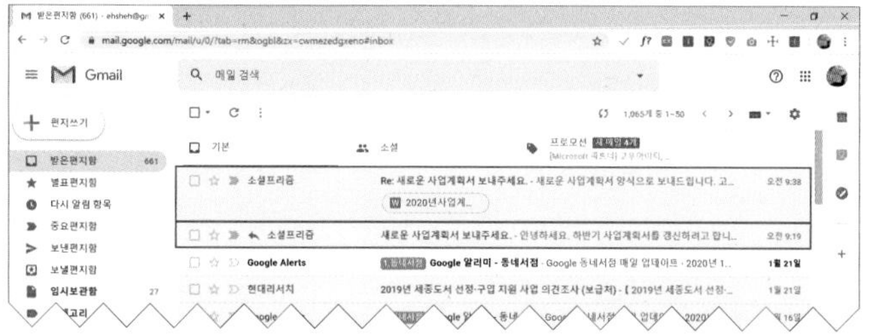

Gmail

## TIP 008 메일을 관리하는 다양한 방법 ①메일 관리 메뉴

Gmail에서는 메일을 빠르고 편리하게 관리하기 위한 다양한 기능을 제공합니다. 이번에는 받은 메일을 보관처리하거나 스팸 신고, 삭제, 읽지 않은 상태로 변경하는 등 메일을 관리하는 다양한 방법에 대해 알아보겠습니다.

### 메일 목록에서 관리하기

Gmail의 메일 목록에서 메일을 선택하면 메일을 관리할 수 있는 다양한 메뉴가 표시됩니다.

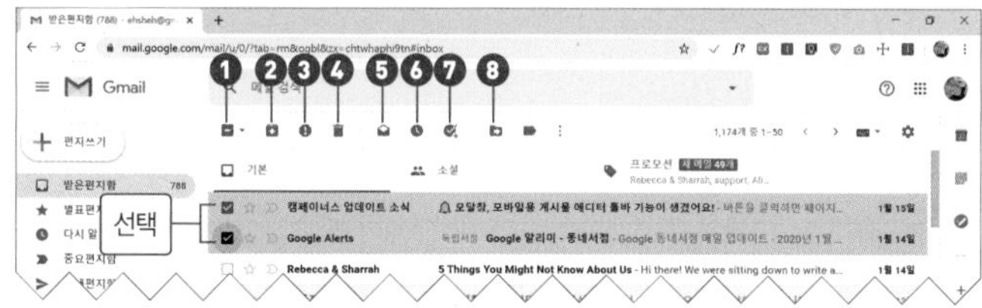


**잠깐만요**

메일 목록의 체크박스를 클릭해 체크 표시하면 한번에 여러 개의 메일을 선택할 수 있습니다.

❶ **[메일선택 □]** : [▼]를 클릭해 '전체선택', '선택안함', '읽음', '읽지않음', '별표', '별표없음' 중 하나를 선택해 목록에서 원하는 메일을 선택할 수 있습니다. 예를 들어 '읽지않음'을 선택하면 메일 목록 중 읽지 않은 메일만 한 번에 선택할 수 있죠.

❷ **[보관처리 ]** : 선택한 메일을 전체보관함 또는 지정한 라벨로 분류해 보관처리합니다. 이렇게 보관처리한 메일은 받은편지함에 표시되지 않습니다. 보관처리에 대한 자세한 내용은 150쪽을 참고하세요.

❸ **[스팸신고 ❗]** : 선택한 메일을 스팸 메일로 분류합니다. 스팸으로 분류한 메일은 스팸메일함으로 이동되고 이후 스팸으로 분류한 메일 주소의 메일이 들어오면 자동으로 스팸메일함으로 이동됩니다. 스팸 신고한 메일의 사본은 Gmail 서비스 질 향상을 위해 Google로 전송됩니다.

❹ **[삭제 🗑]** : 선택한 메일을 삭제합니다. 삭제한 메일은 휴지통으로 이동된 후 30일이 지나면 완전히 삭제됩니다.

❺ **[읽은 상태로 표시 ✉]** : 선택한 메일을 읽은 상태로 표시합니다. 반대로 읽은 상태의 메일을 읽지 않은 상태로 표시할 수도 있습니다.

❻ **[다시 알림 🕓]** : 선택한 메일을 읽지 않음으로 처리한 뒤 지정한 시간에 다시 알림으로 알려줍니다.

❼ **[할 일에 추가 ✔]** : 선택한 메일을 내 할 일에 추가합니다.

❽ **[이동 📁]** : 선택한 메일을 지정한 라벨 또는 편지함으로 이동합니다.

❾ **[라벨 🏷]** : 선택한 메일을 사용자가 지정한 라벨로 분류하여 관리합니다. 라벨에 대한 자세한 내용은 143쪽을 참고하세요.

## 메일 확인 창에서 관리하기

메일 확인 창에서도 다양한 방법으로 메일을 관리할 수 있습니다. 메일 확인 창 오른쪽의 [⋮]를 클릭하면 메일을 관리할 수 있는 다양한 옵션이 표시됩니다.

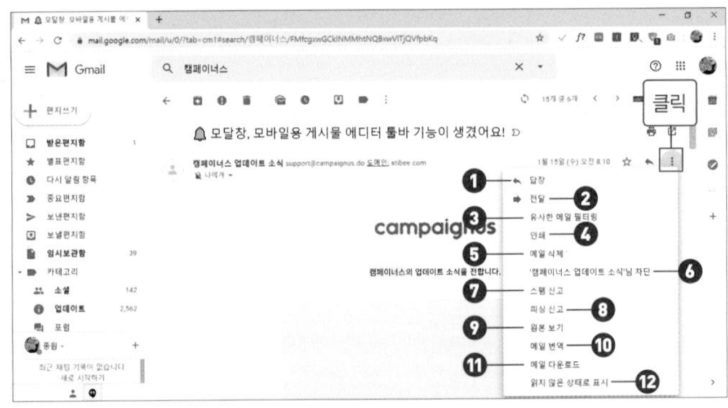


❶ **[답장]** : 현재 메일에 답장을 보냅니다.

❷ **[전달]** : 현재 메일을 다른 사람에게 전달합니다.

❸ **[유사한 메일 필터링]** : 현재 메일과 비슷한 유형의 메일을 검색해 일괄 분류합니다. 메일 필터링에 대한 자세한 내용은 151쪽을 참고하세요.

❹ **[인쇄]** : 현재 메일을 인쇄합니다.

❺ **[메일 삭제]** : 현재 메일을 삭제합니다. 삭제한 메일은 휴지통으로 이동된 후 30일이 지나면 완전히 삭제됩니다.

❻ **[(메일 발송자)님 차단]** : 현재 메일의 발송자를 차단하고 수신 거부합니다.

❼ **[스팸신고]** : 현재 메일을 스팸 메일로 분류합니다. 스팸으로 분류한 메일은 스팸메일함으로 이동되고 이후 같은 주소의 메일이 들어오면 자동으로 스팸메일함으로 이동됩니다.

❽ **[피싱 신고]** : 현재 메일을 개인 정보를 불법적으로 탈취하는 피싱 메일로 신고합니다.

❾ **[원본 보기]** : 현재 메일의 원본 소스를 확인합니다.

❿ **[메일 번역]** : 현재 메일을 원하는 언어로 번역합니다.

⓫ **[메일 다운로드]** : 현재 메일 EML 파일로 다운로드합니다. 다운로드한 EML 파일은 EML 파일 뷰어에서 확인할 수 있습니다.

⓬ **[읽지 않은 상태로 표시]** : 현재 메일을 읽지 않은 상태로 변경합니다.

## TIP 009 메일을 관리하는 다양한 방법 ②라벨

라벨은 효율적인 메일 관리의 시작입니다. 라벨은 메일을 분류하여 관리하기 위해 사용자가 붙이는 일종의 꼬리표로 한 개의 메일에 여러 개의 라벨을 자유롭게 적용할 수 있습니다.

### 새 라벨 적용하기

**01** Gmail의 메뉴에서 [새 라벨 만들기]를 클릭합니다.

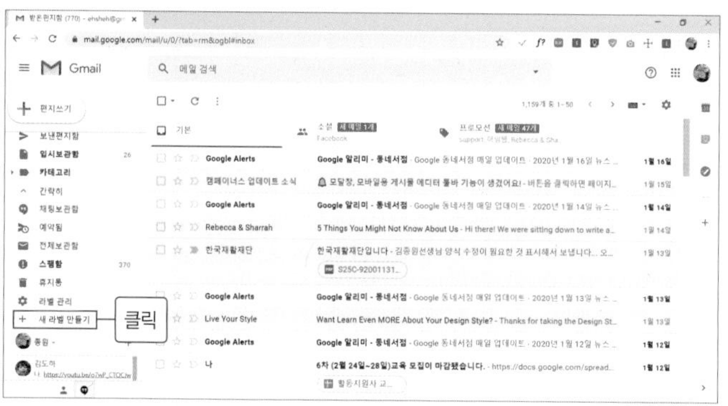

**02** '새 라벨' 팝업창에 원하는 라벨 이름을 입력한 뒤 [만들기]를 클릭하면 편지함 목록에 새 라벨이 추가됩니다.

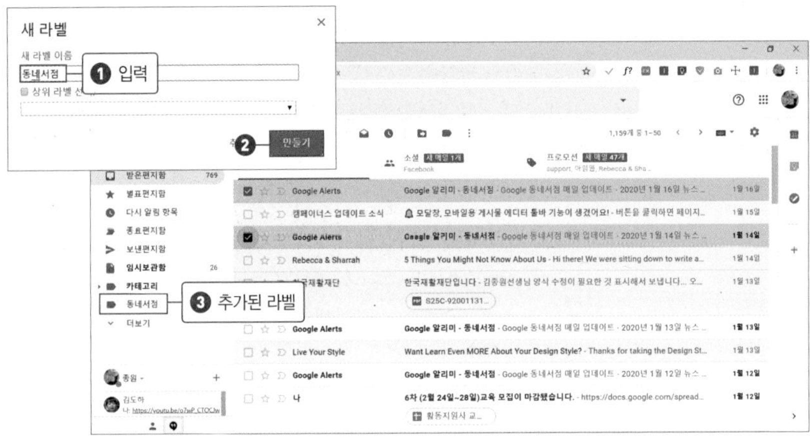


**잠깐만요**

[상위 라벨 선택]을 클릭하여 체크 표시하면 트리 구조의 하위 라벨을 만들 수 있습니다.

**03** 라벨을 적용할 메일을 선택한 뒤 추가 작업 메뉴에서 [■]을 선택하면 라벨 목록이 표시됩니다. 목록에서 원하는 라벨을 선택한 뒤, [적용]을 클릭합니다.

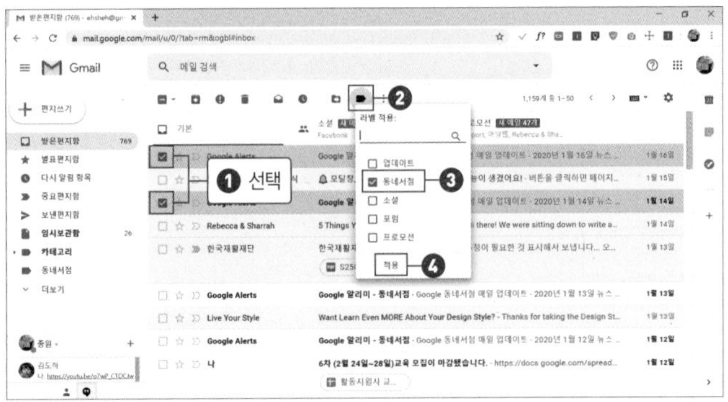

**04** 선택한 메일에 라벨이 적용되고 Gmail 메뉴에서 지정한 라벨을 클릭하면 해당 라벨이 적용된 메일만 확인할 수 있습니다.

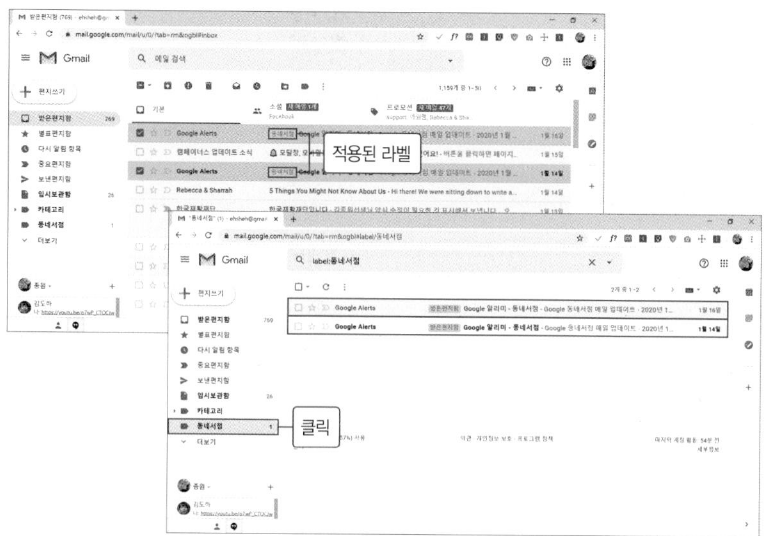


**05** 메일의 제목 옆에도 적용된 라벨이 표시됩니다. 적용된 라벨을 삭제하려면 각 라벨 이름 옆의 [×]를 클릭하면 됩니다.

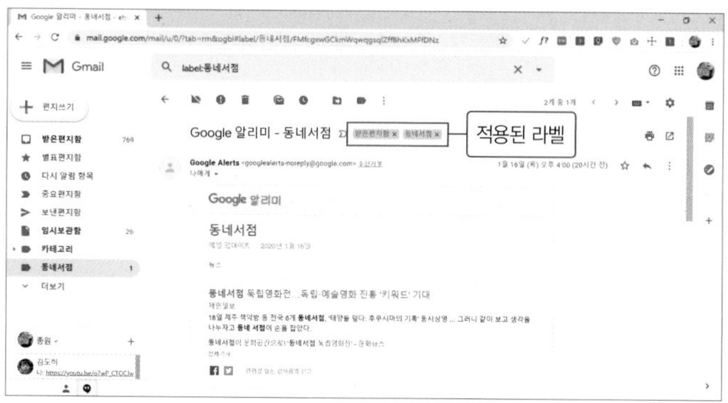

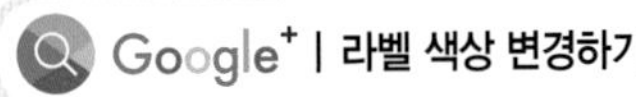


사용자가 추가한 라벨은 기본적으로 회색으로 표시하지만 각 라벨 목록 오른쪽의 [⋮]–[라벨 색상]을 선택하면 원하는 라벨 색상을 지정할 수 있습니다.

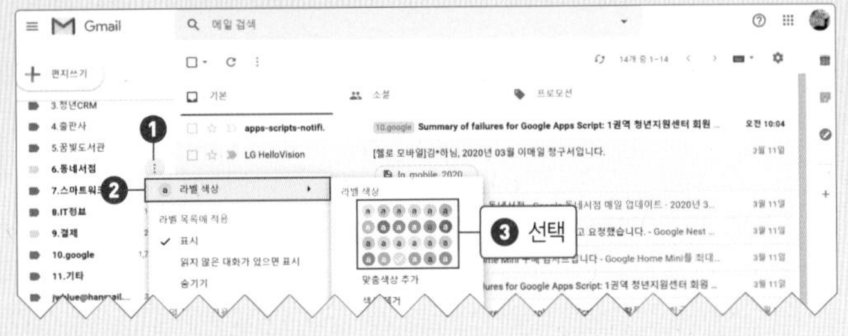


## 라벨 수정하기

**01** Gmail의 [⚙]–[모든 설정 보기]–[라벨] 탭을 선택하면 라벨을 추가/삭제하는 등 라벨을 관리할 수 있습니다.

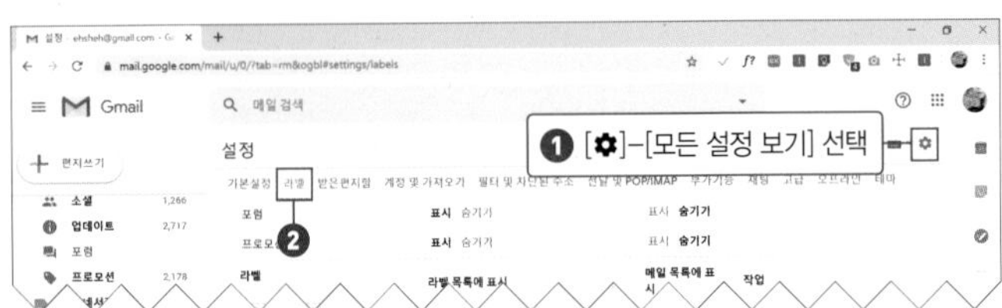


**02** '시스템 라벨'은 Gmail에 표시할 편지함 라벨로 각 항목의 [표시], [숨기기]를 선택해 표시 여부를 선택할 수 있습니다. [읽지 않은 대화가 있으면 표시]를 선택하면 해당 라벨이 적용된 읽지 않은 메일이 있을 때만 편지함 목록이 표시됩니다.

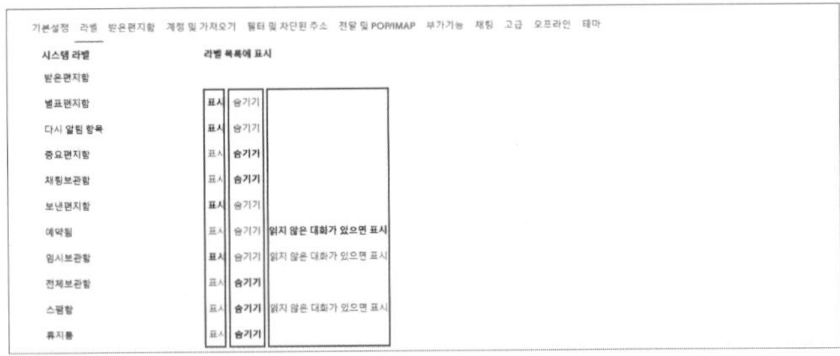

**03** '카테고리'는 자동 분류 라벨로 Gmail에 카테고리 라벨의 사용과 표시 여부를 선택할 수 있습니다. 시스템 라벨과 같이 '라벨 목록에서 표시'의 [표시], [숨기기]를 선택해 카테고리와 하위 라벨의 표시 여부를 선택할 수 있고 '메일 목록에 표시'의 [표시], [숨기기]를 선택해 메일에 라벨 표시 여부를 선택할 수 있습니다.

**04** '라벨'은 사용자가 직접 추가한 라벨로 시스템 라벨과 마찬가지로 [표시], [숨기기], [읽지 않은 대화가 있으면 표시]를 선택해 라벨 표시 여부를 선택할 수 있습니다. [IMAP에 표시]를 클릭하여 체크 표시하면 외부 메일 계정에서 Gmail을 확인할 때에도 폴더처럼 분류합니다.

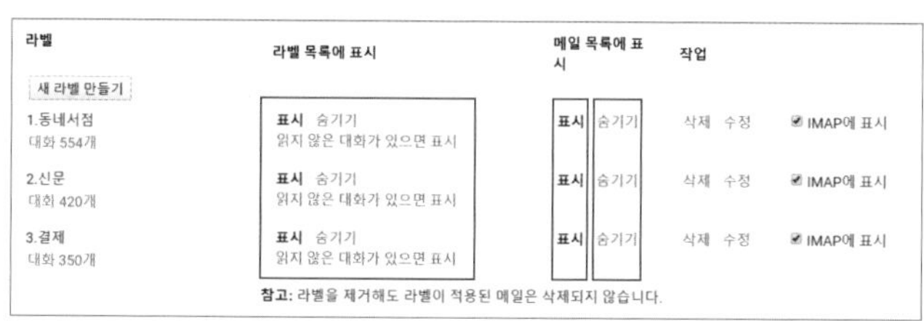


**잠깐만요**

'작업' 항목의 [삭제], [수정]을 선택하면 선택한 라벨을 삭제하거나 수정할 수 있습니다.

### Google+ | Gmail의 카테고리

카테고리는 Gmail에서 받은 메일을 Google 인공지능이 분석한 특성에 맞게 자동으로 분류하는 라벨입니다. 세세한 라벨을 직접 만드는 것이 번거롭다면 Gmail의 카테고리로 메일을 분류해보세요. 카테고리에 포함된 소셜, 업데이트 등은 아래의 기준으로 분류됩니다.

**[기본]** : 주소록에 저장된 연락처의 메일이나 아래의 기준으로 분류되지 않는 메일
**[소셜]** : SNS 알림 메일이나 미디어 공유 사이트에서 보낸 메일
**[프로모션]** : 상품 홍보나, 할인, 혜택 등의 홍보성 메일
**[업데이트]** : 각종 알림 이메일, 확인서, 영수증, 청구서, 명세서 등의 메일
**[포럼]** : 온라인 그룹, 토론 게시판 및 메일링 리스트에서 온 메일

# TIP 010 메일을 관리하는 다양한 방법 ③자동분류함

Gmail은 메일을 시간의 역순으로 정렬 때문에 중요한 메일만 구분해 찾기 어렵죠. 하지만 자동분류함을 사용하면 사용자가 지정한 방식으로 메일을 분류할 수 있습니다.

자동분류함 기능을 사용하려면 Gmail의 [⚙]-[모든 설정 보기]-[받은편지함] 탭을 차례로 선택합니다. '받은편지함 유형' 항목의 [자동분류함]을 클릭하면 다음 다섯 가지 중 하나를 선택할 수 있습니다.

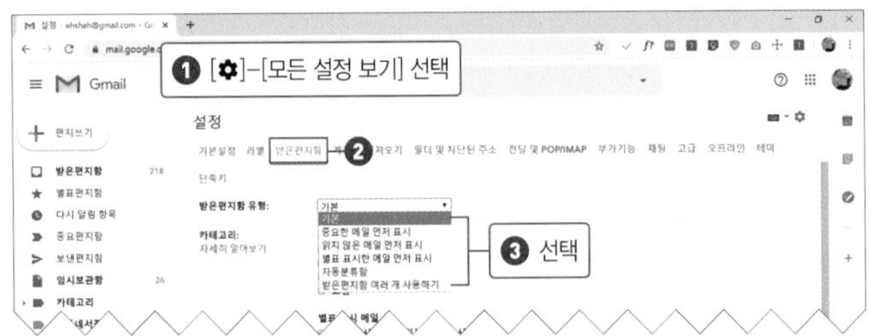


- **[기본]** : 기본, 소셜, 프로모션 등의 자동 분류되는 카테고리와 받은편지함이 표시됩니다. 설정에 따라 업데이트, 포럼 등을 카테고리를 추가하거나 제외할 수 있습니다.
- **[중요한 메일 먼저 표시]** : 중요한 메일과 기타 메일, 두 가지로 분류된 편지함을 표시합니다.
- **[읽지 않은 메일 먼저 표시]** : 읽지 않은 메일과 기타 메일 두 가지로 분류된 편지함을 표시합니다.
- **[별표 표시한 메일 먼저 표시]** : 사용자가 별을 표시한 메일과 기타 메일 두 가지로 분류된 편지함을 표시합니다.
- **[자동분류함]** : 중요하지만 읽지 않은 메일, 별표, 기타 등 사용자가 지정한 방법으로 편지함을 표시합니다.
- **[받은편지함 여러 개 사용하기]** : 사용자가 설정할 수 있는 세부 분류 방법으로 최대 5개의 편지함을 표시합니다.

'받은편지함 유형' 항목을 [자동분류함]으로 지정하면 사용자가 원하는 방법으로 분류한 편지함을 표시할 수 있습니다. '받은편지함 섹션' 유형의 [옵션 ▼]을 클릭합니다.

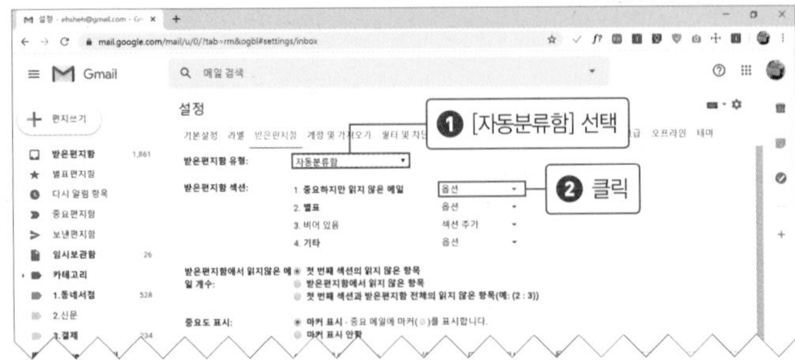

'받은편지함 중' 항목에서는 원하는 편지함을 선택할 수 있고 '최대 표시 개수' 항목에서는 표시할 메일의 개수를 선택할 수 있습니다.

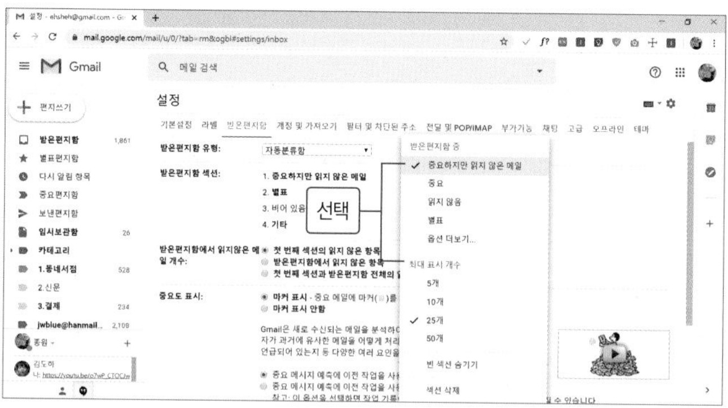


**잠깐만요**

'받은편지함 중' 항목의 [옵션 더보기]를 선택하면 사용자가 생성한 라벨을 편지함으로 표시할 수 있습니다.

원하는 분류 방법을 모두 지정한 뒤 설정 페이지 아래의 [변경사항 저장]을 클릭하면 사용자가 지정한 방법대로 편지함이 표시됩니다.

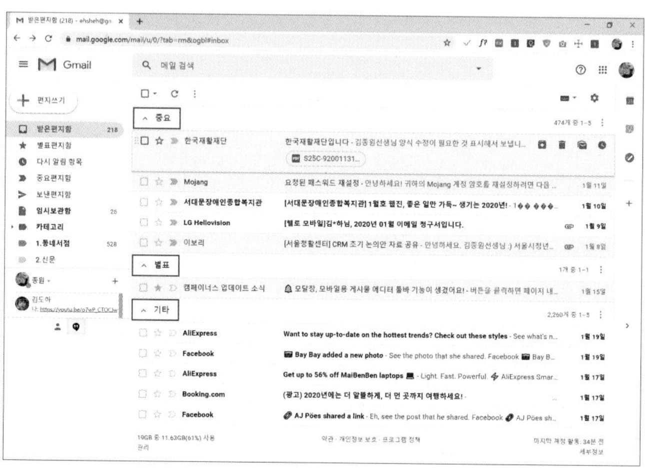

### Google+ | 보관처리하기

Gmail은 스팸이나 라벨 또는 사용자가 지정한 분류를 거친 뒤 분류되지 않은 메일을 '받은편지함'에 표시합니다. 받은편지함에 메일을 클릭하여 확인하면 '읽은 상태'로 바뀌지만 받은편지함에서는 사라지지 않고 그대로 남아있죠. 이렇게 메일이 받은편지함에 계속 쌓이기만 하면 메일을 관리가 쉽지 않습니다. 메일을 삭제하지 않고 받은편지함에 표시하지 않으려면 해당 메일을 클릭하여 선택한 뒤 [보관처리 아이콘]를 선택해보세요. 보관처리한 메일은 받은편지함에 사라지고 설정된 라벨 또는 전체보관함으로 이동됩니다. '보관처리'는 사용자가 해당 메일을 확인했고 보관 처리했다는 뜻입니다. '보관처리'는 확인한 메일을 보이지 않도록 깔끔하게 관리하는 것으로 다량의 메일 업무를 처리해야 하는 사람에게는 필수 기능입니다.

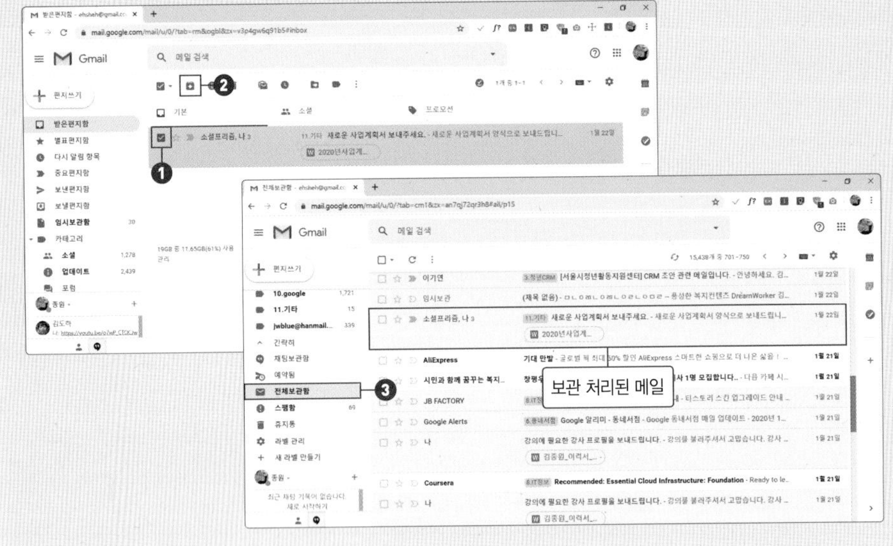

# TIP 011 메일을 관리하는 다양한 방법 ④필터

이번에는 필터를 만들어 메일을 관리하는 방법에 대해 알아보겠습니다. 필터를 만들면 보낸 사람은 물론 메일 제목, 메일에 포함된 단어, 첨부 파일의 크기 등 다양한 조건으로 메일을 분류할 수 있습니다.

**01** Gmail의 검색창에 원하는 검색어를 입력하면 메일 중 검색어가 포함된 메일을 검색할 수 있을 뿐만 아니라 필터를 만들 수도 있죠. 검색창에 바로 검색어를 입력해 메일을 검색할 수도 있지만 검색창의 [▼]를 클릭하면 '상세 검색' 대화상자가 표시됩니다.

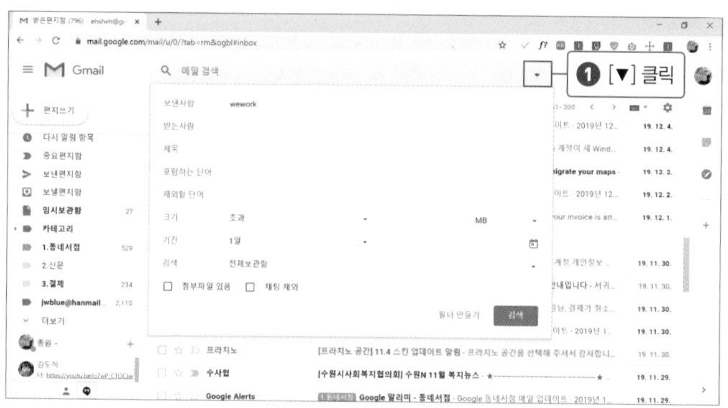


**잠깐만요**

Gmail 검색창에 검색어를 입력한 뒤 Shift+Enter 키를 누르면 Google 검색결과를 확인할 수 있습니다.

**02** '상세 검색' 대화상자에서는 보낸 사람, 받는 사람, 제목 등 다양한 검색 옵션을 설정할 수 있습니다. 여기서는 보낸 사람이 'WeWork'인 메일을 찾아 필터로 만드는 방법에 대해 알아보겠습니다. '보낸 사람' 항목에 'WeWork'라고 입력한 뒤 [검색]을 클릭합니다.

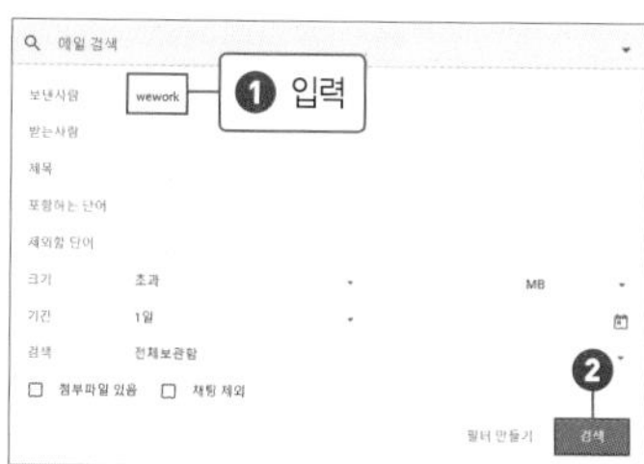

**03** 메일 중 보낸 사람이 'WeWork'인 메일만 표시됩니다. 검색된 메일을 필터로 만들려면 다시 검색창의 [▼]를 클릭한 뒤 [필터 만들기]를 클릭합니다.

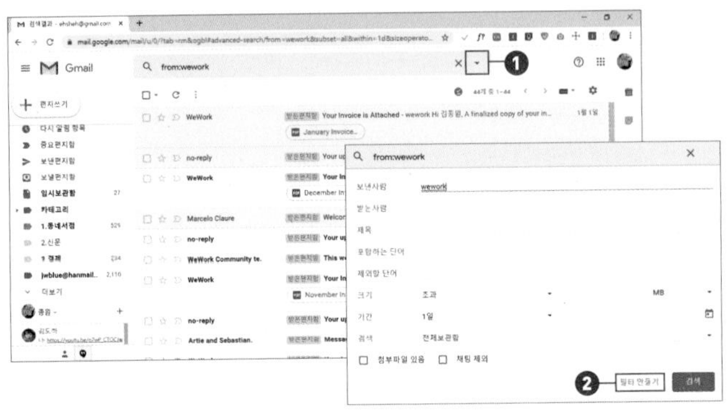


**04** 검색 기준과 일치하는 메일을 받았을 때 수행할 작업을 선택할 수 있습니다. 여기서는 'WeWork'라는 라벨을 적용하겠습니다. '다음 라벨 적용' 항목의 [▼]를 클릭한 뒤 [새 라벨]을 선택해 라벨 이름을 입력하고 [만들기]를 클릭합니다.

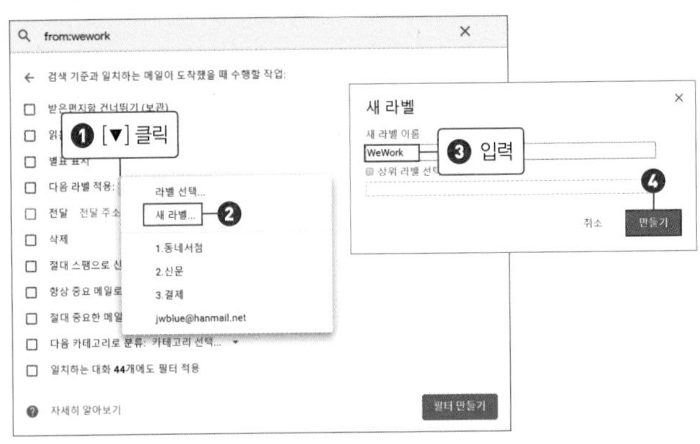


**잠깐만요**

라벨에 대한 자세한 내용은 143쪽을 참고하세요.

**05** 새 라벨이 적용된 것을 확인한 뒤 '일치하는 대화 ###개에도 필터 적용'을 클릭하여 체크 표시하고 [필터 만들기]를 클릭합니다.

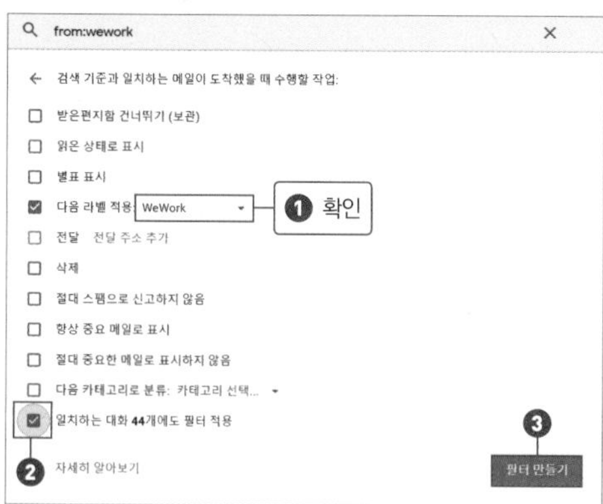


**잠깐만요**

'일치하는 대화 ###개에도 필터 적용'을 클릭하여 체크 표시하면 검색한 모든 메일에 동일한 필터를 적용할 수 있습니다.

**06** 필터가 적용되면 '필터를 만들었습니다'라는 메시지가 표시되고 보낸 사람이 'WeWork'인 메일에 'WeWork'라는 라벨이 적용된 것을 확인할 수 있습니다. 앞으로 보낸 사람이 'WeWork'이면 'WeWork'라는 라벨이 자동으로 적용됩니다.

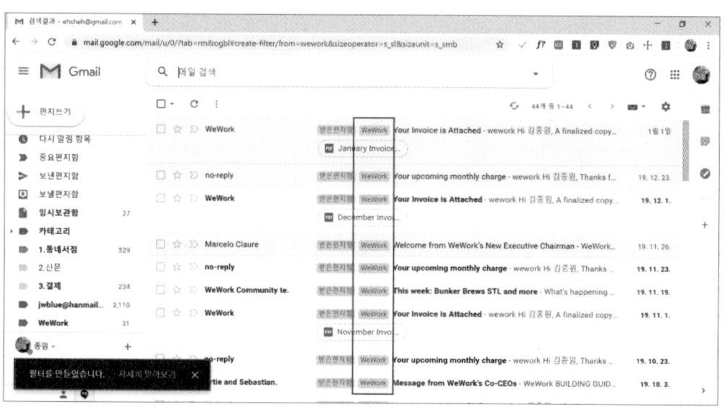

# TIP 012 자동응답 사용하기

휴가나 장기간 출장 등의 이유로 메일에 답장을 할 수 없다면 부재중 자동응답 기능을 사용해보세요. 미리 입력된 메시지로 수신된 메일에 답장을 할 수 있습니다.

**01** 부재중 자동응답을 사용하려면 Gmail의 [⚙]–[모든 설정 보기]–[기본 설정] 탭을 차례로 선택하세요. 페이지 아래의 '부재중 자동응답' 항목에서 부재중 자동응답을 설정할 수 있습니다.

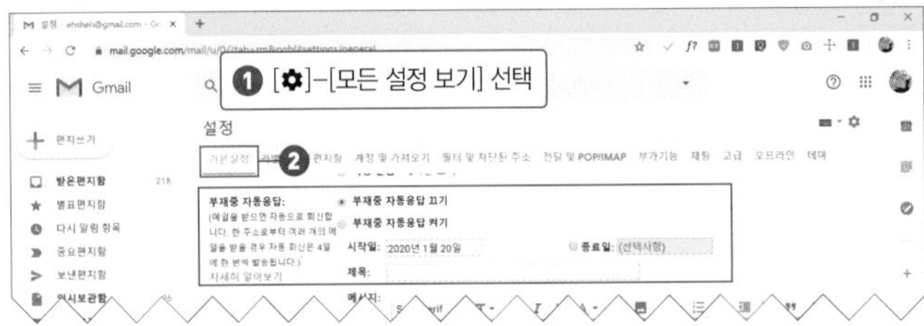


**02** 부재중 자동응답 항목에 메일 제목과 메시지를 작성하면 자동으로 부재중 자동응답 기능이 활성화됩니다. 원하는 내용을 입력한 뒤 '설정' 페이지 아래의 [변경사항 저장]을 클릭합니다.

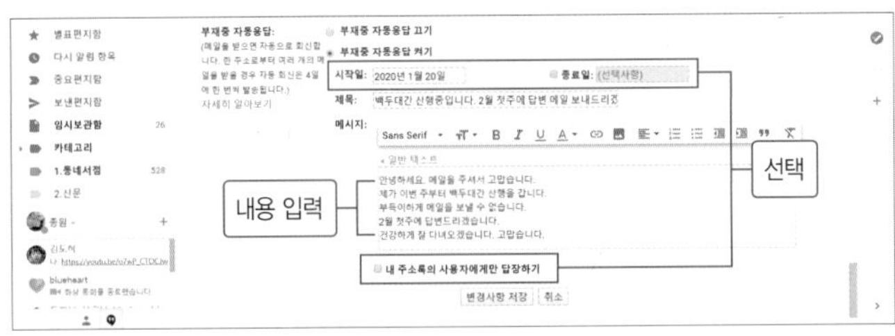


- **[시작일/종료일]** : [시작일]과 [종료일]을 클릭하면 달력이 표시되어 부재중 자동응답의 시작일과 종료일을 선택할 수 있습니다.
- **[내 주소록의 사용자에게만 답장하기]** : 사용자의 주소록에 등록된 사람에게만 부재중 자동응답 메시지를 전송합니다.

**03** 부재중 자동응답이 활성화 되면 Gmail 화면 위로 배너가 표시됩니다. 배너의 [지금 종료]를 클릭하면 부재중 자동응답이 종료되고 [부재중 자동응답]을 클릭하면 부재중 자동응답 메시지 설정을 변경할 수 있습니다.

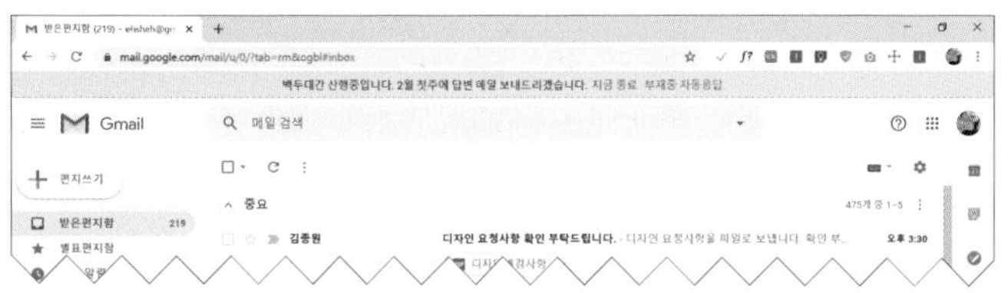

 **Google⁺ | 부재중 자동응답이 전송되는 시기**

부재중 자동응답은 시작일 오전 12시부터 종료일 오후 11:59분 사이에 설정한 응답 메시지를 전송하고 상대방이 메일을 처음 보낸 경우에만 전송됩니다. 하지만 같은 사람이 4일 후에 다시 연락했을 때도 부재중 자동응답이 설정되어 있는 경우 부재중 자동응답이 다시 전송됩니다. 또한 부재중 자동응답은 내용을 수정할 때마다 다시 시작되기 때문에 상대방이 사용자가 처음 작성한 부재중 자동응답 메일을 받았더라도 응답 메시지를 수정한 후에 상대방이 다시 메일을 보내면 새로운 부재중 자동응답 메시지가 전송됩니다.

## TIP 013 오프라인에서 Gmail 확인하기

인터넷이 연결되지 않은 상황에서도 메일을 확인할 수 있을까요? Gmail에서는 가능합니다. 오프라인 기능을 사용하면 인터넷이 연결되지 않은 상황에서 기존의 메일을 확인하고 답장을 작성할 수도 있습니다.

**01** 오프라인 메일을 사용하려면 Gmail의 [⚙]-[모든 설정 보기]-[오프라인]을 차례로 선택하세요.

**02** '오프라인' 항목의 [오프라인 메일 사용]을 클릭하여 체크 표시하면 오프라인 메일에 대한 옵션이 표시됩니다.

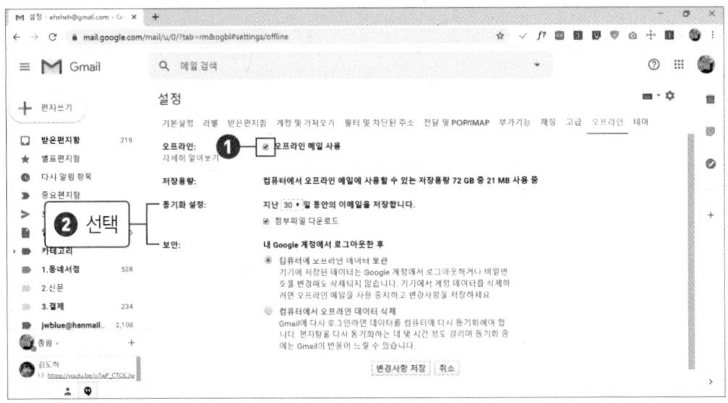


- **[동기화 설정]** : 오프라인에서 메일을 확인하기 위해 선택한 기간 내에 받은 메일을 컴퓨터에 저장합니다. [첨부파일 다운로드]를 클릭하여 체크 표시하면 메일에 첨부된 파일을 함께 저장합니다.
- **[보안]** : [컴퓨터에 오프라인 데이터 보관]과 [컴퓨터에 오프라인 데이터 삭제] 중 하나를 선택할 수 있습니다. Google 계정에서 로그아웃 했을 때 컴퓨터에 저장한 데이터의 보관/삭제 여부를 선택할 수 있습니다.

**03** 오프라인 메일의 설정을 변경한 뒤 [변경사항 저장]을 클릭하면 보안을 위해 공용 기기에서는 오프라인 모드를 사용하지 않는 것이 좋다는 메시지가 표시됩니다. [확인]을 클릭하세요.

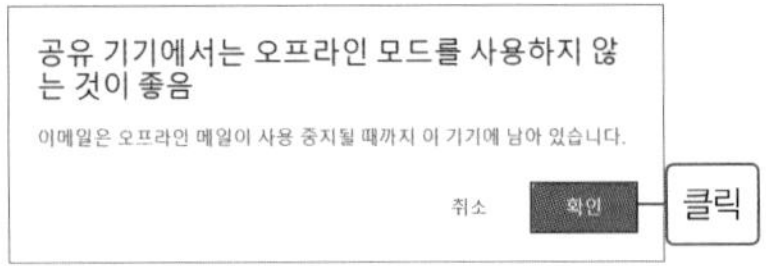


**잠깐만요**

[확인]을 클릭하면 오프라인인 상황에서 Gmail 페이지에 방문할 수 있도록 Gmail을 북마크에 등록하는 것이 좋다는 메시지가 표시됩니다. 북마크에 대한 자세한 내용은 60쪽을 참고하세요.

**04** 인터넷에 연결되지 않은 상태에서 Gmail에 접속하면 '오프라인 상태입니다. 일부 기능을 사용하지 못할 수 있습니다.' 메시지가 표시됩니다. 하지만 이미 받은 메일을 모두 확인할 수 있죠. 메일에 포함된 일부 이미지가 표시되지 않을 수도 있지만 메일의 내용은 확인할 수 있습니다.

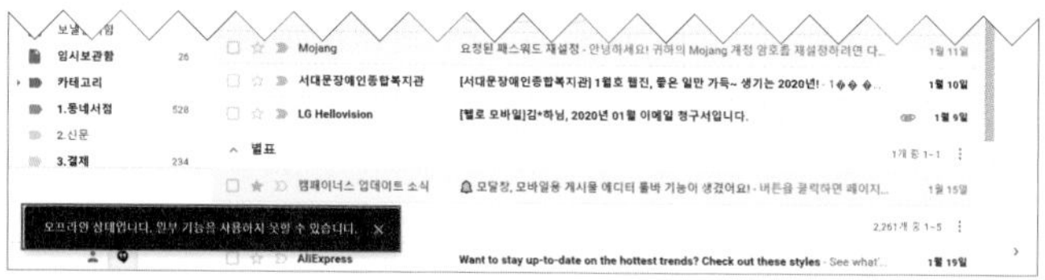


**05** 오프라인 메일을 사용하는 중에도 새 메일이나 답장을 작성할 수 있습니다.

**잠깐만요**

작성한 메일은 바로 전송되지 않고, 인터넷이 연결된 후 전송됩니다.

## TIP 014 Gmail 환경설정

'설정' 페이지에서는 Gmail에서 사용할 기본 언어부터 페이지에 표시할 메일 개수 등을 자유롭게 설정할 수 있습니다. 여기서는 각 탭에 대한 기본적인 내용과 [기본설정]에 대해 알아보겠습니다.

### 설정 페이지 살펴보기

[⚙]-[모든 설정 보기]을 차례로 선택합니다. '설정' 페이지 위에는 사용자가 변경할 수 있는 다양한 설정이 각각의 탭으로 구분되어있습니다. 각각의 탭을 선택하면 해당 탭에 세부 설정을 변경할 수 있습니다.

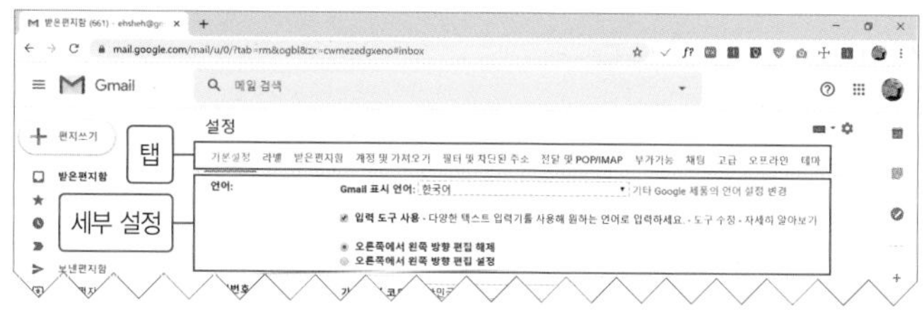

- **[기본설정]** : 사용 언어, 페이지당 표시 개수, 서명, 부재중 자동응답 등 Gmail 전반적인 설정을 변경할 수 있습니다.
- **[라벨]** : 메일에 라벨을 적용하여 관리할 수 있습니다. 자세한 내용은 143쪽을 참고하세요.
- **[받은편지함]** : 받은 편지함 유형, 카테고리, 읽기 창 설정 등을 할 수 있습니다. 자세한 내용은 148쪽을 참고하세요.
- **[계정 및 가져오기]** : 외부 메일 서비스의 메일을 Gmail에서 확인할 수 있습니다. 자세한 내용은 134쪽을 참고하세요.
- **[필터 및 차단된 주소]** : 메일에 필터를 적용하거나 사용자가 차단한 메일을 확인하고 관리할 수 있습니다. 필터에 대한 자세한 내용은 151쪽을 참고하세요.
- **[전달 및 POP/IMAP]** : Gmail에 연결한 외부 메일 계정으로 메일을 보내는 방법 등을 설정할 수 있습니다.
- **[부가기능]** : Gmail에 부가기능을 설치하고 관리합니다.
- **[채팅 및 Meet]** : Gmail에서 채팅 및 Meet 사용을 설정합니다.
- **[고급]** : 자동 진행, 템플릿, 맞춤 설정 단축키 등을 설정합니다.
- **[오프라인]** : 오프라인 상황에서도 메일을 확인할 수 있도록 설정을 변경할 수 있습니다. 자세한 내용은 155쪽을 참고하세요.
- **[테마]** : Gmail에 테마를 적용합니다. [테마]탭을 선택한 뒤 [테마 설정]을 클릭하면 테마를 선택할 수 있습니다.

## 기본 설정 변경하기

Gmail '설정' 페이지의 [기본설정] 탭에서는 Gmail의 전반적인 설정을 변경할 수 있습니다. 설정 항목이 많아 어렵게 느껴질 수 있지만 설정을 변경하는 방법은 아주 간단합니다. 각 설정 항목 중 체크 박스(☐)가 있는 항목은 클릭하여 체크 표시(☑)하면 사용 여부를 선택할 수 있습니다. 일부 항목의 경우, 라디오 버튼(○/◉)으로 여러 항목 중 하나를 선택할 수 있죠.

- **언어** : Gmail 표시 언어와 문서 작성 시 편집 방향을 선택할 수 있습니다. [▼]를 클릭하면 원하는 언어를 선택할 수 있습니다.
- **전화번호** : 인증 등에 사용할 전화번호의 국가 코드를 선택할 수 있습니다. [▼]를 클릭하면 원하는 국가 코드를 선택할 수 있습니다.
- **페이지당 표시 개수** : 한 화면에 표시할 메일의 개수를 선택할 수 있습니다. [▼]를 클릭하면 원하는 표시 개수를 선택할 수 있습니다.
- **보내기 취소** : 메일을 보낸 후 취소할 수 있는 시간을 설정합니다. 보내기 취소에 대한 자세한 내용은 129쪽을 참고하세요.

- **답장 기본 설정** : 여러 사람에게 보낸 메일을 받았을 때 [답장]과 [전체답장] 중에 먼저 표시할 버튼을 선택할 수 있습니다.
- **마우스 오버 작업** : 메일 목록의 메일에 마우스 커서를 올렸을 때 빠른 메뉴의 표시 여부를 선택할 수 있습니다.

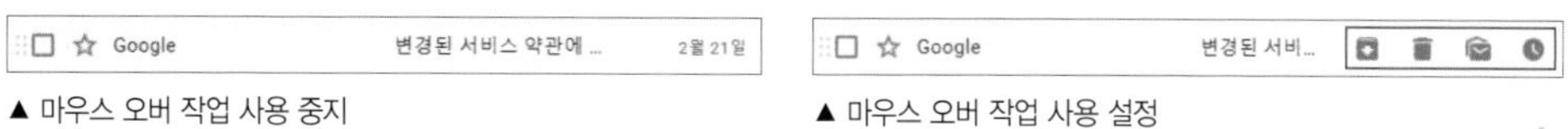


▲ 마우스 오버 작업 사용 중지

▲ 마우스 오버 작업 사용 설정

- **전송 및 보관처리** : 메일의 답장에 '전송 및 보관처리' 버튼의 표시 여부를 선택할 수 있습니다.

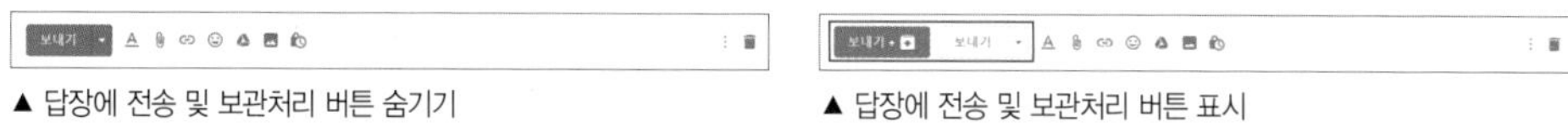


▲ 답장에 전송 및 보관처리 버튼 숨기기

▲ 답장에 전송 및 보관처리 버튼 표시

- **기본 텍스트 스타일** : 메일 작성창의 기본 텍스트 스타일을 지정할 수 있습니다. 지정한 서식을 기본 설정으로 되돌리려면 서식 지정 옵션 창의 [ ]를 클릭하면 됩니다.
- **이미지** : 메일에 포함된 이미지의 표시 여부를 선택할 수 있습니다.
- **동적 이메일** : 메일에 첨부된 캘린더 일정 초대나 설문지 등을 Gmail에서 바로 처리할 수 있습니다.
- **스마트 편지쓰기 맞춤설정** : Google 인공지능이 사용자의 메일 작성 스타일에 따라 맞춤 설정됩니다. 현재 한국에서는 사용할 수 없는 항목입니다.
- **자동 수정** : 메일 작성시 자동 수정 여부를 선택할 수 있습니다.
- **스마트 편지쓰기** : Google 인공지능이 이메일을 작성할 때 예상 단어를 추천합니다. 현재 한국에서는 사용할 수 없는 항목입니다.
- **실험적 기능 액세스** : Google에서 개발 중인 새로운 기능을 먼저 사용할 수 있습니다.
- **대화형식으로 보기** : 메일을 대화 형식으로 그룹화하여 표시합니다. 메일 그룹화에 대한 자세한 내용은 139쪽을 확인하세요.
- **중요한 메일 올리기** : 중요한 메일로 판단되는 메일을 받은편지함의 위쪽에 표시합니다.
- **스마트 답장** : 사용자의 메일 사용 패턴을 분석하여 빠르게 답장할 수 있도록 스마트 답장을 제안합니다. 현재 한국에서는 사용할 수 없는 항목입니다.
- **데스크톱 알림** : Gmail에 새 메일이 도착하면 사용자의 컴퓨터에 팝업 알림을 표시합니다.

• **별** : 사용자가 메일의 중요도에 따라 사용할 별을 추가/제거합니다. [미사용] 항목의 별을 드래그하여 [사용] 항목으로 원하는 위치로 드래그하면 별을 추가할 수 있습니다.

• **단축키** : Gmail 단축키의 사용 여부를 선택할 수 있습니다. Gmail에서 Shift + / 키를 누르면 단축키 목록이 표시됩니다.

• **버튼 라벨** : 메일에 표시되는 추가작업 라벨의 표시 방법을 [아이콘]과 [텍스트] 중 선택할 수 있습니다.

▲ 아이콘　　▲ 텍스트

• **내 사진** : Google 계정 프로필 이미지를 변경합니다. 선택한 이미지는 상대방의 메일이나 채팅 목록 등에 사용자 이름과 함께 표시됩니다. 계정 프로필 이미지나 이름을 변경하는 방법은 199쪽을 참고하세요.

• **자동 완성을 위해 연락처 자동 추가** : 주소록에 등록되어 있지 않은 새로운 주소로 메일을 보냈을 때 해당 연락처를 주소록에 자동으로 저장할지를 선택할 수 있습니다.

• **광고 설정** : Google 서비스를 사용하며 표시되는 광고를 개인에 최적화할 수 있습니다. [여기]를 클릭하면 사용자의 연령, 성별 등을 선택하면 선택한 항목에 따라 최적화된 광고가 표시됩니다.

• **서명** : 메일에 서명을 추가합니다. 자세한 내용은 126쪽을 참고하세요.

• **개인전용 표시** : [표시 보기]를 선택하면 단체 발송된 메일 옆에는 화살표(〉)가 표시되고 사용자에게만 발송된 메일 옆에는 이중 화살표(≫)가 표시됩니다.

• **본문 미리보기** : 메일 목록에 본문 미리보기의 표시 여부를 선택합니다.

• **부재중 자동응답** : 부재중 자동응답 메일을 발송합니다. 자세한 내용은 154쪽을 참고하세요.

## Google⁺ | 단축키 맞춤 설정하기

메일 업무가 많다면 Gmail 단축키를 사용해 작업 시간을 줄일 수 있습니다. 만약 이미 설정되어 있는 Gmail 단축키가 불편하다면 원하는 단축키를 직접 지정할 수도 있습니다.

Gmail '설정' 페이지 [기본설정] 탭의 '단축키' 항목 중 [키보드 단축키 사용]를 선택하고 변경 사항을 저장한 뒤 다시 '설정' 페이지로 이동해 [고급] 탭의 '맞춤 설정 단축키' 항목의 [사용]을 선택하고 변경 사항을 다시 저장하세요. 이제 '설정' 페이지로 이동하면 이전에는 표시되지 않았던 [단축키] 탭이 표시됩니다. [단축키] 탭을 선택하면 모든 메일 단축키 항목을 확인하고 또 원하는 단축키로 설정을 변경할 수 있습니다. 새로운 단축키를 지정하려면  단축키 항목의 '또는' 옆의 빈 칸에 원하는 단축키를 입력하면 됩니다. 원하는 단축키를 지정한 뒤 [변경사항 저장]을 클릭하면 지정한 단축키가 적용됩니다.

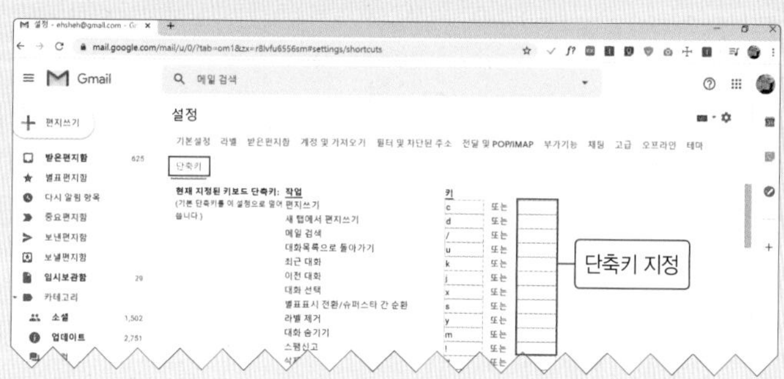

# TIP 015 알아두면 유용한 Gmail 오류 메시지

메일을 보낼 때 오류가 발생하면 다양한 오류 메시지가 표시됩니다. 이럴 땐 오류 메시지를 잘 확인해보세요. 오류 메시지에 오류 해결 방법이 있을 수도 있습니다.

## '스팸으로 신고된 메일' 또는 '일시적으로 거부된 메일'

메일의 내용이나 링크, 첨부 파일에 스팸이나 피싱 메일로 의심되는 항목이 포함되어 있거나 다수의 참조 또는 숨은참조로 메일을 보냈을 때 나타나는 메시지입니다. 메일에 개인 정보를 요청하는 웹사이트 링크가 있다면 해당 링크를 삭제해야 합니다.

## 수신자 서버에서 요청을 수락하지 않습니다.

Gmail에서 수신자의 이메일 서버에 연결할 수 없는 경우 이 오류 메시지가 표시됩니다. 이 메시지가 표시된다면 수신자의 메일 주소가 잘못되었는지 확인하거나 수신자 메일 제공업체의 고객지원팀으로 문의하세요.

## 메일 전송 제한에 도달했습니다.

Gmail은 스팸 메일 발송을 제한하기 위해 하루 동안 보내거나 받을 수 있는 메일과 수신자의 수를 제한합니다. 한 개의 메일을 500명이 넘는 수신자에게 발송하거나 하루에 500개의 메일을 발송하면 이 메시지가 표시되고 24시간 후에 다시 메일을 보낼 수 있습니다.

## 메일을 전송할 수 없습니다.

수신자의 메일 주소가 잘못되었거나 수신자의 메일 서버에서 반송했을 경우에 표시되는 메시지로 24시간 후에 메일을 전송할 수 있습니다.

## 지금 연락하려는 사용자는 추가 메시지를 전달하기 어려울 정도의 속도로 메일을 수신하고 있습니다.

메일을 받는 수신자가 짧은 시간 안에 너무 많은 메일을 받는 경우 표시되는 오류 메시지로 조금 뒤 다시 발송을 시도해보세요.

### 콘텐츠가 보안 문제를 초래할 위험이 있어 메일이 차단되었습니다.

Gmail은 실행 파일을 첨부하거나 특정 링크가 포함된 메일 등 바이러스를 퍼뜨릴 위험이 있는 메일을 차단합니다. 실행 파일을 첨부하지 않았는데도 오류 메시지가 표시된다면 첨부한 파일이 바이러스 파일과 유사하거나 메일의 링크에 바이러스가 포함된 콘텐츠, 이미지가 있을 수 있습니다.

### Gmail에서는 특정 파일 형식의 첨부를 허용하지 않습니다.

악성 매크로가 포함된 파일이나 비밀번호로 보호된 파일을 첨부했을 때 표시되는 오류 메시지로 다음의 파일 형식을 첨부하는 경우 Google 드라이브에 해당 파일을 업로드한 뒤 드라이브의 파일을 링크로 첨부하세요.

| 첨부할 수 없는 파일 형식 |
| --- |
| .ade, .adp, .apk, .appx, .appxbundle, .bat, .cab, .chm, .cmd, .com, .cpl, .dll, .dmg, .exe, .hta, .ins, .isp, .iso, .jar, .js, .jse, .lib, .lnk, .mde, .msc, .msi, .msix, .msixbundle, .msp, .mst, .nsh, .pif, .ps1, .scr, .sct, .shb, .sys, .vb, .vbe, .vbs, .vxd, .wsc, .wsf, .wsh |

# Google 캘린더

생산성 높이기

Google 캘린더로 일정을 관리하고 공유해보세요. 어떤 기기에서든 같은 Google 계정으로 로그인되어 있다면 일정을 확인하고 관리할 수 있습니다. Google 캘린더와 함께 주소록, Gmail을 사용한다면 Google 계정으로 등록한 일정을 다른 사용자와 공유할 수도 있죠.

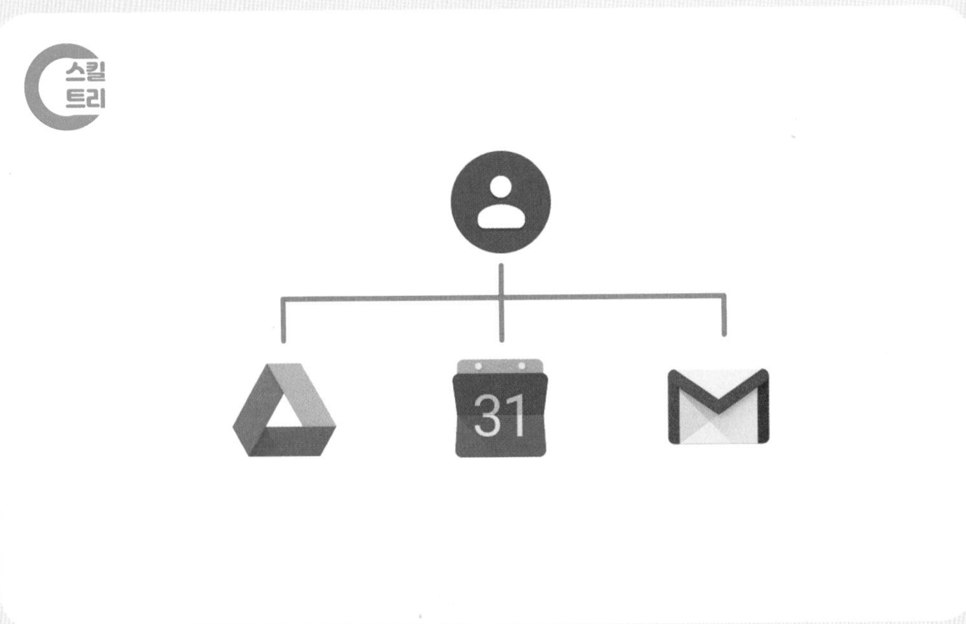

# TIP 001 Google 캘린더 살펴보기

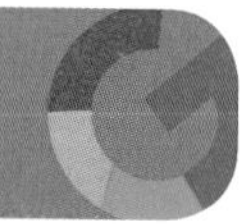

Google 캘린더는 큰 달력 화면에 직접 일정을 기록하는 방식으로 직관적입니다. 캘린더를 본격적으로 사용하기 앞서 캘린더 화면을 살펴보겠습니다.

Google 첫 화면의 [⁝⁝⁝]−[캘린더]를 차례로 선택하면 Google 캘린더로 이동합니다.

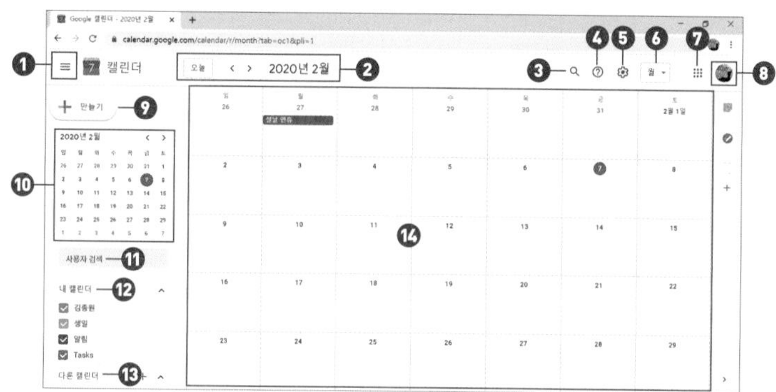

❶ **[기본 메뉴]** : 캘린더 화면에 메뉴를 표시하거나 숨깁니다.

❷ **[날짜]** : 캘린더에서 선택한 날짜가 표시됩니다. [오늘]을 클릭하면 바로 오늘 날짜로 이동할 수 있고 [<], [>]을 클릭하면 선택된 날짜의 이전이나 이후 날짜로 이동할 수 있습니다.

❸ **[검색]** : 캘린더의 등록된 일정을 검색합니다.

❹ **[지원]** : [도움말], [학습 센터], [업데이트] 등의 정보를 확인합니다.

❺ **[설정]** : Google 캘린더의 설정을 변경하거나 새로운 캘린더를 추가할 수 있습니다.

❻ **[캘린더 보기]** : 캘린더 보기 방법을 변경할 수 있습니다. [일정]을 선택하면 캘린더에 등록된 일정 목록이 시간 순으로 표시됩니다.

❼ **[Google 앱]** : Google의 다른 서비스를 선택합니다.

❽ **[Google 계정]** : 현재 로그인된 Google 계정이 표시됩니다.

❾ **[만들기]** : 새 일정을 추가합니다. 일정을 추가하는 방법은 168쪽을 참고하세요.

❿ **[미니 캘린더]** : 캘린더에서 선택된 달의 달력이 표시됩니다. [<], [>]를 클릭해 월 단위로 빠르게 탐색할 수 있습니다.

⓫ **[사용자 검색]** : 캘린더를 공유하는 사용자를 검색할 수 있습니다.

⓬ **[내 캘린더]** : 사용자가 추가한 캘린더 목록이 표시됩니다. 새 캘린더 추가에 대한 자세한 내용은 175쪽을 참고하세요.

⓭ **[다른 캘린더]** : 다른 사용자의 캘린더를 추가/삭제하거나 원하는 캘린더만 표시할 수 있습니다.

⓮ **[캘린더]** : 캘린더의 일정 추가하고 확인할 수 있습니다. 캘린더 보기 변경에 대한 자세한 내용은 166쪽을 참고하세요.

# TIP 002 캘린더 보기 변경하기

캘린더 보기를 변경하면 월, 주, 일 단위의 일정을 더 자세하게 확인할 수 있습니다. 캘린더의 보기를 변경하는 방법에 대해 알아보겠습니다.

캘린더의 [월]을 클릭하면 다양한 보기 중 하나를 선택할 수 있습니다.

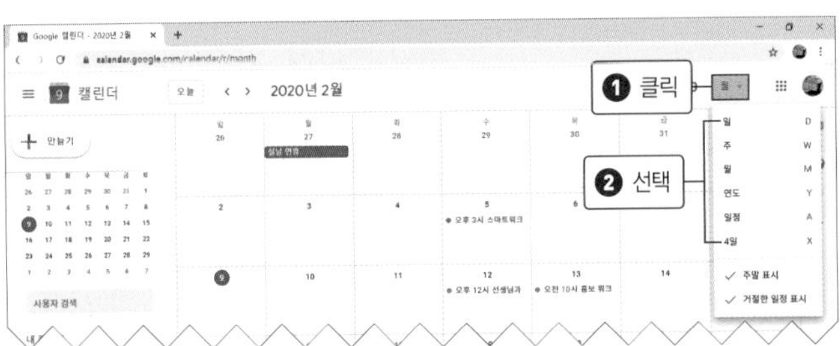


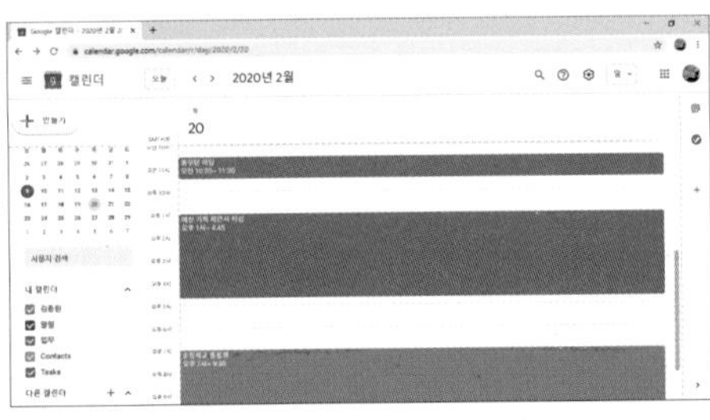

▲ 일

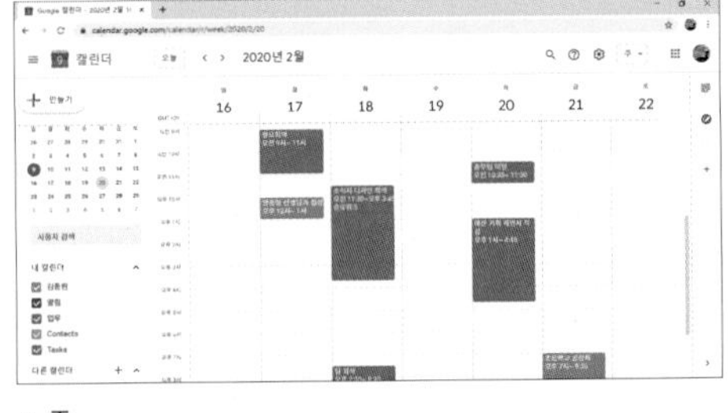

▲ 주

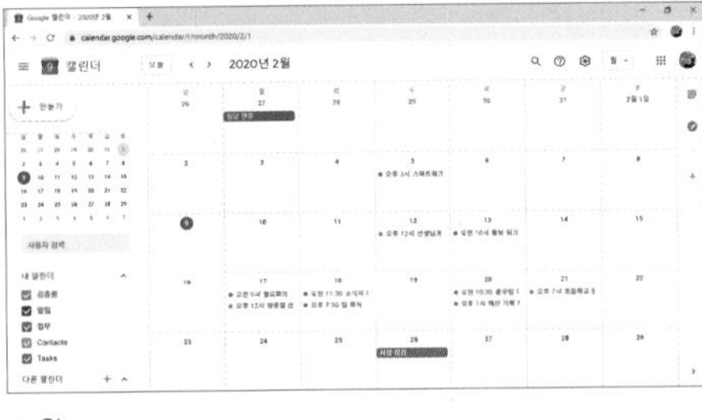

▲ 월

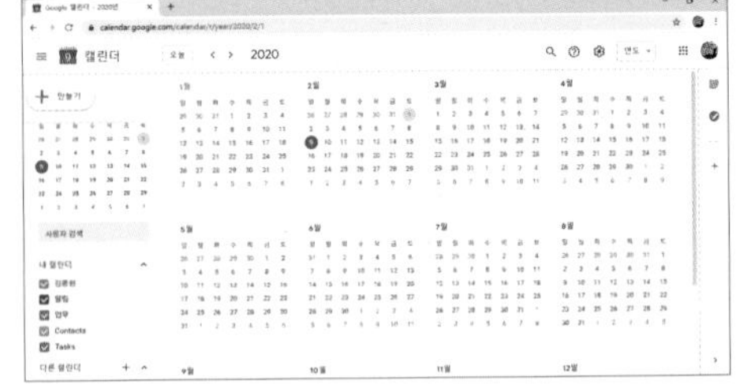

▲ 년

- **[일]** : 하루 단위로 일정을 표시합니다. 하루의 일정을 시간 중심으로 확인할 수 있습니다.
- **[주]** : 주간의 일정이 표시됩니다. [주말 표시]를 선택 취소하면 주말의 일정이 표시되지 않습니다.
- **[월]** : 월 단위로 일정을 표시합니다. [주말 표시]를 선택 취소하면 주말 일정이 표시되지 않습니다.
- **[연도]** : 년 단위의 달력이 표시됩니다.

▲ 일정

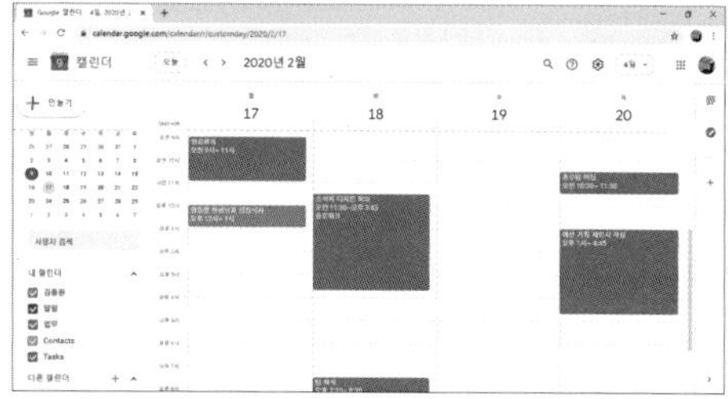

▲ 4일

- **[일정]** : 전체 일정이 시간순으로 표시됩니다.
- **[4일]** : 선택한 날로 4일간의 일정이 표시됩니다.



## Google+ | 캘린더에 음력 표시하기

Google 캘린더는 기본적으로 양력만 표시 하지만 설이나 추석 등 한국에서는 아직까지 음력을 사용하는 경우가 있기 때문에 양력만 표시되는 Google 캘린더가 불편하다면 음력을 표시할 수도 있습니다. Google 캘린더에 음력을 표시하려면 캘린더의 [⚙]–[설정]을 차례로 선택합니다. 설정 메뉴에서 [보기 옵션]을 선택한 후 [보조 캘린더]의 목록에서 [한국]을 선택한 뒤 설정 페이지 위의 [←]을 클릭하면 캘린더에 음력이 표시됩니다.

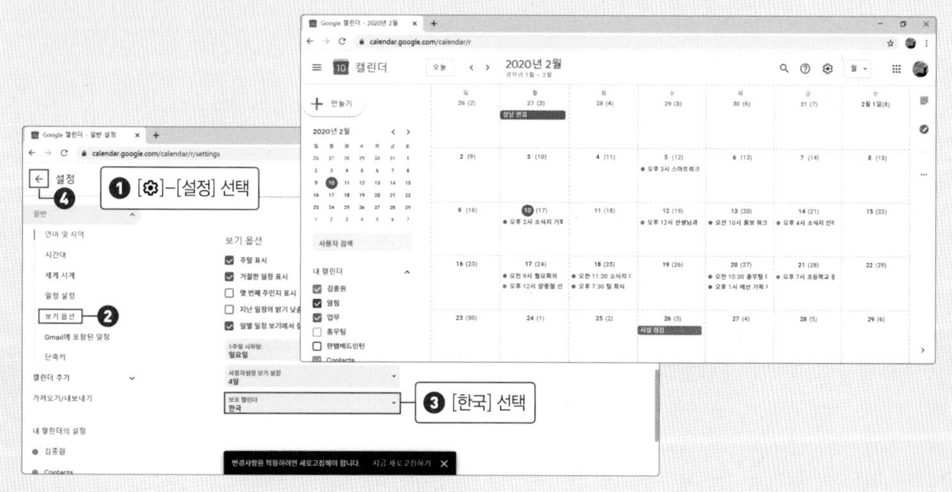

# TIP 003 캘린더에 일정 추가/삭제하기

Google 캘린더에 일정을 추가하면 같은 Google 계정으로 로그인된 모든 기기에서 일정을 확인할 수 있습니다. 이번에는 캘린더에 일정을 추가하는 방법에 대해 알아보겠습니다.

## 빠르게 일정 추가하기

캘린더 화면에서 일정을 추가할 날짜나 시간을 클릭하면 일정 입력창이 표시됩니다. 일정 입력창의 '제목 및 시간 추가'에 간단한 일정 내용을 입력한 뒤 [저장]을 클릭합니다.

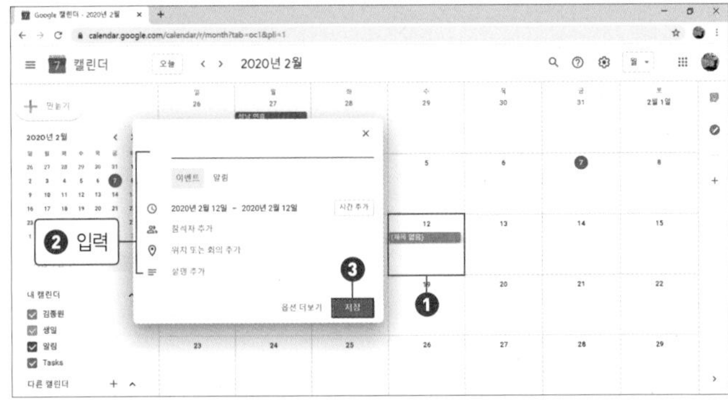


**잠깐만요**

캘린더 메뉴의 [만들기]를 클릭해서도 일정을 추가할 수 있습니다.

- **[시간 추가]** : 일정 시간을 추가합니다. '제목 및 시간 추가'에 일정 내용과 함께 일정의 시간을 입력하면 자동으로 일정 시간이 추가됩니다.
- **[참석자 추가]** : 일정을 공유할 사용자를 추가합니다. 일정을 공유할 사용자의 이메일을 입력하거나 주소록에 저장된 사용자일 경우 이름만 입력해 참석자로 추가할 수 있습니다.
- **[위치 또는 회의 추가]** : 일정의 위치나 'Google Meet' 화상회의 여부를 추가할 수 있습니다.
- **[설명 추가]** : 일정과 관련된 설명을 입력할 수 있습니다.

일정 입력창의 '제목 및 시간 추가'에 입력한 내용이 캘린더에 표시됩니다.

## 자세한 일정 추가하기

일정 입력창의 [옵션 더보기]를 선택하면 일정 입력창이 전체 화면에 표시되어 반복 일정을 설정하거나 공개 설정, 참석자 권한 등 일정과 관련된 자세한 설정을 지정하고 수정할 수 있습니다. 원하는 내용을 입력한 뒤 [저장]을 클릭하면 입력한 내용이 캘린더에 표시됩니다.

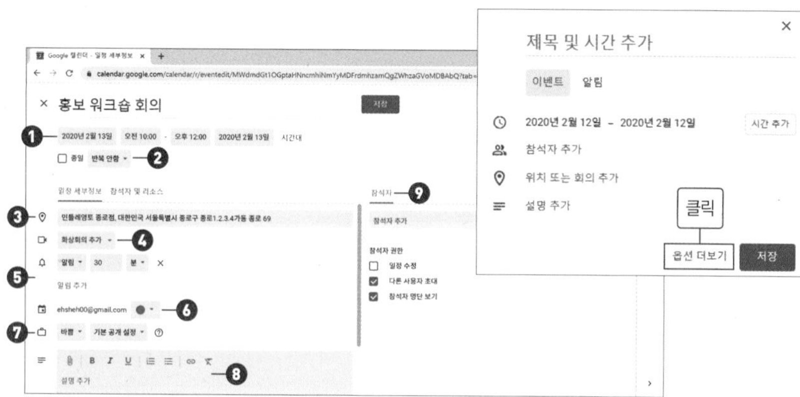


❶ **[일정 시간]** : 일정 시간을 추가합니다. 날짜와 시간을 클릭하면 원하는 일정 시간을 추가할 수 있습니다.

❷ **[종일]** : [종일]의 체크 박스를 클릭하여 체크 표시하면 시간 설정이 되지 않은 일정을 추가할 수 있습니다.

❸ **[위치 추가]** : 일정의 위치를 추가합니다.

❹ **[화상회의 추가]** : 'Google Meet' 화상회의를 추가합니다.

❺ **[알림 추가]** : [알림]이나 [이메일]을 선택해 일정 전 원하는 시간에 알림을 받습니다.

❻ **[캘린더]** : 일정을 추가할 캘린더를 선택할 수 있고 [일정 색상 선택]을 클릭하면 캘린더에 표시할 일정 색상을 선택할 수 있습니다. 새 캘린더 추가에 대한 자세한 내용은 175쪽을 참고하세요.

❼ **[일정 공개 설정]** : 일정 내용을 포함한 주최자와 참석자 상태 공개 범위를 선택합니다.

❽ **[설명]** : 일정과 관련된 설명을 추가합니다. 일정 설명과 함께 일정에 관련된 파일을 첨부할 수도 있습니다.

❾ **[참석자]** : 일정을 공유할 사용자를 추가하고 참석자의 권한을 설정합니다.

- **[일정 수정]** : 주최자가 추가한 참석자가 일정을 수정할 수 있습니다.
- **[다른 사용자 초대]** : 주최자가 추가한 참석자가 다른 사용자를 참석자로 추가할 수 있습니다.
- **[참석자 명단 보기]** : 일정을 공유하는 참석자 명단을 확인할 수 있다.

## 일정 삭제하기

캘린더 화면에 표시되는 일정을 클릭하면 해당 일정을 수정하거나 삭제할 수 있습니다.

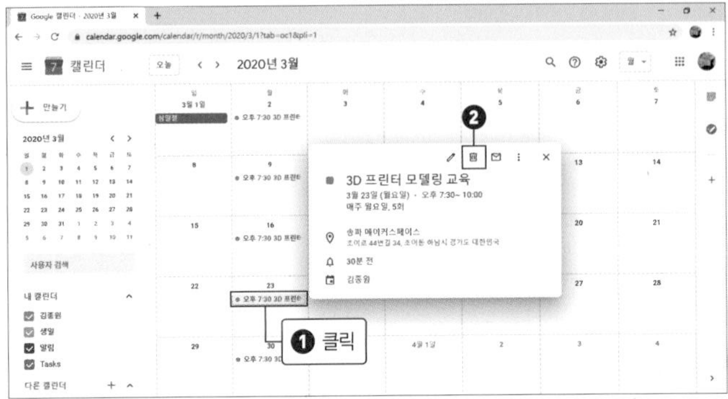


만약 삭제하려는 일정이 반복 일정일 경우 반복 일정 중 하나만 삭제하거나 반복 일정 전체를 삭제할 수도 있습니다.

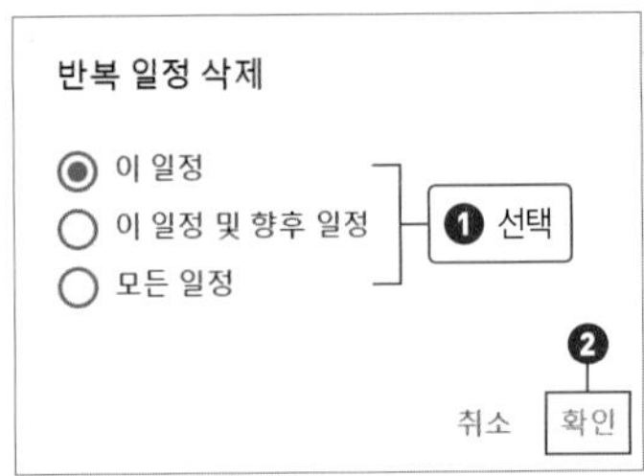


**잠깐만요**

반복 일정에 대한 자세한 내용은 172쪽을 참고하세요.

- **[이 일정]** : 반복 일정 중 선택한 일정만 삭제합니다.
- **[이 일정 및 향후 일정]** : 반복 일정 중 선택한 일정과 이후의 반복 일정을 삭제합니다. 이전의 반복 일정은 삭제하지 않습니다.
- **[모든 일정]** : 선택한 반복 일정 전체를 삭제합니다.

### Google+ | 알림 설정하기

캘린더에 일정을 추가할 때 [알림]을 선택하면 같은 Google 계정으로 로그인된 기기에서 알림을 받을 수 있습니다. 간단하지만 정해진 시간에 확인해야 하는 일정이 있다면 알림을 사용해 보세요.

사용자가 [알림]으로 설정한 시간이 되면 일정 알림 팝업창이 표시됩니다. 팝업창의 [확인]을 클릭한 뒤 [완료로 표시]를 클릭하면 알림은 캘린더에서 사라집니다. 알림은 비공개로 다른 사용자와 공유할 수 없습니다.

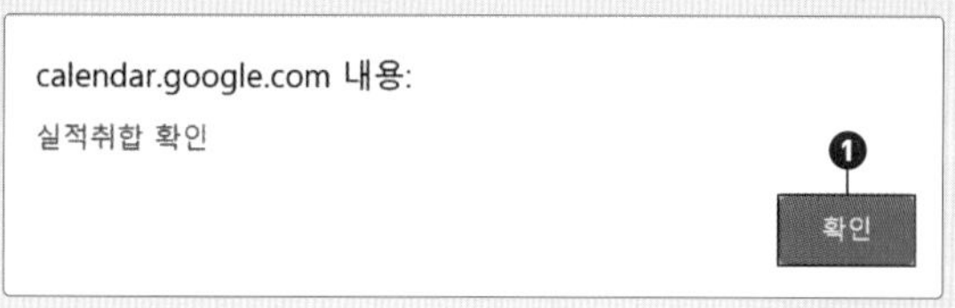

▲ 일정 알림 팝업창

31 Google 캘린더

# TIP 004 반복 일정 추가하기

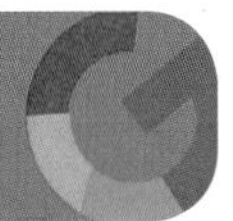

월 정기 회의와 같이 일정 기간을 두고 반복되는 일정이 있다면 같은 일정을 계속 추가할 필요없이 반복 일정으로 등록하면 편리합니다. 이번에는 반복 일정을 추가하는 방법에 대해 알아보겠습니다.

**01** 반복 일정을 추가하려면 일정 입력창의 [옵션 더보기]를 클릭합니다. 일정 내용을 입력한 뒤 [반복 안함]을 선택하면 일정 반복 기간을 선택할 수 있습니다.

❶ **[반복 안함]** : 기본 설정으로 반복하지 않는 일정을 추가합니다.

❷ **[매일]** : 일정을 추가한 날짜 이후 매일 같은 일정을 반복합니다.

❸ **[매주 #요일]** : 매주 일정을 추가한 요일에 같은 일정을 반복합니다.

❹ **[매월 #번째 #요일]** : 일정을 추가한 주의 요일에 같은 일정을 반복합니다. 예를 들어 두번째 주 월요일에 일정을 추가했다면 매월 두번째 월요일마다 같은 일정을 반복합니다.

❺ **[매년 #월 #일]** : 매년 같은 날 같은 일정을 반복합니다. 생일이나, 기념일과 같은 일정을 추가할 때 적합합니다.

❻ **[주중 매일(월 – 금)]** : 매주 월요일부터 금요일까지 같은 일정을 반복합니다.

❼ **[맞춤]** : 반복 주기/요일, 종료 시점을 직접 설정할 수 있습니다.

**02** 일정 선택 옵션 중 [맞춤]을 선택하면 더 자세한 반복 일정을 설정할 수 있습니다.

❶ **[반복 주기]** : 일, 주, 개월, 년 중 일정을 반복할 주기를 선택합니다.

❷ **[반복 요일]** : 일정을 반복할 요일을 선택합니다.

❸ **[종료]** : 반복 일정의 종료 방법을 선택합니다.

- **[없음]** : 반복 일정을 종료하지 않습니다.
- **[날짜]** : 반복 일정을 종료할 날짜를 지정합니다.
- **[다음]** : 지정한 횟수만큼 일정을 반복한 뒤 종료합니다.

**03** 일정 반복 설정을 지정한 뒤 [저장]을 클릭하면 반복 일정이 추가됩니다.

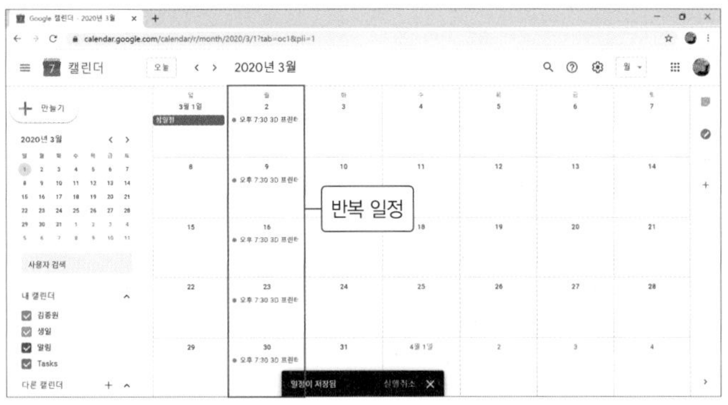




## TIP 005 Gmail에서 일정 추가하기

Gmail에서 메일을 확인하며 관련 일정을 바로 캘린더에 추가할 수 있습니다. 이번에는 Gmail에서 캘린더에 일정을 추가하는 방법에 대해 알아보겠습니다.

Gmail에서 메일을 확인하면서 메일 내용과 관련된 일정을 바로 캘린더에 추가할 수 있습니다. 항공권이나 콘서트 예약 메일 등을 확인하면서 관련 일정을 바로 캘린더에 추가하면 편리하겠죠?

**01** Gmail에서 메일을 확인하는 중 메일 내용과 관련된 일정을 추가하려면 Gmail의 위쪽 메뉴에서 [⋮]-[일정 만들기]를 차례로 선택합니다.

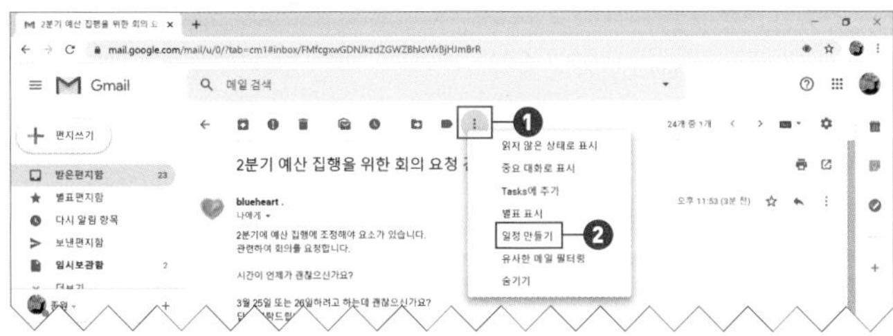

**02** 새 탭에 캘린더의 일정 입력창이 표시되고 메일 제목이 일정 내용, 메일을 보낸 사람이 참석자인 일정이 추가됩니다. 일정으로 추가할 시간과 날짜, 참석자 등을 입력한 뒤 [저장]을 클릭합니다.

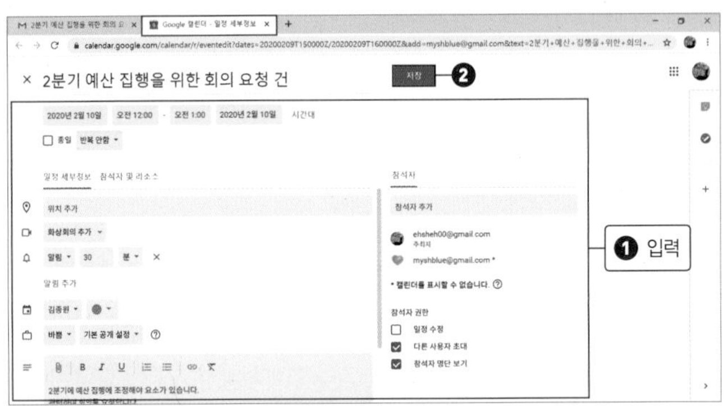


**03** 'Google 캘린더 참석자에게 이메일을 보내시겠습니까?'라는 팝업창이 표시되면 원하는 방법으로 일정을 공유할 수 있습니다.

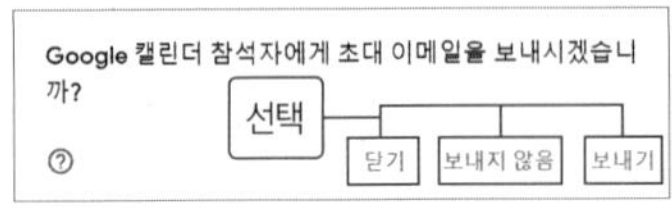


**잠깐만요**

일정을 공유하는 방법은 180, 181쪽을 참고하세요.

# TIP 006 새 캘린더 만들기

새 캘린더를 추가하면 업무용, 개인용 등 다양한 용도의 캘린더를 구분하여 사용할 수 있습니다. 이번에는 새 캘린더를 만드는 방법에 대해 알아보겠습니다.

**01** 캘린더의 메뉴에서 '다른 캘린더' 항목의 [+]–[새 캘린더 만들기]를 클릭하면 새 캘린더를 만들 수 있습니다.

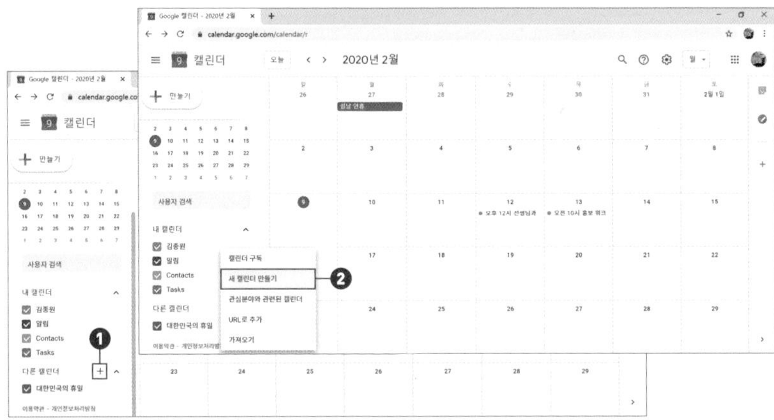

**02** '새 캘린더 만들기'에 새 캘린더의 이름과 설명, 시간대를 입력한 뒤 [캘린더 만들기]를 클릭합니다.

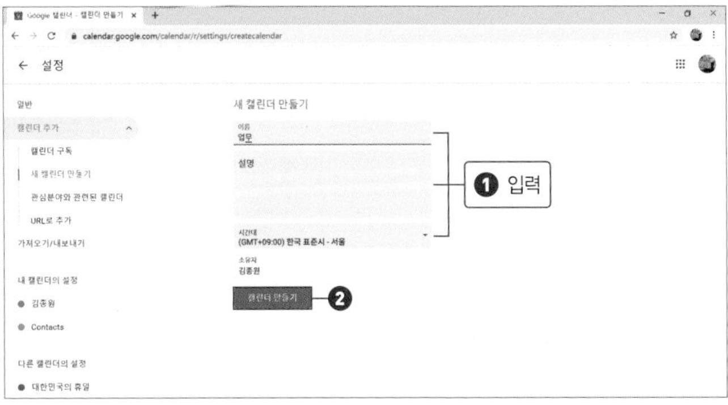

**03** 새 캘린더를 추가하면 캘린더의 일정을 추가할 때 일정의 내용에 따라 원하는 캘린더를 선택해 일정을 추가할 수 있습니다.

**04** 일정을 입력하며 선택한 캘린더에 따라 일정이 다른 색으로 표시되어 일정을 구분할 수 있습니다.

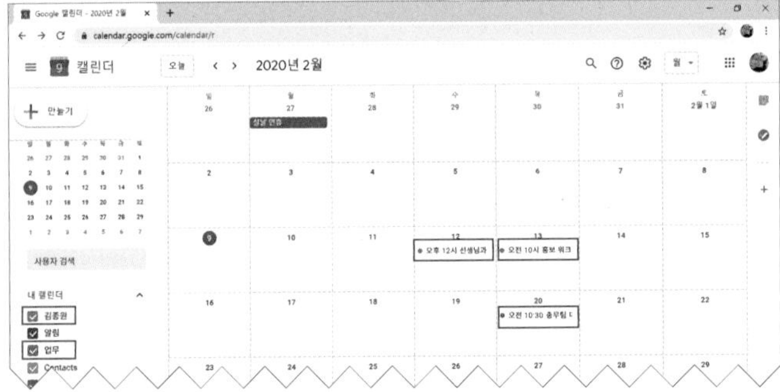


**잠깐만요**

각 캘린더의 체크 박스를 클릭해 체크 표시하면 원하는 캘린더만 표시할 수 있습니다.

**05** 각 캘린더 이름 옆의 [⋮]를 클릭하면 캘린더 색상을 지정할 수 있습니다.

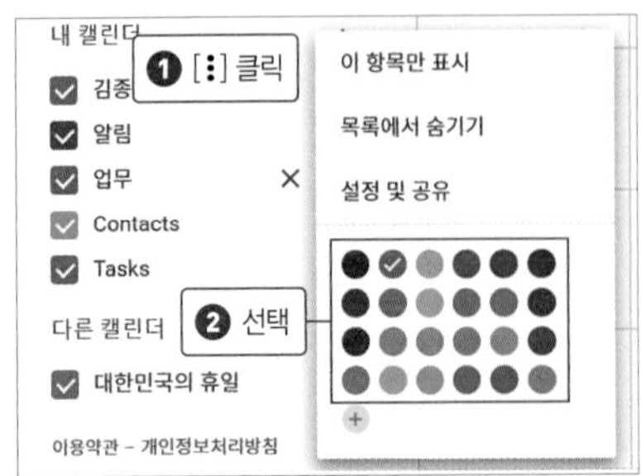

# TIP 007 캘린더 내보내기/가져오기

여러 개의 Google 계정을 사용하고 있다면 지금 로그인된 계정의 캘린더를 내보내거나 다른 계정의 캘린더를 가져올 수 있습니다. 이번에는 캘린더를 내보내고 가져오는 방법에 대해 알아보겠습니다.

## 캘린더 내보내기

**01** 캘린더의 [⚙]–[설정]을 차례로 선택합니다. '설정' 페이지의 메뉴에서 [가져오기/내보내기]를 선택한 뒤 '내보내기' 항목의 [내보내기]를 클릭하면 지금 로그인 된 Google 계정의 캘린더를 ZIP 파일로 내려 받을 수 있습니다.

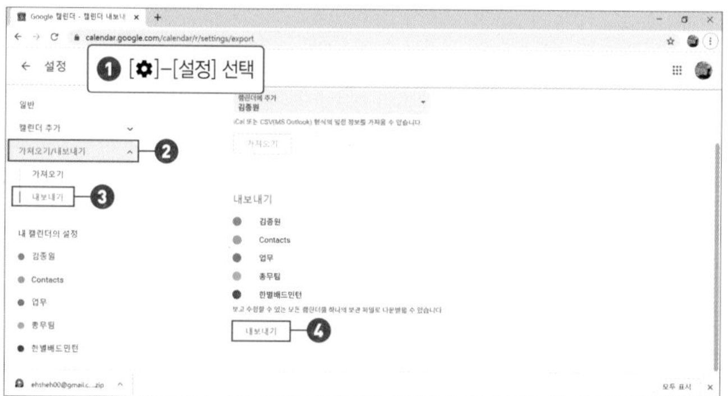


**02** 만약 전체 캘린더 중 특정 캘린더만 내보내려면 캘린더 '설정' 페이지의 메뉴에서 내보낼 캘린더를 선택한 뒤 [캘린더 내보내기]를 클릭하면 합니다.

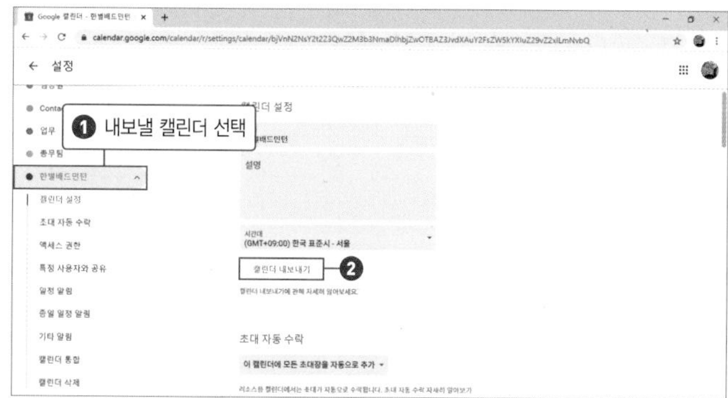

**03** 다운로드 받은 ZIP 파일의 압축을 해제하며 캘린더 ID별 ICS 파일을 확인할 수 있습니다.

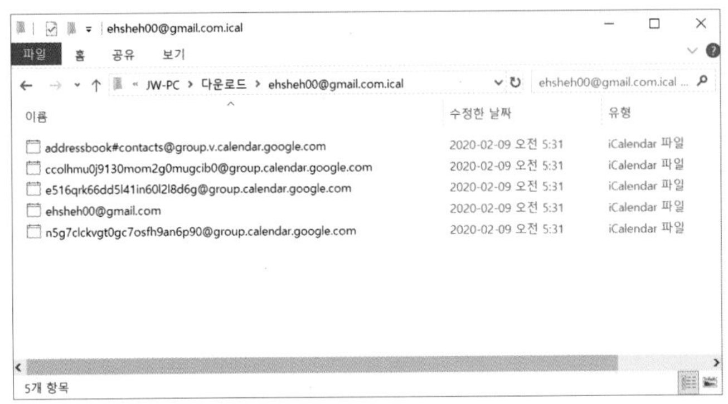


## 캘린더 가져오기

캘린더 내보내기로 다운로드 받은 ICS 파일을 사용하면 다른 Google 계정으로 원하는 캘린더를 가져올 수 있습니다. 다른 Google 계정의 캘린더를 가져오면 지금 로그인되어 있는 Google 계정의 캘린더 일정과 가져오는 캘린더의 일정이 뒤섞이기 때문에 새 캘린더를 만들어 가져오는 것이 좋습니다. 여기서는 다른 Google 계정의 캘린더를 가져오기 위해 '행정업무'라는 새 캘린더를 만들었습니다.

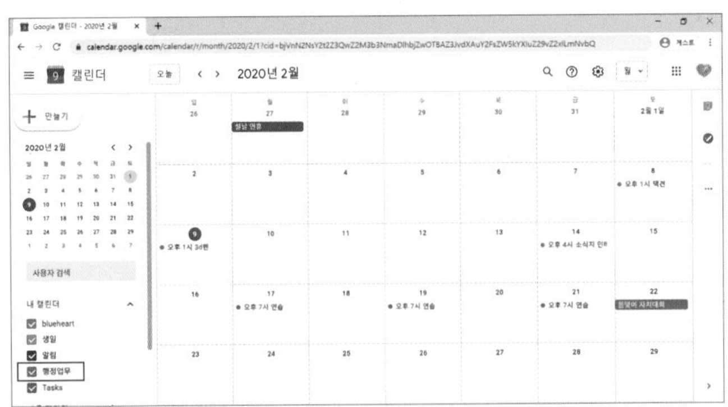


**잠깐만요**

새 캘린더를 추가하는 방법은 175쪽을 참고하세요.

**01** 캘린더 '설정' 페이지의 메뉴에서 [가져오기/내보내기]–[가져오기]–[컴퓨터에서 파일 선택]을 차례로 선택한 뒤 가져올 캘린더의 ICS 파일을 선택하고 [열기]를 클릭합니다.

**02** ICS 파일이 선택된 상태에서 [캘린더 추가]를 클릭해 일정을 가져올 캘린더를 선택한 뒤 [가져오기]를 클릭합니다.

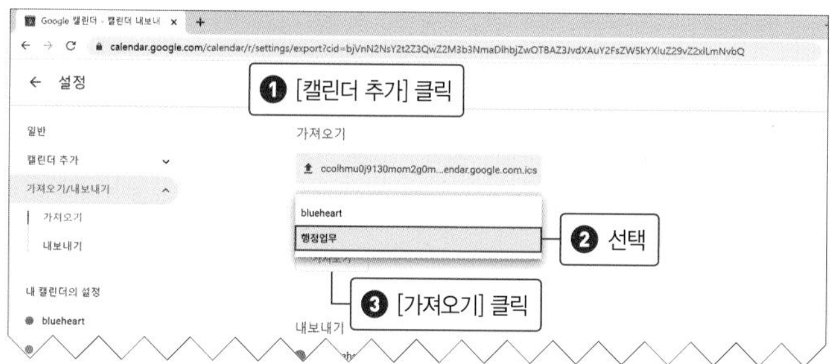


**03** 가져오기가 완료되면 캘린더 항목에서 가져온 캘린더 일정이 표시됩니다.

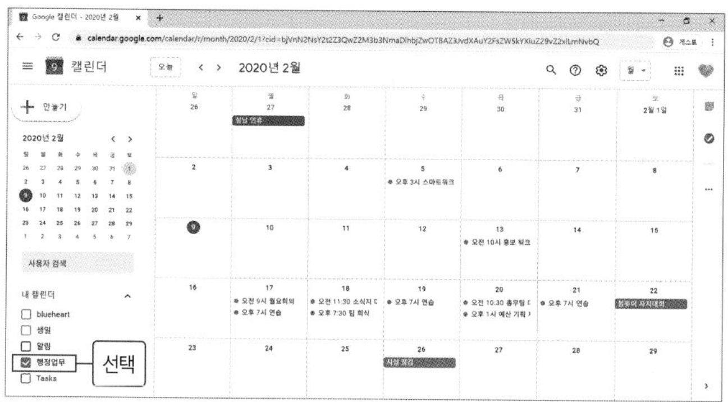

# TIP 008 일정에 참석자 추가하기

다른 사람과 함께하는 일정이 있을 경우 일정에 참석자를 추가해 보세요. 각각의 일정 별로 서로 다른 사람을 추가할 수도 있고 참석자로 추가한 사람의 참석 여부와 일정까지도 확인할 수 있습니다.

**01** 일정에 참석자를 추가하는 방법은 아주 간단합니다. 일정 입력창에 일정을 추가할 때 [참석자 추가] 항목을 클릭해 참석자로 추가할 사람의 이메일 주소를 입력한 뒤 [저장]을 클릭합니다.

**02** 일정에 추가한 참석자에게 초대 이메일을 보낼 수 있습니다. 여기서는 [보내기]를 선택했습니다.

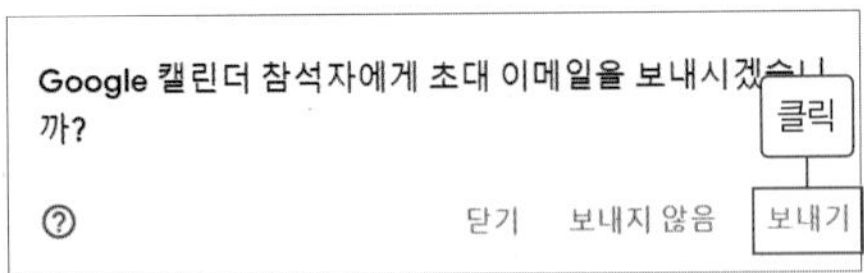


- **[닫기]** : 팝업창을 닫고 다시 일정 입력창을 표시합니다.
- **[보내지 않음]** : 초대 이메일을 발송하지 않습니다.
- **[보내기]** : 추가한 참석자에게 일정 초대 이메일을 발송합니다.

**03** 참석자는 초대 이메일의 [초대 일정]을 클릭하면 일정 내용과 함께 다른 참석자 목록을 확인하고 참여 여부를 선택할 수 있습니다.

- **[예]** : [예]를 선택하면 참석자 목록에 ✔로 표시되고 캘린더의 초대 일정 아이콘이 ◎에서 ●로 변경됩니다.
- **[아니요]** : [아니요]를 선택하면 참석자 목록에 ✖로 표시되고 캘린더의 초대 일정에는 취소선이 표시됩니다.
- **[미정]** : [미정]을 선택하면 참석자 목록에 ?로 표시되고 캘린더의 초대 일정 아이콘이 ◎에서 ⊘로 변경됩니다.

**잠깐만요**

초대한 참석자 모두가 참여 여부를 [아니요]로 선택하면 주최자의 캘린더 일정에 !가 표시됩니다.

31

Google 캘린더

# TIP 009 특정 사용자와 캘린더 공유하기

캘린더 공유는 개별 일정에 참석자를 추가해 한 개의 일정을 공유하는 것과 달리 캘린더 자체를 공유하는 것으로 여러 사람이 하나의 캘린더에 서로의 일정을 공유할 때 유용합니다.

**01** 공유할 캘린더에 마우스 커서를 올리면 표시되는 [⋮]–[설정 및 공유]를 차례로 선택합니다.

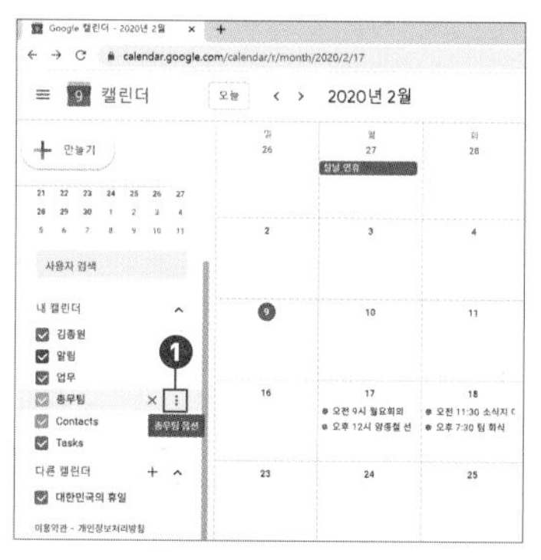


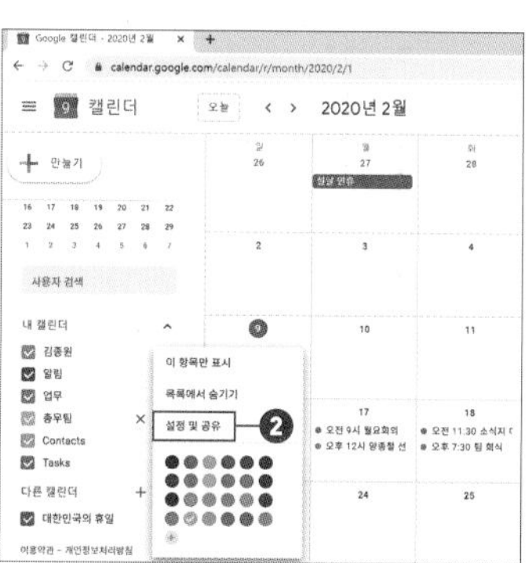

**02** 캘린더 '설정' 메뉴에서 [특정 사용자와 공유]를 선택한 뒤 [사용자 추가]를 클릭합니다.

**03** '특정 사용자와 공유' 팝업창에서는 공유할 사용자의 이메일 주소나 이름을 입력해 공유 사용자를 추가할 수 있습니다. [권한]을 클릭하면 다음 중 하나를 선택할 수 있습니다. 공유 사용자와 권한을 선택한 뒤 [보내기]를 클릭합니다. 여기서는 [일정 변경]을 선택하고 [보내기]를 클릭했습니다.

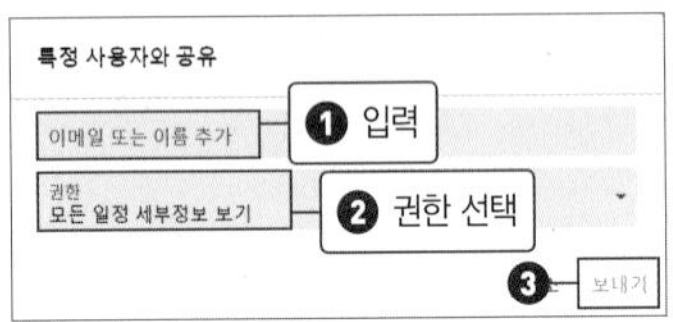


- **[한가함/바쁨 정보만 보기(세부정보는 숨김)]** : 공유 사용자의 캘린더에 일정 정보를 표시하는 대신 한가함/바쁨 등의 정보만 표시됩니다.
- **[모든 일정 세부정보 보기]** : 공유 사용자는 일정과 세부정보를 확인할 수 있지만 일정을 변경하거나 삭제할 수는 없습니다.
- **[일정 변경]** : 공유 사용자는 일정과 세부정보를 확인할 수 있습니다. 또한 공유 사용자가 일정을 변경하거나 삭제 또는 삭제한 일정을 복원할 수 있습니다.
- **[변경 및 공유 관리]** : 공유 사용자는 일정과 세부정보를 확인할 수 있습니다. 또한 공유 사용자가 일정을 변경하거나 삭제 또는 삭제한 일정을 복원할 수 있고 공유 캘린더의 공유 설정까지 변경할 수 있습니다.

**04** 공유 설정이 완료되면 '특정 사용자와 공유' 항목에 캘린더를 공유하는 사용자 계정과 권한이 표시됩니다. 공유 목록의 [×]를 클릭하면 해당 사용자를 공유에서 제외할 수 있고 각각의 권한을 클릭해 권한 설정을 변경할 수 있습니다. 설정 내용을 확인한 뒤 [←]를 클릭하면 설정이 저장됩니다.

**05** 추가한 공유 사용자에게는 캘린더 공유 메일이 발송됩니다. 캘린더 공유 메일의 [이 캘린더를 추가]를 클릭합니다.

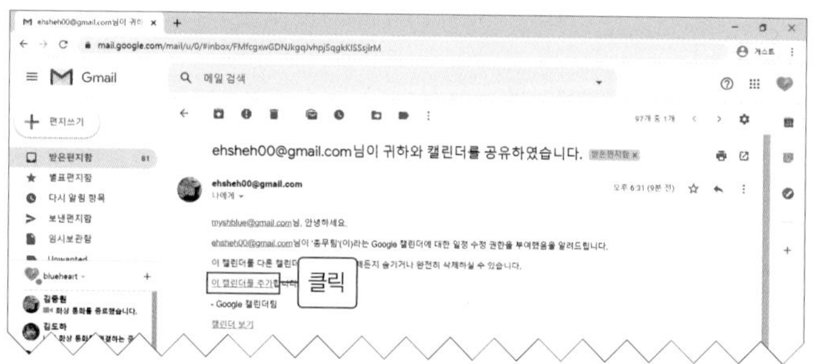


**06** '캘린더 추가' 팝업창의 [추가]를 클릭하면 공유 사용자의 캘린더에 공유 캘린더가 표시됩니다.

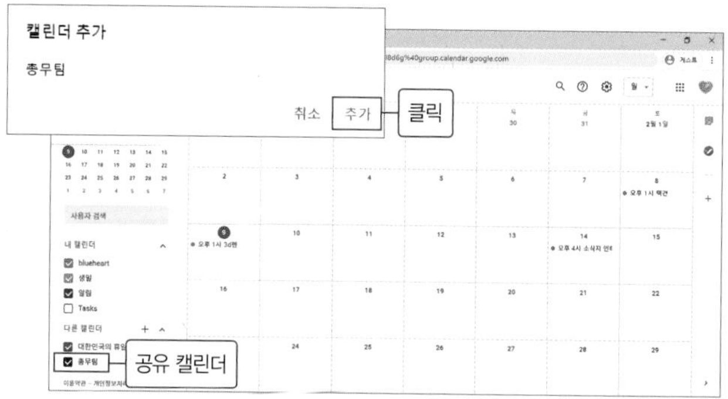

**07** 캘린더가 공유된 상태에서 일정을 추가하며 공유 캘린더를 선택하면 일정을 공유할 수 있습니다.

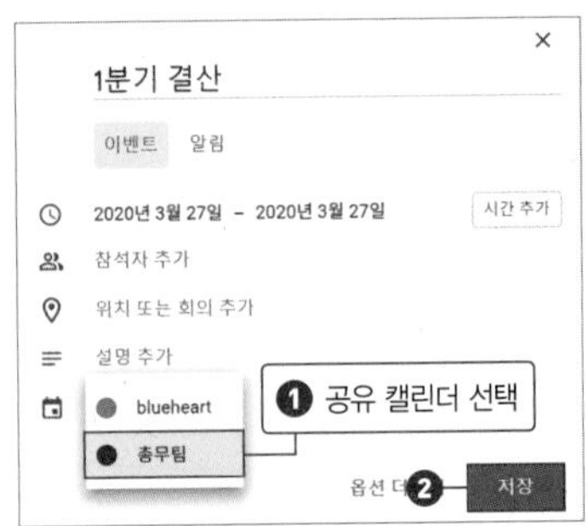


**08** 공유 캘린더에 추가한 일정은 캘린더 소유자와 공유 사용자가 함께 확인할 수 있습니다.

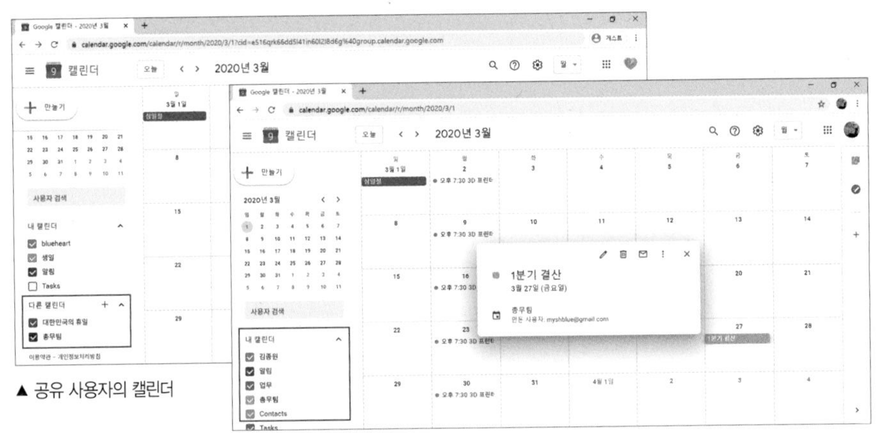


▲ 공유 사용자의 캘린더

▲ 공유 캘린더 소유자의 캘린더

**잠깐만요**

공유 캘린더의 소유자는 '내 캘린더'에 공유 캘린더가 표시되고 공유 사용자는 '다른 캘린더'에 공유 캘린더가 표시됩니다.

### Google⁺ | 참석자와 공유 사용자의 일정 삭제

캘린더로 일정을 공유하는 방법에는 크게 두 가지가 있습니다. 하나는 참석자를 추가해 일정을 공유하는 것이고 또 다른 방법은 공유 캘린더로 일정을 공유하는 것인데요. 만약 일정에 참석자로 추가된 사용자가 공유된 일정을 삭제할 경우 첨석자의 캘린더에서만 일정이 삭제되지만 캘린더를 공유하는 경우 공유 캘린더의 일정을 삭제하면 해당 캘린더를 공유하는 다른 사용자의 캘린더에서도 일정이 삭제되기 때문에 주의해야 합니다.

# TIP 010 캘린더 공개 및 게시하기

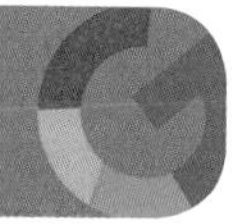

일정에 참석자를 추가하거나 캘린더를 공유하는 방법 외에 불특정 다수에게 캘린더를 공개하거나 웹사이트의 게시 글 등으로도 캘린더를 공유할 수 있습니다.

## 캘린더 공개하기

캘린더를 URL로 공개하면 캘린더의 URL을 받은 사람 누구나 캘린더의 일정을 확인할 수 있습니다. 이렇게 공개하는 캘린더는 캘린더 소유자만 일정을 추가하거나 수정할 수 있습니다.

**01** 공개할 캘린더에 마우스 커서를 올리면 표시되는 [⋮]–[설정 및 공유]를 차례로 선택합니다.

**02** 메뉴에서 [엑세스 권한]을 선택한 뒤 [공개 사용 설정]를 클릭하여 체크를 표시합니다.

**잠깐만요**

누구나 일정을 확인할 수 있다는 팝업창이 표시되면 [확인]을 클릭합니다.

**03** [공개 사용 설정] 아래의 [공유 가능한 링크 받기]를 클릭하면 '공유 가능한 내 캘린더 링크' 팝업창에 공개 캘린더의 링크가 표시됩니다. 팝업창의 [링크 복사]를 클릭해 공개 캘린더의 링크를 메일이나 웹사이트 등에 공유할 수 있습니다.

**04** 공개 캘린더의 링크를 받은 사용자가 링크를 클릭하면 '캘린더 추가' 팝업창이 표시됩니다. 팝업창의 [추가]를 클릭하면 해당 캘린더가 Google 캘린더에 추가되고 공개한 캘린더의 일정을 확인할 수 있습니다.

**05** 이렇게 추가한 공개 캘린더는 '다른 캘린더'에서 확인할 수 있습니다.

## 캘린더 게시하기

이번에는 캘린더를 웹사이트에 게시하는 방법에 대해 알아보겠습니다. 이렇게 게시하는 캘린더는 공유 캘린더와 같이 캘린더의 소유자만 일정을 추가하거나 수정할 수 있습니다. 또한 캘린더의 소유자가 일정을 추가하거나 수정하면 게시한 캘린더의 일정도 자동으로 수정됩니다.

**01** 게시할 캘린더에 마우스 커서를 올리면 표시되는 [⋮]–[설정 및 공유]를 차례로 선택합니다.

**02** 메뉴에서 [엑세스 권한]을 선택한 뒤 [공개 사용 설정]를 클릭하여 체크를 표시합니다.

**03** 페이지 스크롤을 아래로 내려 '액세스 권한' 항목 중 '캘린더 통합'의 [맞춤설정]을 클릭합니다.

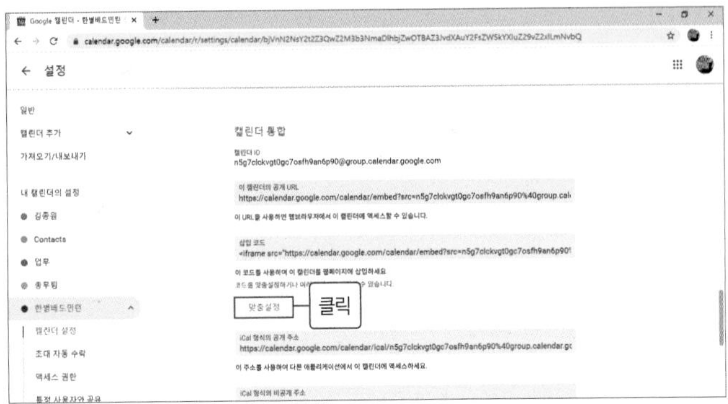


**04** 새 탭에 게시할 캘린더의 미리보기가 표시됩니다. 메뉴에서 캘린더 제목이나 게시할 캘린더 목록, 크기 등과 캘린더에 표시할 일정 색상 등을 설정할 수 있습니다.

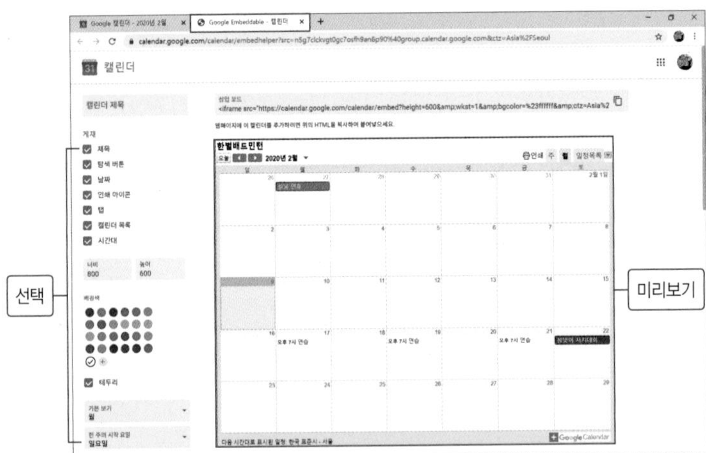

**05** 설정을 변경한 뒤 미리보기 위의 [⧉]를 클릭하면 게시할 캘린더의 HTML 소스가 복사됩니다. 복사한 HTML 소스를 웹사이트 게시글에 붙여 넣으면 캘린더를 웹사이트에 게시할 수 있습니다.

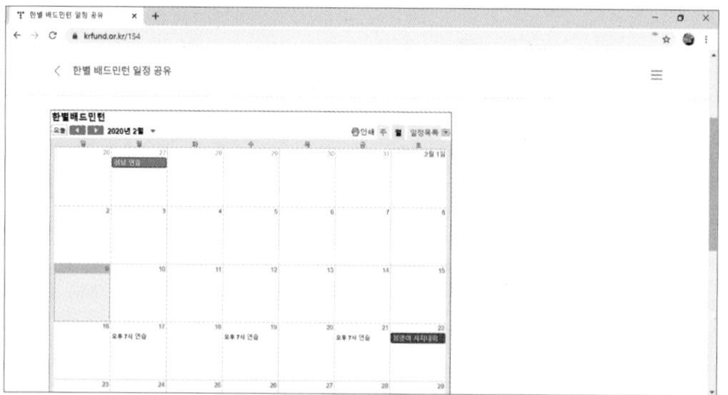

## TIP 011 Google 캘린더 확장 프로그램

Google 캘린더의 Chrome 확장 프로그램을 설치하면 Google 캘린더로 이동하지 않고도 일정을 확인하고 추가할 수 있습니다.

**01** Google에서 “캘린더 확장 프로그램”을 검색한 뒤 [Google 캘린더 – Google Chrome]을 클릭합니다.

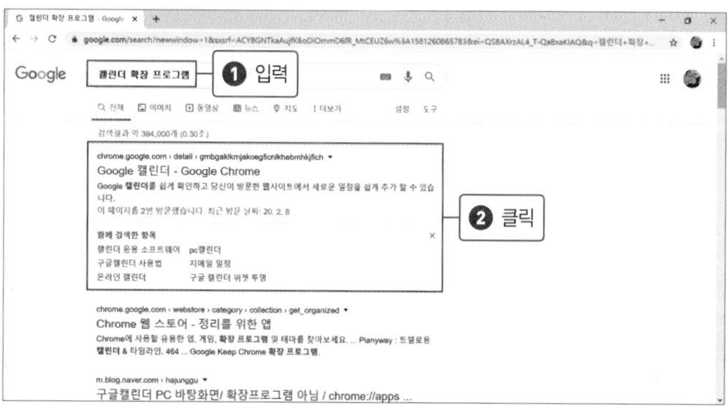

**02** Chrome 웹 스토어의 [Chrome에 추가]를 클릭하면 바로 확장 프로그램을 설치할 수 있습니다. 팝업창이 표시되면 [확장 프로그램 추가]를 클릭합니다.

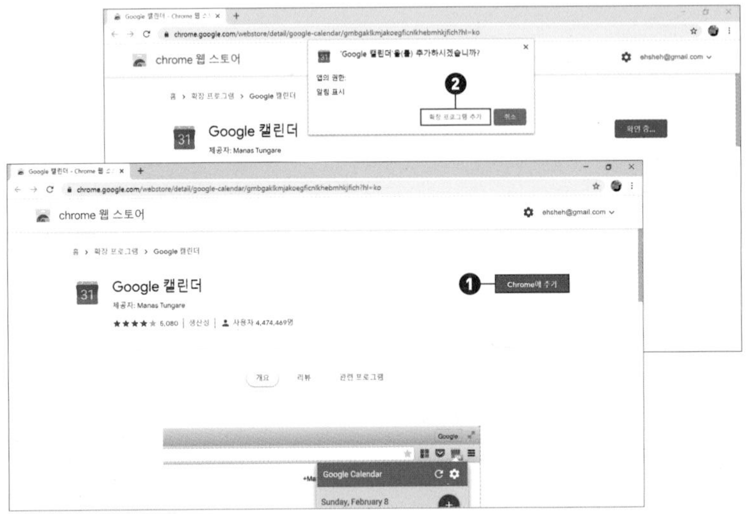


**03** 확장 프로그램 설치가 완료되면 주소 표시줄 옆에 표시되는 [ ]아이콘을 클릭해 Google 캘린더 페이지로 이동하지 않고도 일정을 확인하고 추가할 수 있습니다.

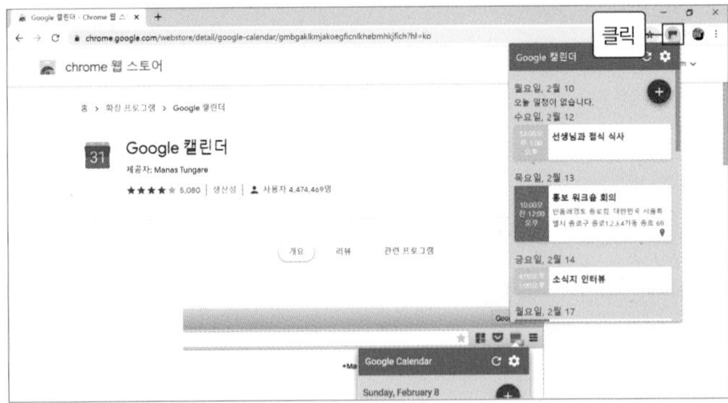

## Google+ | Google 캘린더 단축키

Google 캘린더 단축키를 사용하면 조금 더 편리하게 Google 캘린더를 사용할 수 있습니다. 전체 Google 캘린더의 단축키는 Google 캘린더에서 Shift+/ 키를 누르면 확인할 수 있습니다.

| 작업 | 단축키 |
| --- | --- |
| 오늘 날짜로 이동 | T |
| 검색창으로 커서 이동 | / |
| 설정 페이지로 이동 | S |
| 특정 날짜로 이동 | G |
| 일별 일정 보기 | 1 또는 D |
| 주간 일정 보기 | 2 또는 W |
| 월간 일정 보기 | 3 또는 M |
| 사용자 설정 보기 | 4 또는 X |
| 일정 목록 보기 | 5 또는 A |
| 새 일정 추가하기 | C |

# Google 계정 관리

생산성 높이기

Google 계정 관리에서는 프로필 이미지나 보안 관리 등과 같은 기본적인 계정 설정 외에도 데이터 백업, 활동 기록, 기기 관리, 타임라인 기록 등 Google에서 활동한 내용을 확인하고 또 관리할 수 있습니다. 나에게 최적화된 Google을 사용하기 위해서는 살펴야 하는 설정입니다.

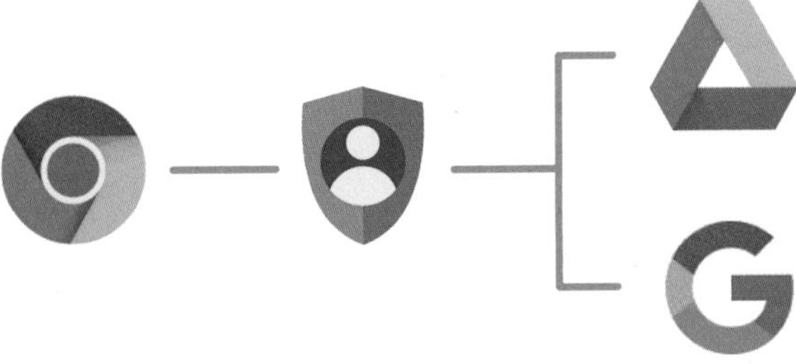

계정 만들기 193쪽 | 계정 추가 196쪽 | 프로필 수정 196쪽 | 활동 제어 201쪽
위치 정보 205쪽 | 보안 강화 206쪽 | 기기 관리 209쪽 | 대시보드 211쪽

# TIP 001 Google 계정 만들기

Google의 다양한 서비스를 최대한 활용하려면 Google 계정이 필요합니다. 만약 이미 Google 계정이 있더라도 새로운 계정을 만들어 개인용, 업무용 등 다양한 용도로 구분해 사용할 수 있습니다.

**01** Google(www.google.com)로 이동한 뒤 [로그인]을 클릭합니다.

**잠깐만요**

이미 로그인이 되어 있는 상태라면 [프로필] – [다른 계정 추가]를 선택하면 됩니다.

**02** 로그인 창 아래의 [계정 만들기] – [본인 계정]을 선택합니다.

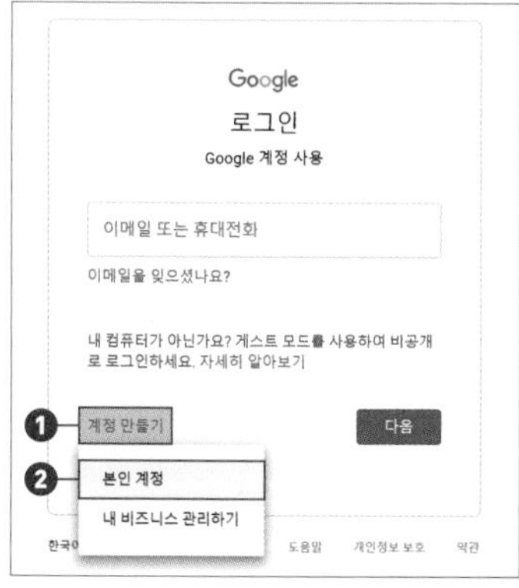


**잠깐만요**

[내 비즈니스 관리하기]를 선택하면 Google에서 내 비즈니스를 지원하는 데 도움이 되는 맞춤 제품을 추천 받을 수 있습니다.

**03** 사용자의 이름, 비밀번호, 계정(ID)을 입력하고 [다음]을 클릭합니다.

**04** 인증을 위해 전화번호를 입력한 뒤 [다음]을 클릭하면 휴대전화의 문자로 보안코드가 발송됩니다. 보안코드를 입력한 뒤 [다음]을 클릭합니다.

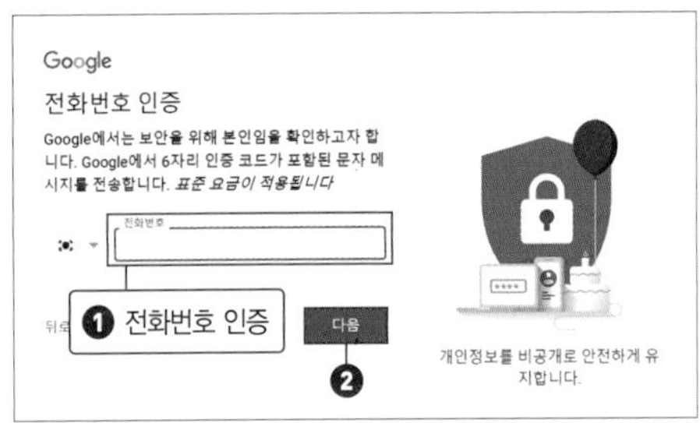


**05** 복구 이메일 주소와 생일, 성별을 입력한 뒤 [다음]을 클릭합니다.

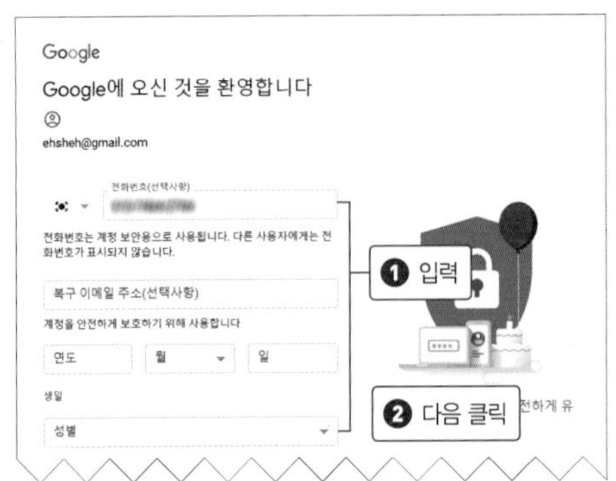


**잠깐만요**

현재 만들고 있는 계정의 비밀번호를 분실했을 때 '복구 이메일 주소'에 입력한 이메일 주소로 비밀번호 복구나 본인인증을 위한 코드 등이 발송됩니다.

**06** 계정에 전화번호를 추가하면 다양한 Google 서비스에서 사용할 수 있습니다. [예]를 클릭합니다.

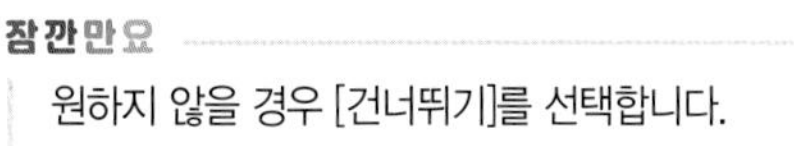


**07** 약관의 내용을 확인한 동의를 체크한 뒤 [계정 만들기]를 클릭합니다.

**08** 계정 만들기가 완료되면 Google 첫 화면이 표시되고 새로 만든 계정으로 자동 로그인 됩니다.

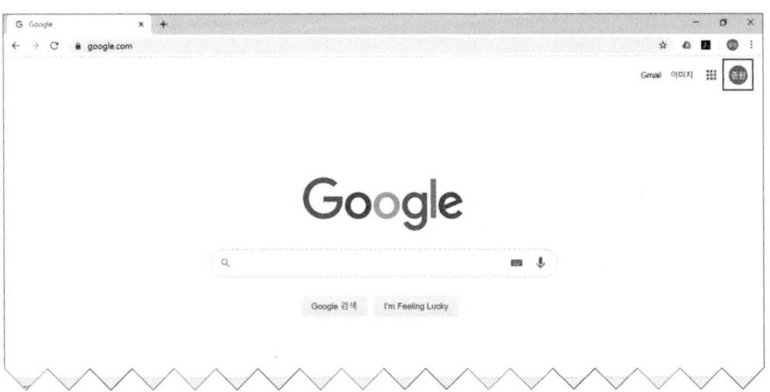

## TIP 002 여러 계정 추가하기

여러 개의 Google 계정을 개인용, 업무용 등으로 구분해 상황에 따라 수시로 변경하며 사용해야 한다면 계정을 추가해 용도에 따라 계정을 전환하며 사용해보세요.

**01** Google 첫 화면의 [프로필]-[다른 계정 추가]를 선택합니다.

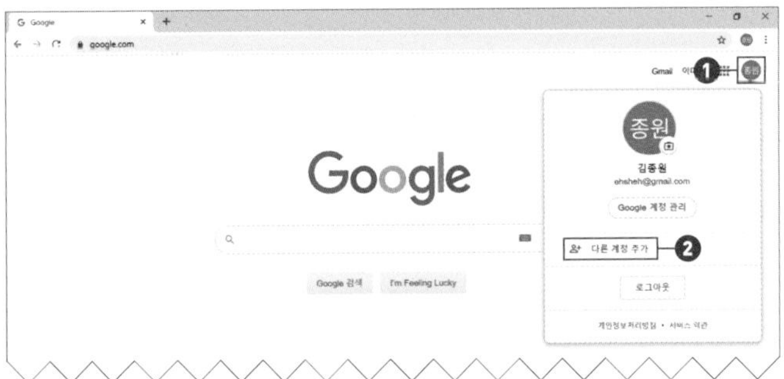


**02** '로그인' 팝업창이 표시되면 추가하고 싶은 계정으로 로그인한 뒤 [다음]을 클릭합니다.

**03** 추가할 계정으로 로그인 한 후 [프로필]을 클릭하면 두 개의 계정이 등록된 것을 확인할 수 있습니다. 이제부터 원하는 계정을 클릭하면 계정이 전환됩니다.

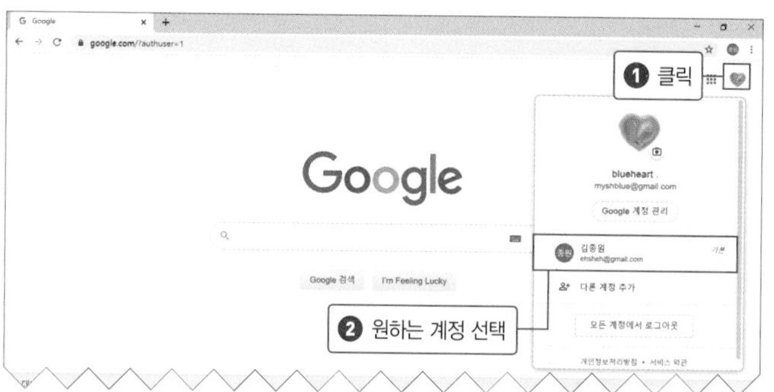


**잠깐만요**

여러 계정을 추가한 경우 각각의 계정마다 설정이 다르기 때문에 자동 로그인이 되지 않거나 웹사이트가 제대로 표시되지 않을 수 있습니다. 이럴 땐 현재 로그인 되어 있는 사용자 계정을 확인해보세요.

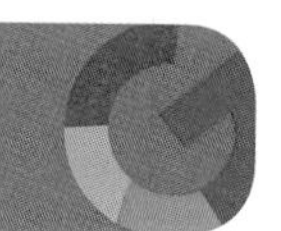



## TIP 003 Google 계정 관리 살펴보기

Google 계정 관리에서는 사용자 계정의 모든 것을 확인하고 설정을 변경할 수 있습니다. Google 계정 관리의 메뉴에서 원하는 항목을 선택하면 해당 항목에 대한 자세한 내용을 확인할 수 있습니다.

**01** Google 첫 화면의 [프로필]–[Google 계정 관리]를 선택하면 Google 계정 관리 페이지로 이동합니다.

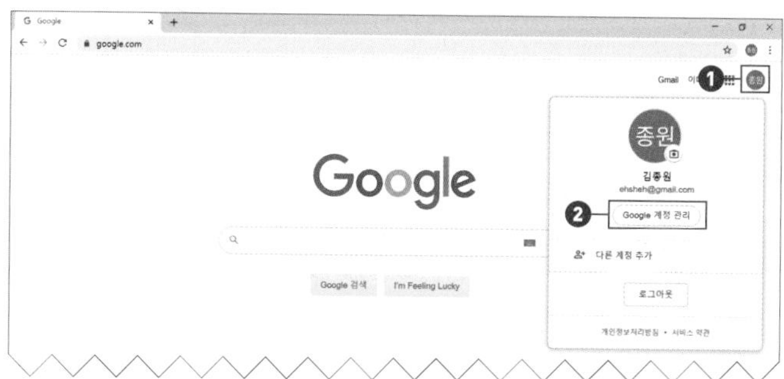

**02** 여기서는 전체 계정 관리 항목 중 유용한 항목에 대해서만 알아보겠습니다.

**잠깐만요**

Google의 거의 모든 서비스는 사용자의 해상도에 따라 달라지는 반응형 웹사이트로 메뉴의 위치가 그림과 다를 수 있습니다.

❶ **[홈]** : 계정 정보, 개인정보 보호 및 보안 설정 등 Google 계정의 전반적인 정보를 확인할 수 있습니다.

❷ **[개인정보]** : 이름이나 프로필 이미지 등 Google 서비스에서 사용하는 개인 정보를 확인하고 수정할 수 있습니다. Google 계정 프로필을 수정하는 방법은 199쪽을 확인하세요.

❸ **[데이터 및 맞춤설정]** : Google은 사용자의 각종 활동 내역을 저장해 사용자 맞춤 정보를 제공합니다. 사용자에게 맞춤 정보를 제공하기 위해 저장하는 데이터를 확인하고 수정하는 방법은 201쪽, 사용하고 있는 Google 계정에 저장된 데이터를 확인할 수 있는 대시보드에 대한 내용은 211쪽을 참고하세요.

❹ **[보안]** : Google 계정을 안전하게 보호하기 위한 권장사항을 확인하고 설정을 변경할 수 있습니다. 계정의 보안을 강화할 수 있는 2단계 인증에 대한 내용은 206쪽을 참고하세요.

❺ **[사용자 및 공유]** : 연락처나 공유 정보 등 다양한 Google 서비스에 표시되는 개인 정보를 확인하고 수정할 수 있습니다.

❻ **[결제 및 구독]** : Google 유료 서비스 사용을 위한 결제 수단을 확인하고 변경하거나 구독 중인 Google 유료 서비스를 확인할 수 있습니다.

# TIP 004 Google 계정 관리 ①프로필 수정하기

여러 개의 Google 계정을 사용할 경우 프로필을 수정해 각각의 계정을 구분할 수 있습니다. 프로필은 다른 사람과 소통하거나 콘텐츠를 공유할 때 표시됩니다.

**01** Google 계정 관리의 메뉴에서 [개인 정보]를 선택하면 지금 로그인 된 Google 계정의 개인 정보를 확인하고 수정할 수 있습니다. 여기서는 프로필 이미지를 변경하는 방법에 대해 알아보겠습니다. [개인정보]–'프로필'의 [사진]을 클릭합니다.

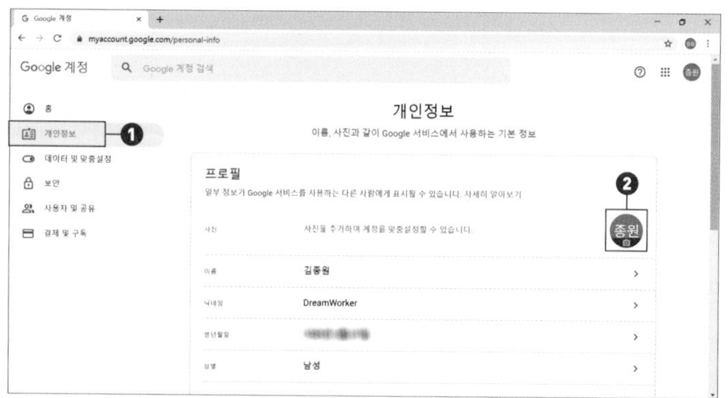


**잠깐만요**

이름, 닉네임, 생년월일, 성별, 비밀번호 등 각 항목을 클릭하면 정보를 확인하고 수정할 수 있습니다.

**02** '프로필 사진 선택' 팝업창이 표시되면 프로필로 사용할 이미지를 선택해 업로드할 수 있습니다. [컴퓨터에서 사진 선택]을 클릭합니다.

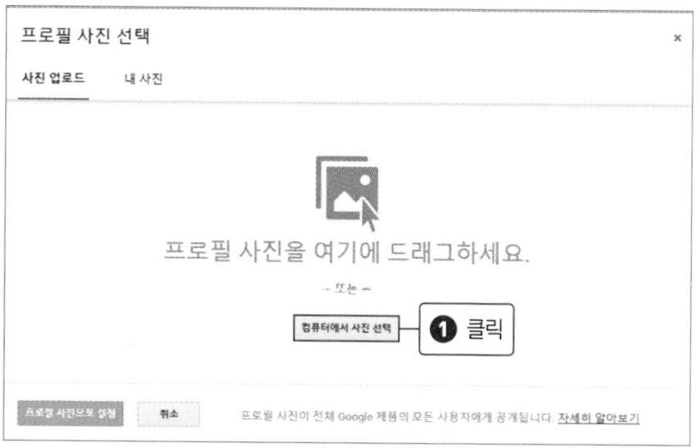

**03** 컴퓨터에서 프로필로 사용할 이미지를 선택한 후 [열기]를 클릭합니다.

**04** 선택한 이미지 중 프로필로 사용할 영역을 지정합니다. 마우스로 조절점을 드래그하여 원하는 영역을 지정한 뒤 [프로필 사진으로 설정]을 클릭합니다.

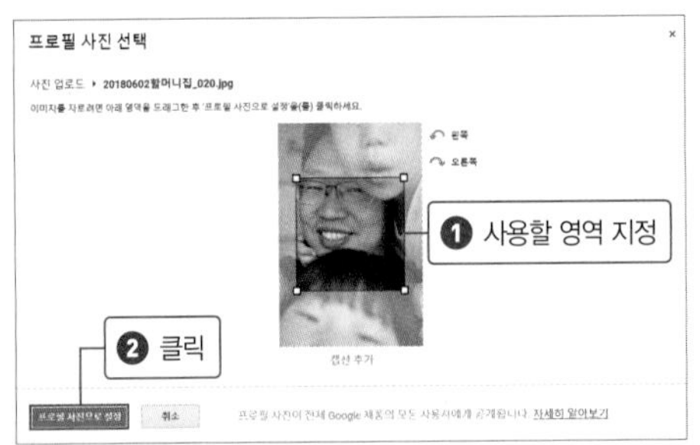


**잠깐만요**

[왼쪽], [오른쪽]을 클릭해 이미지를 회전시킬 수 있습니다.

**05** 다시 Google 계정 관리 페이지로 돌아오면 프로필 이미지가 변경된 것을 확인할 수 있습니다. Google 계정 관리 페이지의 프로필 이미지는 바로 변경되지만 화면 오른쪽 위에 표시되는 프로필 이미지는 변경되는데 시간이 소요됩니다.

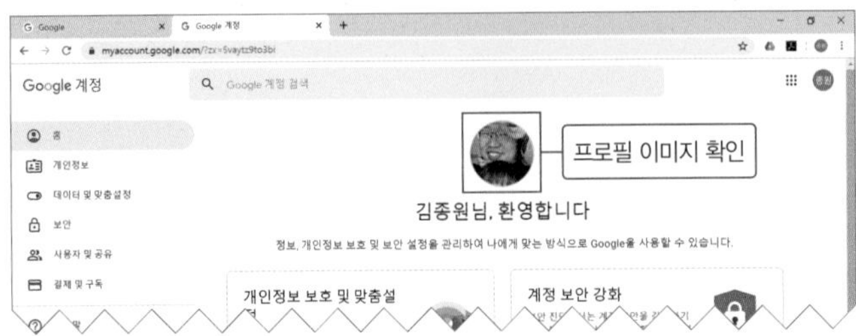

# TIP 005 Google 계정 관리 ②활동 제어와 기록

Google 계정 관리의 데이터 및 맞춤설정에서는 각종 Google 서비스를 사용하면서 기록된 모든 데이터를 확인, 관리, 백업할 수 있습니다.

## 활동 제어

Google 계정 관리의 메뉴에서 [데이터 및 맞춤설정]를 선택하면 각종 Google 서비스를 사용하며 저장한 위치 정보, YouTube 시청 내역 등의 활동 기록을 확인하고 관리할 수 있습니다. 만약 활동 기록 저장을 원하지 않는다면 설정을 변경할 수도 있습니다.

'활동 제어'에서는 [웹 및 앱 활동], [위치 기록], [YouTube 기록]을 설정하고 각 항목을 살펴볼 수 있습니다. 각 기록 유형은 구체적으로 다음의 내용을 기록합니다.

- **[웹 및 앱 활동]** : 위치 정보를 포함한 각종 Google 서비스와 앱 등의 활동을 저장해 개인에게 맞춤 설정된 사용환경을 제공합니다.
- **[위치 기록]** : 위치 정보를 저장해 맞춤 설정된 추천 정보 등을 제공합니다.
- **[YouTube 기록]** : YouTube 동영상 시청 및 검색 기록을 저장해 맞춤 동영상을 추천하고, 시청을 중단한 지점을 기억해 이어 보기 기능 등을 제공합니다.

**01** 활동 기록 저장을 원하지 않는다면 해당 항목의 활동 기록을 중단할 수 있습니다. 여기서는 웹 및 앱 활동 기록을 중단해보겠습니다. '활동 제어' 항목에서 [웹 및 앱 활동]을 선택합니다.

**02** [웹 및 앱 활동] 항목의 [ ]을 클릭하면 '웹 및 앱 활동을 일시중지하시겠습니까?'라는 대화상자가 표시됩니다. 대화상자 아래의 [일시중지]를 클릭하면 대화상자가 닫히고 [ ]가 [ ]로 바뀝니다. 이제부터 웹 및 앱 활동을 저장하지 않습니다.

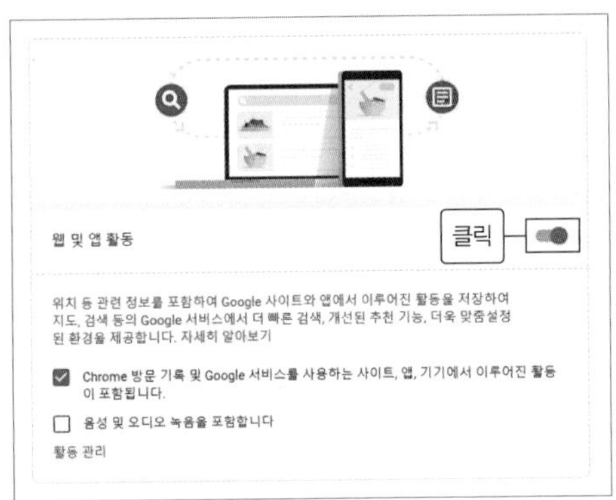

**잠깐만요**

다시 웹 및 앱 활동 내역을 저장하려면 [ ]를 클릭하면 표시되는 대화상자 아래의 [사용]을 클릭하세요.

## 활동 및 타임라인

**01** '활동 및 타임라인'에서는 Google 계정으로 활동한 거의 모든 기록을 확인할 수 있습니다. 내 활동을 확인하려면 Google 계정 관리의 메뉴에서 [데이터 및 맞춤설정]을 선택한 후 '활동 및 타임라인'의 [내 활동]을 선택합니다.

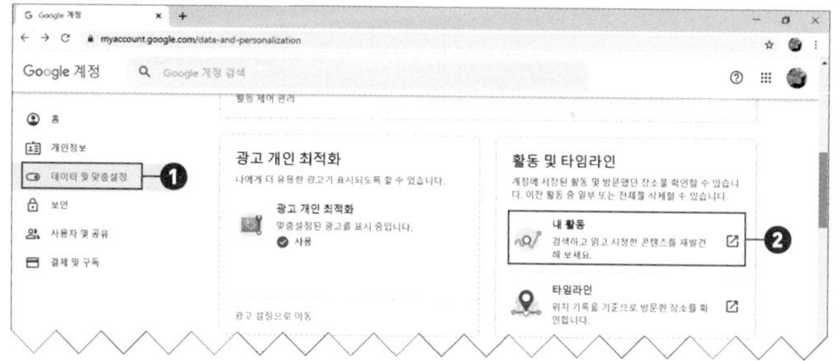


**02** 그동안 방문했던 웹사이트가 그룹으로 묶여 시간의 역순으로 표시됩니다. 각 그룹 아래의 [항목 ## 더보기]를 클릭하면 자세한 방문 기록을 확인할 수 있습니다. 메뉴에서 [항목 보기]를 선택하면 방문한 웹페이지가 시간의 역순으로 표시됩니다.

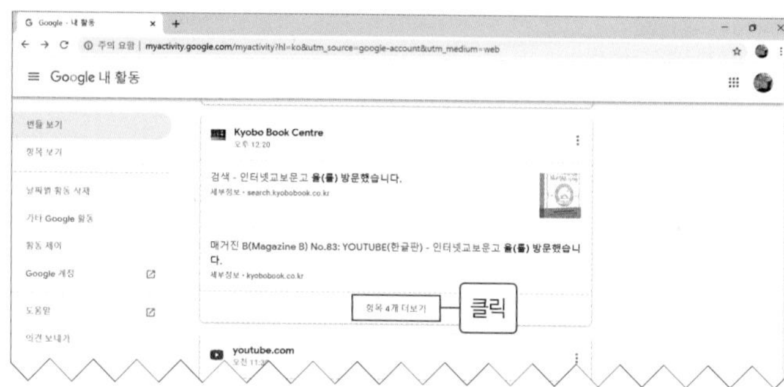


**03** 내 활동 페이지의 '활동 검색' 창에 검색어를 입력하면 검색어가 포함된 앱이나 웹사이트가 표시됩니다. 검색창 아래의 [+날짜 및 제품별로 필터링]을 클릭하면 원하는 기간과 Google 서비스를 선택해 활동 내역을 확인할 수도 있죠.

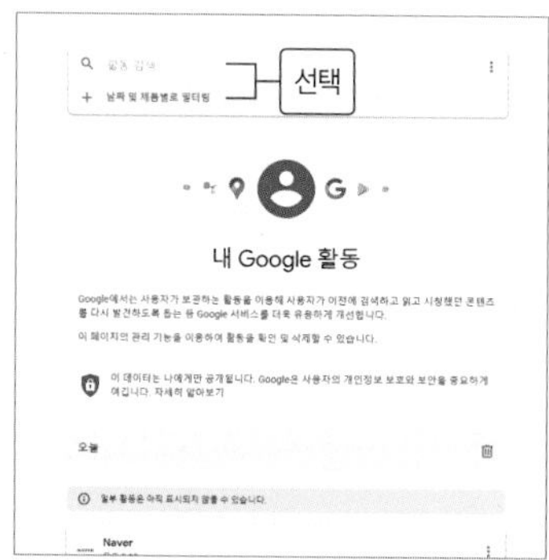

**04** 활동 내역 중 삭제하고 싶은 항목이 있다면 삭제할 항목의 [⋮]–[삭제]를 차례로 선택한 뒤 '삭제 완료' 팝업창의 [확인]을 클릭하면 됩니다.

**05** 메뉴에서 [기타 Google 활동]을 선택하면 더 많은 Google 서비스의 활동 내역을 확인할 수 있습니다. 지금 로그인된 Google 계정으로 시청한 YouTube 영상이나 '좋아요'를 표시한 영상, 또는 댓글을 작성한 영상 등을 한번에 확인할 수 있죠. 페이지 스크롤을 내려 'YouTube 동영상 댓글 항목'의 [댓글 보기]를 클릭합니다.

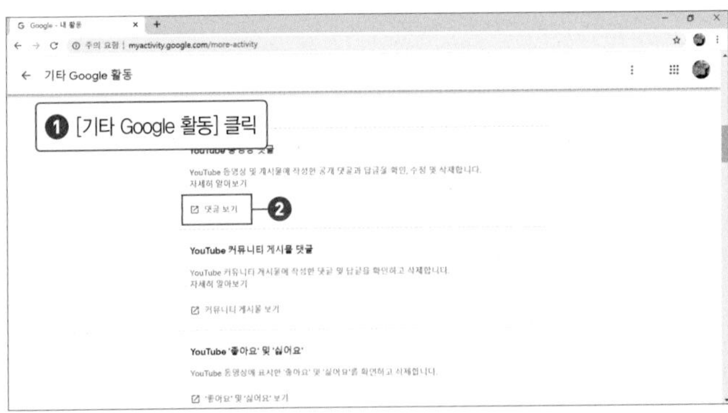

**06** 지금까지 YouTube 영상에 작성한 댓글이 표시됩니다. 오른쪽의 '기록 유형' 항목에서 원하는 기록을 선택하면 해당 유형의 기록을 한번에 확인할 수 있습니다.

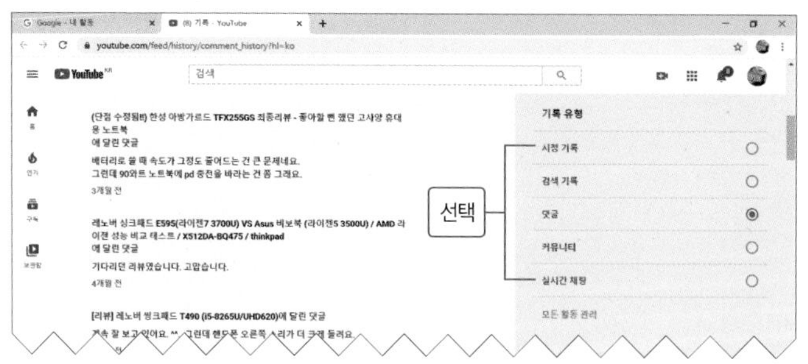




##  Google+ | 타임라인에서 내 위치 정보 확인하기

데이터 및 맞춤설정에 저장되는 위치 정보는 Google 지도의 타임라인에서 확인할 수 있습니다. 타임라인을 확인하려면 Google 계정 페이지의 메뉴에서 [데이터 및 맞춤설정]를 선택한 뒤 '활동 및 타임라인' 항목의 [타임라인]을 선택하면 됩니다. 아쉽게도 타임라인은 Android OS를 사용하는 스마트폰에서만 사용할 수 있습니다.

Google 지도와 함께 내가 다녔던 곳의 위치가 빨간 점으로 표시됩니다. 왼쪽의 그래프에는 최근 이동 지점의 개수가 날짜 별 그래프로 표시한 것입니다. Google 지도 타임라인은 비공개 정보로 사용자만 확인할 수 있으니 안심하세요. 지도의 빨간 점을 더블클릭하거나 왼쪽 타임라인의 날짜를 선택하면 해당 시기의 자세한 동선을 확인할 수 있습니다.

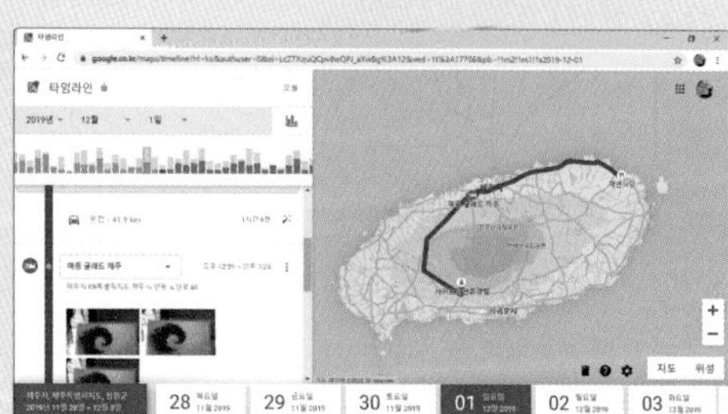

# TIP 006 Google 계정 관리 ③보안 강화하기

2단계 인증을 사용하면 휴대전화로 인증을 거친 뒤 로그인을 할 수 있어 다른 사용자가 내 Google 계정의 비밀번호를 알게 되었다 하더라도 로그인을 할 수 없습니다.

## 2단계 인증 사용하기

2단계 인증을 사용하면 Google 계정으로 로그인할 때 Google 메시지나 휴대전화 문자로 전송되는 보안코드를 입력하거나 통화로 인증을 해야 하기 때문에 Google 계정의 보안을 강화할 수 있습니다.

**01** 계정 관리 메뉴에서 [보안]을 선택한 후 'Google에 로그인'의 [2단계 인증]을 선택합니다.

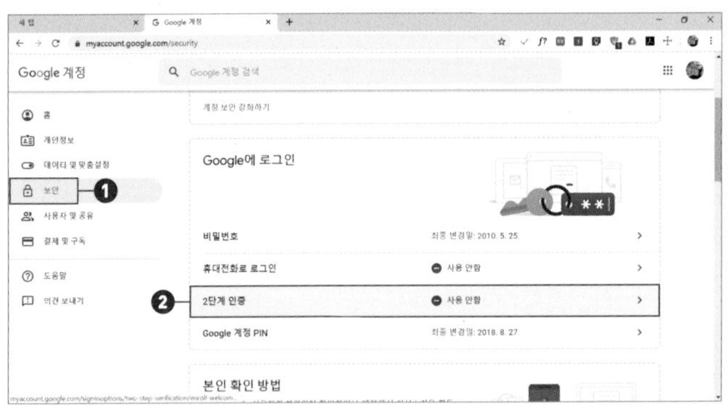


**02** 2단계 인증에 대한 설명을 확인한 후 [시작하기]를 클릭합니다.

**잠깐만요**

중요 설정을 변경하는 것으로 다시 로그인해야 합니다.

**03** 2단계 인증에 사용할 수 있는 휴대전화가 표시됩니다. 만약 보안키나 문자 메시지 또는 음성 통화로 인증을 하려면 [다른 옵션 선택]을 클릭해 원하는 인증 방식을 선택하면 됩니다. 인증에 사용할 휴대전화가 표시되면 [지금 시도하기]를 클릭합니다.

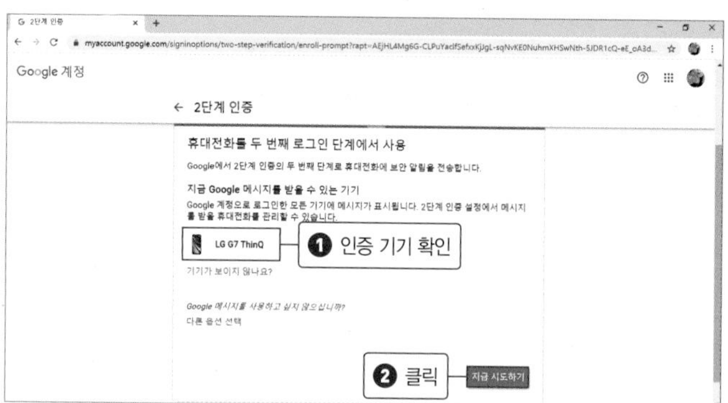


**잠깐만요**

인증에 사용할 기기가 표시되지 않는다면 [기기가 보이지 않나요?]를 클릭하여 기기 등록 방법을 확인하세요.

**04** 휴대전화로 전송된 메시지를 확인한 뒤 [예]를 터치합니다.

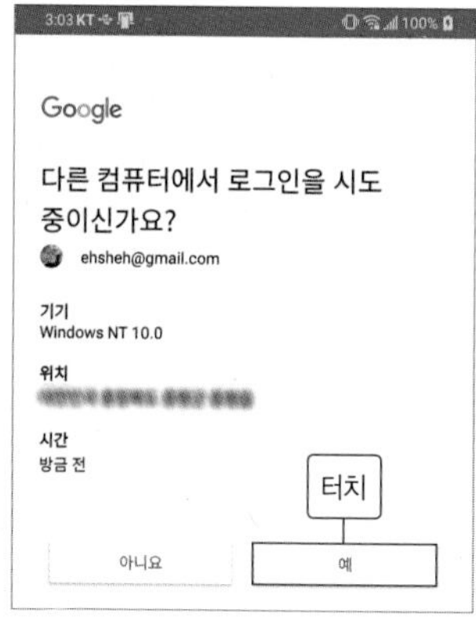


▲ 휴대전화로 전송된 메세지

**잠깐만요**

사용하는 휴대전화에 따라 인증 방법이 다를 수 있습니다.

**05** 2단계 인증을 사용할 수 없는 상황에서 로그인할 수 있도록 백업 옵션을 추가합니다. 인증에 사용할 휴대전화와 전화번호를 입력한 후 [보내기]를 클릭합니다.

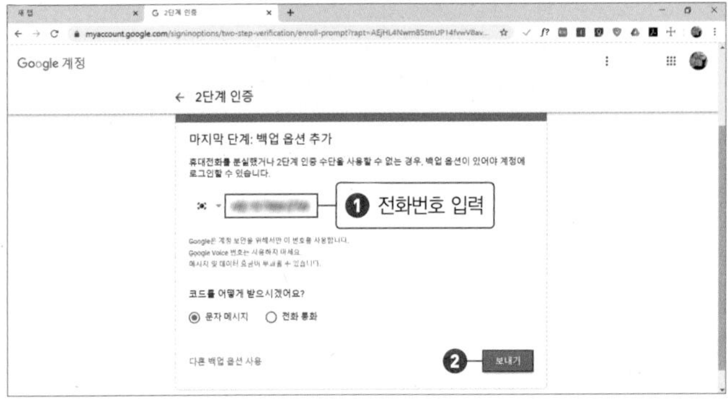


**06** 휴대전화로 전송된 코드를 입력한 후 [다음]을 클릭하면 2단계 인증 설정에 대한 정보가 표시됩니다. [사용 설정]을 클릭합니다.

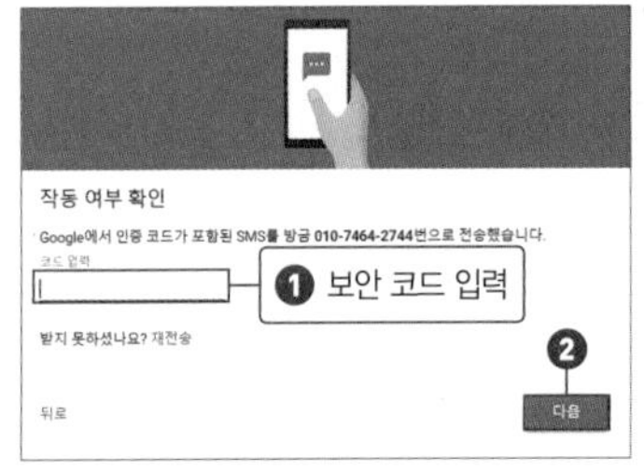


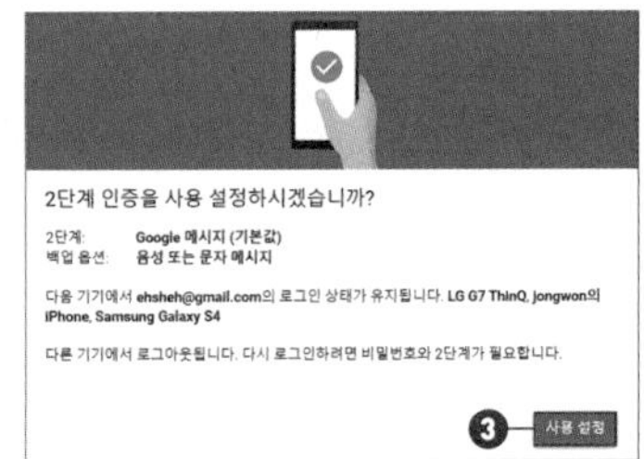


**07** 2단계 인증 설정이 완료되면 자동으로 로그아웃됩니다. 이제부터 Google에 로그인할 때마다 휴대전화를 통한 인증을 거쳐야 로그인을 할 수 있습니다.

 Google+ | 보안은 신경 쓰이지만 번거롭다면?

2단계 인증으로 로그인한 컴퓨터를 신뢰할 수 있다면 [이 컴퓨터에서 다시 요청하지 않음]을 선택해 지금 로그인한 컴퓨터에 대한 2단계 인증을 반복하지 않을 수 있습니다.

## 내 기기 관리하기

Google 계정으로 로그인한 컴퓨터에는 계정 정보가 계속 남아 컴퓨터를 껐다 다시 켜더라도 로그인 상태가 유지됩니다. 혹시라도 Google 계정으로 로그인한 기기를 분실했거나 더 이상 사용하지 않는 다른 기기에서 로그인 상태가 유지되고 있다면 원격으로 로그아웃을 할 수 있습니다.

**01** Google 계정 관리 메뉴에서 [보안]을 선택한 뒤, '내 기기'의 [기기 관리]를 클릭하세요.

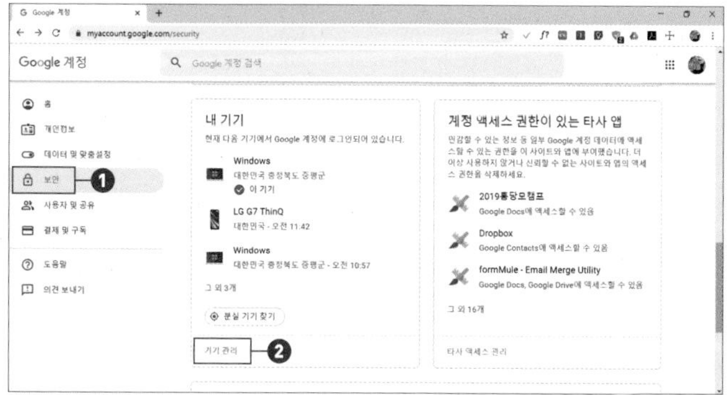

**02** '로그인한 기기'에 지금 로그인 되어 있는 기기 목록이 표시됩니다. 현재 사용하지 않는 기기이거나 로그아웃하고 싶은 기기가 있다면 해당 기기의 [⋮]–[로그아웃]을 클릭합니다.

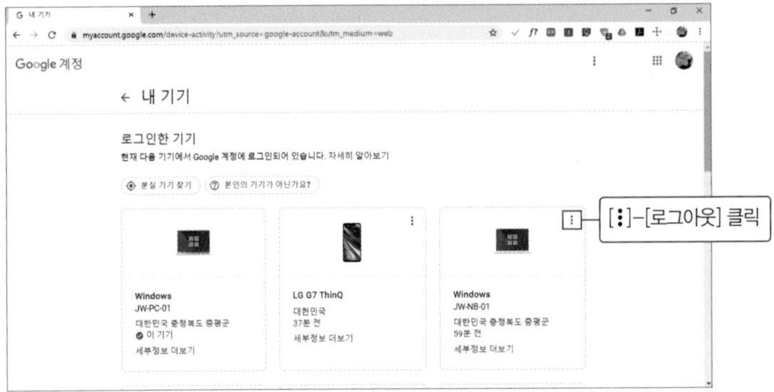


**03** 팝업창의 [로그아웃]을 클릭하면 해당 기기에서 로그아웃하고 기기 목록에 로그아웃한 기기가 사라집니다.

# TIP 007 Google 계정 관리 ④대시보드

Google 대시보드에서는 사용자가 Google 서비스에서 생성한 모든 데이터를 확인하고 컴퓨터에 저장할 수 있습니다. 여기서는 Google 대시보드에서 사용자 데이터를 확인하고 컴퓨터에 저장하는 방법에 대해 알아보겠습니다.

**01** Google 계정 관리의 메뉴에서 [데이터 및 맞춤설정]을 선택한 뒤 '내가 생성한 데이터와 활동 내역'의 [Google 대시보드로 이동]을 클릭합니다.

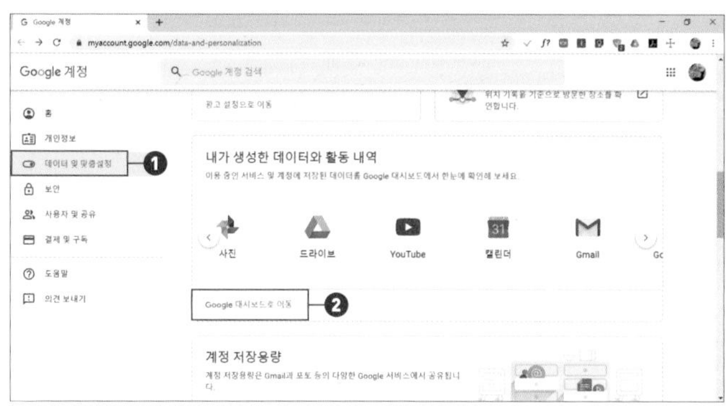


**02** Google 대시보드에서는 사용자가 Google의 다양한 서비스에서 생성한 데이터를 살펴볼 수 있습니다. 확인할 서비스의 [∨]를 클릭하면 자세한 데이터가 표시됩니다.

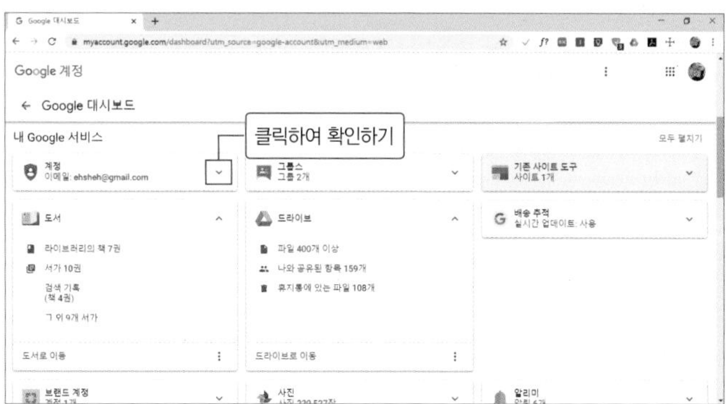

**03** 저장된 데이터를 다운로드하려면 Google 대시보드 위의 [데이터 다운로드]를 클릭합니다.

**잠깐만요**

Google 계정 관리 메뉴에서 [데이터 및 맞춤설정]을 선택한 뒤 '데이터 다운로드, 삭제, 처리 계획 세우기'의 [데이터 다운로드]를 클릭해도 됩니다.

**04** 데이터를 다운로드하려면 3 단계 과정을 거쳐야 합니다. 1 단계에서는 다운로드할 데이터와 파일 형식을 선택하고 2 단계에서는 데이터 다운로드 방법과 위치 등을 지정합니다. 마지막 3 단계에서는 진행 상황을 살펴볼 수 있습니다. 여기서는 Google 드라이브의 데이터를 다운로드하는 방법에 대해 알아보겠습니다.

1 단계인 '포함할 데이터 선택'에서는 다운로드할 Google 서비스 항목과 파일 형식을 선택할 수 있습니다. '드라이브' 항목 오른쪽의 체크박스를 클릭하여 체크 표시한 뒤 원하는 파일 형식을 선택하세요.

**잠깐만요**

'포함할 데이터 선택' 단계의 [모두 선택 해제]를 클릭해 전체 항목 선택을 해제하면 원하는 항목만 선택하기 편리합니다.

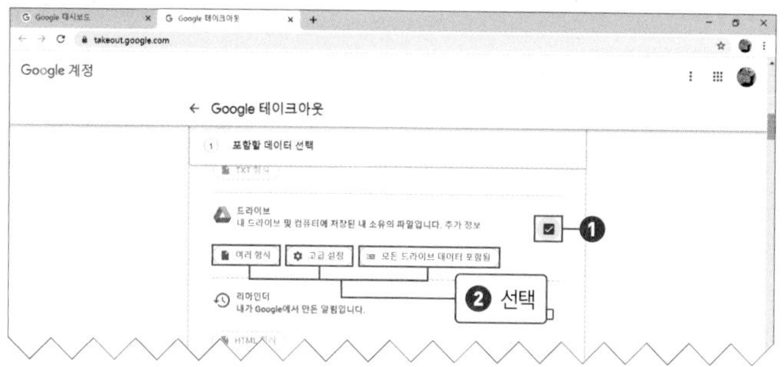


**05** [여러 형식]을 선택하면 '드라이브 옵션' 팝업창이 표시되어 Google 드라이브에 저장된 각 데이터 항목의 [▼]를 클릭해 원하는 파일 형식을 선택할 수 있습니다.

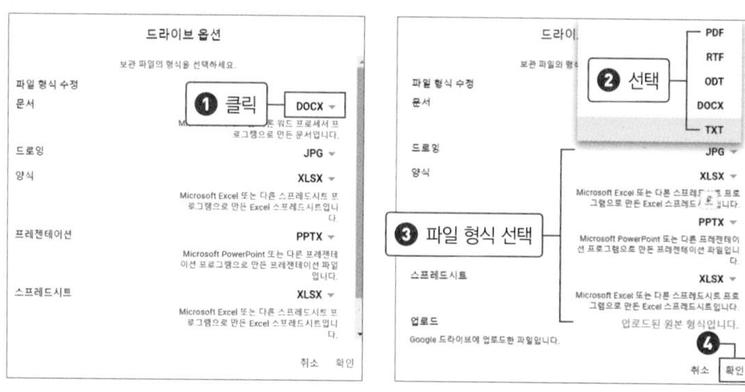


**06** [고급 설정]을 선택하면 Google 드라이브의 버전 기록까지 다운로드할 수 있습니다. 각 데이터의 이전 버전까지 다운로드하려면 체크박스를 클릭해 체크 표시한 뒤 [확인]을 클릭합니다.

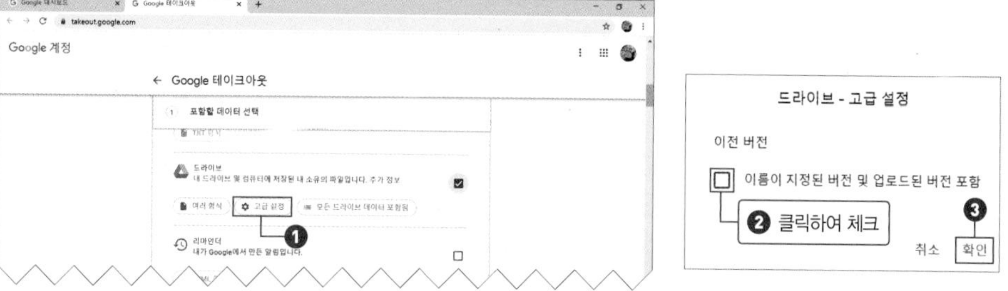


**잠깐만요**

Google 드라이브의 버전 기록에 대한 자세한 내용은 251쪽을 참고하세요.

**07** [모든 드라이브 데이터 포함됨]을 선택하면 다운로드할 항목을 직접 선택할 수 있습니다. '드라이브 콘텐츠 옵션' 창에서 원하는 데이터를 선택한 뒤 [확인]을 클릭합니다.

**08** 원하는 방법으로 1 단계 설정을 마친 뒤 '포함할 데이터 선택 단계' 아래에 있는 [다음 단계]를 클릭합니다.

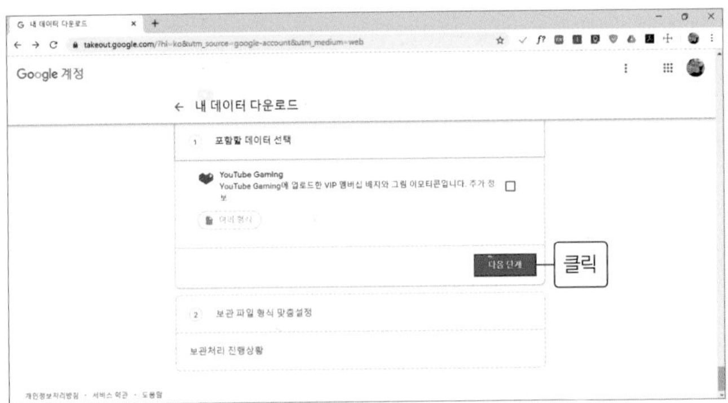

**09** 2 단계에서는 다운로드할 파일의 전송 방법과 빈도, 파일 형식 등을 선택할 수 있습니다. 각 항목의 [▼]를 클릭하면 설정을 변경할 수 있습니다. 여기서는 [이메일을 통해 다운로드 링크 전송]을 선택했습니다.

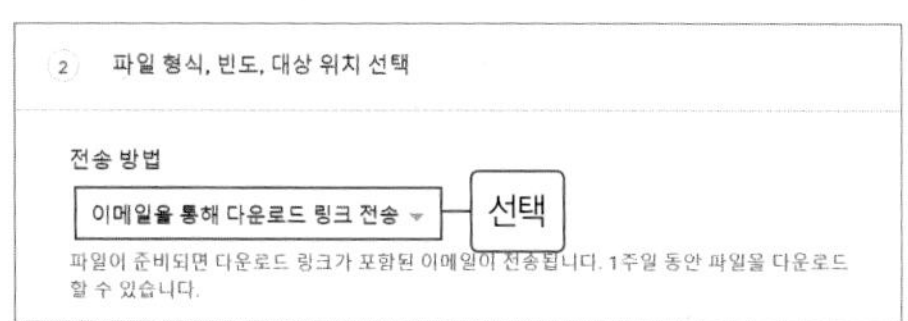


**잠깐만요**

각각의 전송 방법을 선택하면 전송 방법에 대한 설명을 확인할 수 있습니다.

**10** '실행 빈도'는 [한 번만 내보내기]와 [1년간 2개월마다 내보내기] 중 하나를 선택할 수 있습니다. 여기서는 [한 번만 내보내기]를 선택했습니다.

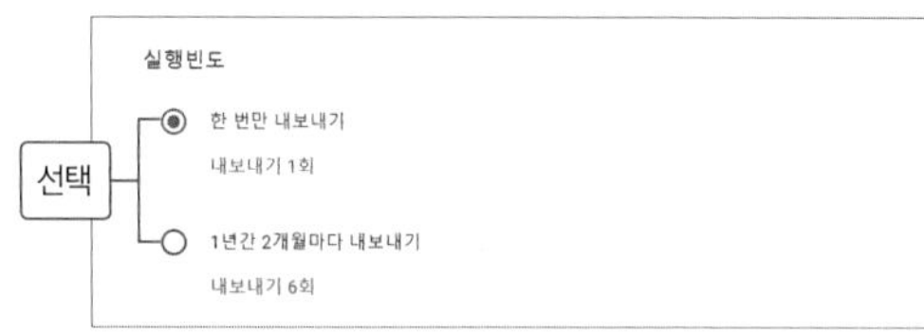


**잠깐만요**

[1년간 2개월마다 내보내기]를 선택하면 1년간 2개월마다 자동으로 생성합니다. 첫 보관 파일은 바로 생성됩니다.

**11** '파일 형식 및 크기'에서는 다운로드 받을 데이터의 파일 형식과 크기를 선택할 수 있습니다. 파일 크기를 선택하면 선택한 크기를 기준으로 다운로드 파일이 분할 압축됩니다. 다운로드 받을 데이터가 9GB였을 때, 다운로드 파일의 크기를 [2GB]로 선택했다면 전체 데이터가 5개로 분할되어 압축되는 것이죠.

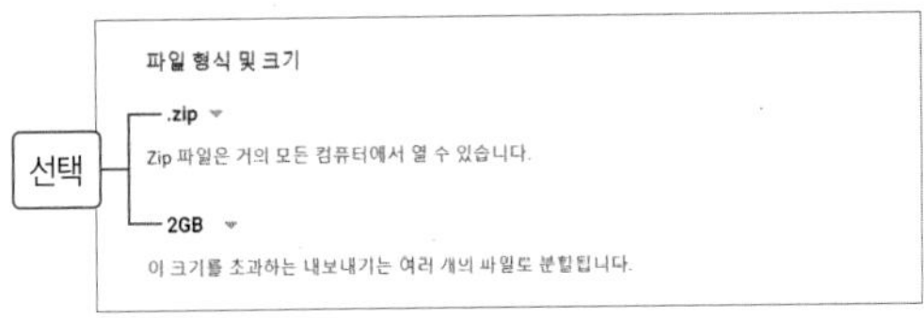


**잠깐만요**

'.tgz' 파일 형식은 리눅스나 유닉스 운영체제의 압축 파일 형식으로 일반적인 파일인 '.zip'을 선택합니다.

**12** 2 단계 설정을 모두 확인한 뒤 [내보내기 생성]을 클릭하면 진행 상황을 확인할 수 있습니다. 3 단계인 '내보내기 진행상황'에는 데이터 보관 파일을 생성 중이라는 메시지가 표시됩니다.

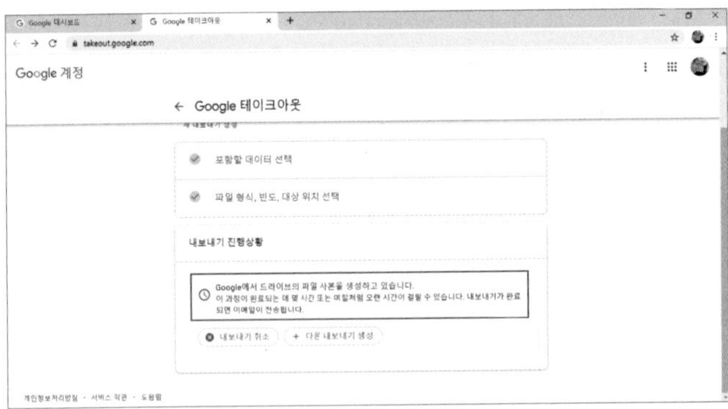


**잠깐만요**

[내보내기 취소]를 선택하면 다운로드 생성과 다운로드를 취소됩니다. 추가로 다른 데이터를 다운로드 하려면 [다른 내보내기 생성]을 선택하면 됩니다.

**13** 파일 생성과 다운로드 준비가 모두 완료되면 아래와 같이 메일로 알림 메시지가 전송됩니다. 다운로드할 용량에 따라 몇 분에서 며칠이 걸립니다. 메일의 [보관 파일 다운로드]를 선택하면 표시되는 '내보내기 관리' 페이지에서 [다운로드]를 클릭한 뒤 원하는 위치를 지정하면 보관 파일을 다운로드 할 수 있습니다.

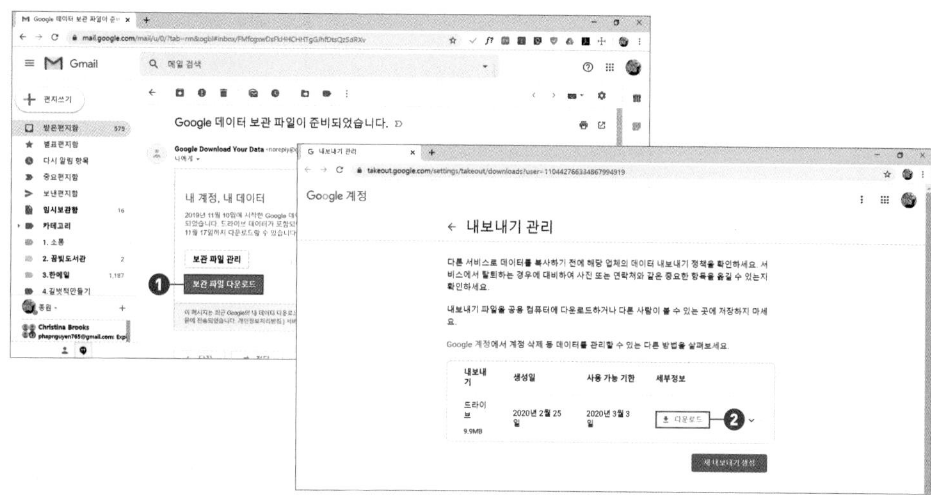


**잠깐만요**

보관 파일은 일주일 동안 다운받을 수 있습니다. 만약 기한이 지나면 다시 보관 파일을 생성해야 합니다.

# Google로 협업하기

Google 드라이브는 클라우드 기반의 파일 공유 서비스로 Google 계정만 있다면 누구나 15GB의 저장 공간을 무료로 사용할 수 있습니다. 뿐만 아니라 Google의 문서도구를 사용하면 언제 어디서든 다양한 문서를 작성해 공동 작업을 할 수 있습니다. 이번에는 Google 드라이브와 문서도구의 사용법과 협업 노하우에 대해 알아보겠습니다.

# Google 드라이브

협업하기

Google 드라이브는 클라우드 기반의 파일 공유 서비스로 Google 계정을 만들면 기본 15GB의 저장 공간을 무료로 사용할 수 있습니다. Google 드라이브는 단순히 파일 저장하는 것뿐만 아니라 Google 문서 도구로 작성한 각종 문서를 Google 드라이브에 저장해 다른 사용자와 공동 작업을 하거나 대용량의 파일을 Google 드라이브에 저장해 Gmail에 첨부할 수도 있죠.

스킬 트리

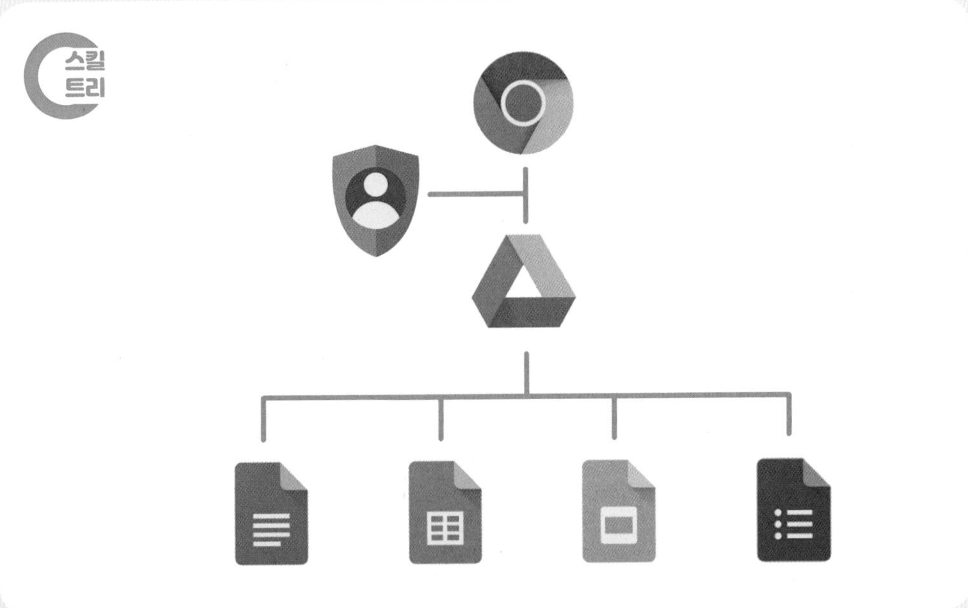

검색

폴더 생성 222쪽 | 항목 관리 223쪽 | 업로드 224쪽 | 항목 정렬 225쪽 | 세부정보 226쪽
미리보기 228쪽 | 검색 228쪽 | 분리된 항목 231쪽 | 항목 삭제/복원 231쪽
텍스트 변환 233쪽 | 공유 235쪽 | 공유 설정 240쪽 | 백업 및 동기화 242쪽
버전 관리 251쪽 | 저장 공간 관리 254쪽

# TIP 001 Google 드라이브 살펴보기

Google 드라이브는 우리에게 익숙한 Windows의 파일 탐색기와 비슷하기 때문에 폴더 만들기나 파일 올리기와 같은 기본적인 기능은 큰 어려움 없이 사용할 수 있습니다.

Google 드라이브로 이동하려면 Google 첫 화면의 [⠿]–[드라이브]을 차례로 선택합니다.

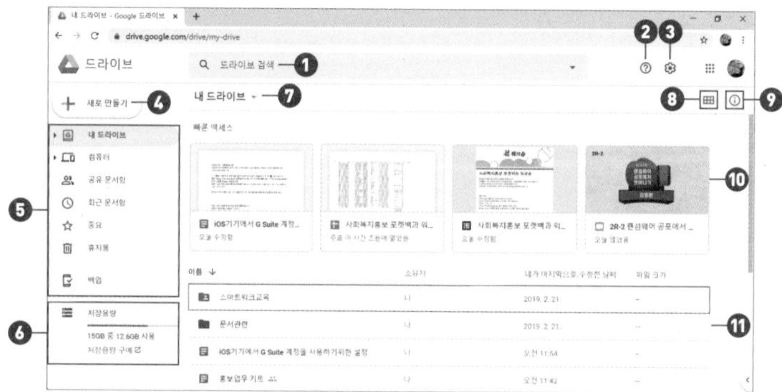


❶ **[검색]** : Google 드라이브에 저장된 폴더나 파일 등의 항목을 검색합니다. 항목의 이름이나 문서 파일에 포함된 내용으로도 검색할 수 있습니다.

❷ **[지원]** : 도움말, 온라인 자습서, 업데이트 사항 등의 정보를 확인합니다.

❸ **[설정]** : Google 드라이브 설정을 변경하거나 백업 및 동기화 앱을 설치합니다.

❹ **[새로 만들기]** : Google 드라이브에 폴더나 문서를 생성하거나 사용자의 컴퓨터에 저장된 폴더나 파일을 Google 드라이브로 업로드할 수 있습니다.

❺ **[드라이브 목록]** : Google 드라이브에 생성한 폴더나 공유 문서함 등 Google 드라이브 내 문서함 목록이 표시됩니다.

❻ **[저장용량]** : Google 드라이브 사용 용량과 남은 용량을 표시합니다.

❼ **[폴더 위치]** : 현재 사용자가 선택한 폴더나 파일 등의 항목이 보관된 위치를 표시합니다.

❽ **[보기 방식 변경]** : 드라이브 항목 보기 방식을 변경합니다. [바둑판 보기]와 [목록 보기] 중 하나를 선택할 수 있습니다.

❾ **[세부정보]** : 선택한 항목의 세부정보를 표시합니다.

❿ **[빠른 액세스]** : 사용자가 마지막으로 확인하거나 자주 사용한 항목을 표시합니다.

⓫ **[항목 목록]** : Google 드라이브에서 선택한 위치에 있는 항목의 목록이 표시됩니다.

# TIP 002 폴더 만들기

Google 드라이브에 폴더를 만들어 파일을 정리해 보세요. 인터넷이 연결되는 곳이라면 언제든 Google 드라이브에 저장된 폴더나 파일 등의 항목을 확인하고 다른 사용자와 쉽게 공유할 수 있습니다.

**01** Google 드라이브의 사용 방법은 아주 간단합니다. Windows의 파일 탐색기와 비슷하죠. Google 드라이브에 새 폴더를 만들려면 Google 드라이브의 메뉴에서 [새로 만들기]-[폴더]를 클릭하기만 하면 됩니다.

**02** '새 폴더' 팝업창이 표시되면 폴더명을 입력한 후 [만들기]를 클릭하면 새 폴더가 만들어집니다.

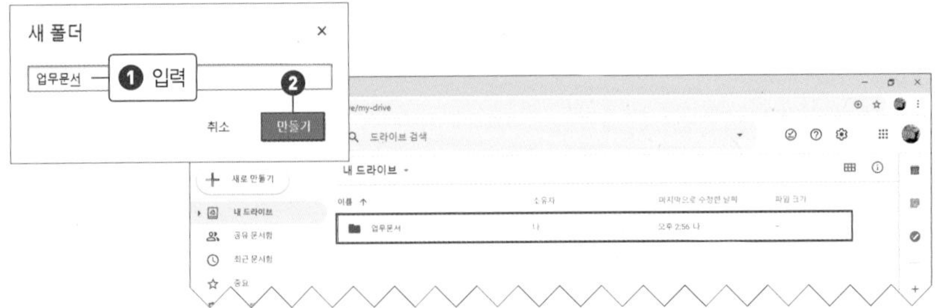

**03** Windows의 파일 탐색기와 같이 Google 드라이브에 생성한 폴더 안으로 다른 폴더나 파일 등의 항목을 드래그해 Google 드라이브에 보관한 항목을 손쉽게 관리할 수 있습니다.

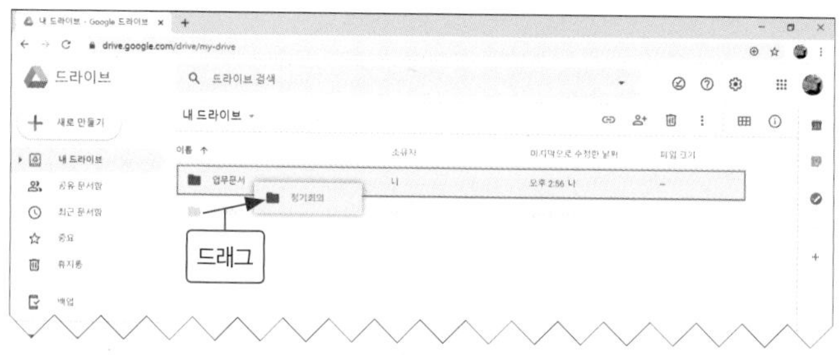


### Google⁺ | 중요한 항목을 관리하는 다양한 방법

Google 드라이브에 보관된 다양한 항목을 원하는 색상으로 강조하거나 중요 문서함에 보관하면 해당 항목을 별도로 관리할 수도 있습니다. Google 드라이브에 보관된 폴더나 파일 등의 항목을 마우스 오른쪽 버튼으로 선택한 후 [색상 변경]을 선택하면 해당 항목에 원하는 색상을 지정할 수 있습니다. 항목을 마우스 오른쪽 버튼으로 선택하면 표시되는 메뉴 중 [중요 문서함에 추가]를 선택하면 해당 항목이 [중요] 문서함에 추가됩니다. 이렇게 중요 문서함에 추가한 항목은 Google 드라이브의 어떤 위치에 있더라도 항상 화면에 표시되는 [중요] 문서함에서 바로 확인할 수 있습니다.

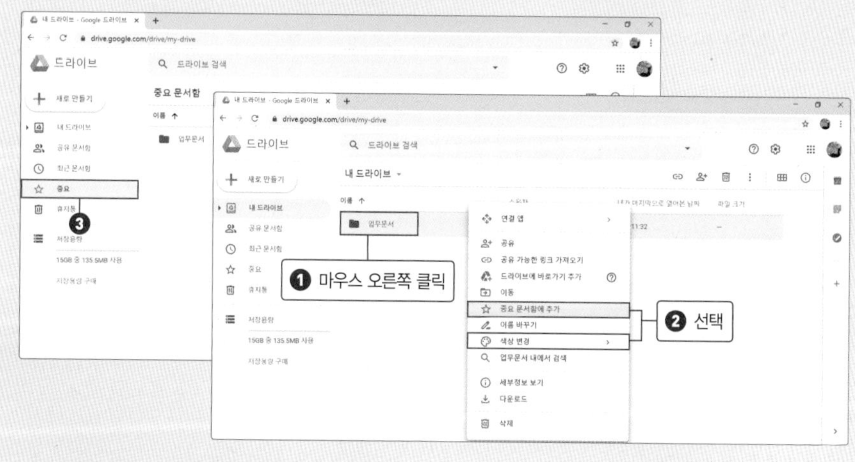

# TIP 003 Google 드라이브에 업로드하기

Google 드라이브에 폴더나 파일을 업로드하면 같은 Google 계정을 사용하는 모든 기기에서 Google 드라이브의 항목 확인하고 수정하거나 공유할 수 있습니다.

**01** Google 드라이브에서 폴더나 파일 등의 항목을 업로드할 위치로 이동한 뒤 [새로 만들기]-[파일 업로드]/[폴더 업로드]를 선택합니다. 여기서는 [폴더 업로드]를 선택했습니다.

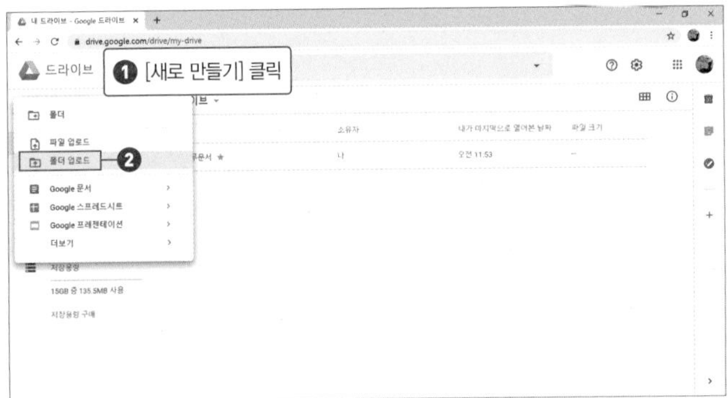


**02** '열기' 대화상자에서 Google 드라이브로 업로드할 항목을 선택한 뒤 [업로드]를 클릭하면 '#개의 항목 업로드 중'이라는 메시지가 표시됩니다. 업로드가 완료되면 선택한 위치에 업로드한 항목이 표시됩니다.

**03** 더 간단한 방법으로 폴더나 파일 등의 항목을 업로드할 수도 있습니다. 사용자의 Windows 파일 탐색기에서 Google 드라이브로 업로드할 항목을 선택한 뒤 Google 드라이브 창으로 드래그하면 해당 항목이 Google 드라이브로 업로드 됩니다. Google 드라이브로 한 번에 업로드할 수 있는 개별 파일의 크기는 최대 5TB입니다.

## TIP 004 항목 정렬하기

Google 드라이브에 보관된 폴더나 파일 등의 항목을 이름, 마지막으로 수정한 날짜 등 원하는 기준으로 정렬할 수 있습니다. 이번에는 Google 드라이브의 항목을 정렬하는 방법에 대해 알아보겠습니다.

**01** Google 드라이브 메뉴에서 원하는 문서함을 선택하면 해당 드라이브에 저장된 폴더나 파일의 항목이 표시됩니다. '이름' 옆의 [↓]나 [↑]를 클릭하면 이름을 기준으로 오름/내림 차순으로 항목이 정렬됩니다.

Google 드라이브

**02** [마지막으로 수정한 날짜]를 클릭하면 다음 중 하나의 기준으로 항목을 정렬할 수 있습니다.

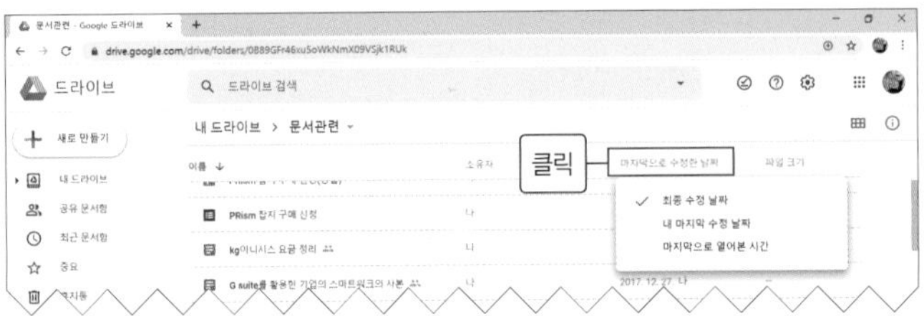


- **[최종 수정 날짜]** : 사용자 또는 다른 사용자가 마지막으로 수정한 날짜를 기준으로 항목을 정렬합니다.
- **[내 마지막 수정 날짜]** : 사용자가 마지막으로 수정한 날짜를 기준으로 항목을 정렬합니다.
- **[마지막으로 열어본 시간]** : 사용자가 마지막으로 열어본 시간을 기준으로 항목을 정렬합니다.

## TIP 005 세부정보 보기

Google 드라이브에서 항목을 선택한 후 [ⓘ]를 클릭하면 해당 항목의 유형, 크기, 위치, 소유자 등의 세부 정보를 확인할 수 있고 더 나아가 해당 항목의 변경사항과 변경한 사용자까지도 확인할 수 있습니다.

Google 드라이브에서 세부정보를 확인할 항목을 선택한 후 화면 오른쪽 위에 있는 [ⓘ]를 클릭하면 해당 항목의 세부정보를 확인할 수 있습니다.

**잠깐만요**

'세부정보' 탭에 표시되는 항목은 선택한 항목에 따라 다르게 표시됩니다.

## 세부정보 탭

'세부정보'의 [세부정보] 탭을 선택하면 해당 항목의 미리보기와 선택한 항목의 유형, 크기, 위치, 소유자, 수정한 날짜 등을 확인할 수 있습니다.

❶ **미리보기** : 선택한 항목의 미리보기가 표시됩니다.

❷ **소유자 및 공유 정보** : 선택한 항목의 소유자 및 공유 정보가 표시됩니다.

❸ **유형** : 선택한 항목의 파일 형식이 표시됩니다.

❹ **크기** : 선택한 항목의 크기가 표시됩니다.

❺ **사용된 저장용량** : 선택한 항목이 Google 드라이브에서 차지하는 저장 용량이 표시됩니다. 버전 관리을 사용하면 더 많은 용량을 차지할 수 있습니다. 버전 관리에 관한 자세한 내용은 251쪽을 참고하세요.

❻ **위치** : 선택한 항목의 저장 위치가 표시됩니다. 저장 위치를 클릭하면 해당 위치로 이동합니다.

❼ **소유자** : 선택한 항목의 소유자를 표시합니다.

❽ **수정한 날짜** : 선택한 항목의 마지막 수정 날짜를 표시합니다. [🕓]를 클릭하면 '버전 관리' 팝업창이 표시됩니다.

❾ **열어본 날짜** : 선택한 항목을 마지막으로 열어본 날짜를 표시합니다.

❿ **생성한 날짜** : 선택한 항목을 생성한 날짜를 표시합니다.

⓫ **메모** : [✏]를 클릭해 선택한 항목에 메모를 남깁니다.

## 활동 탭

'세부정보'의 [활동] 탭을 선택하면 해당 항목의 모든 변경사항이 표시됩니다. 변경사항은 시간의 역순으로 표시되고 다른 사용자와 공유한 항목이라면 공유한 사용자가 변경한 사항까지 확인할 수 있습니다. [활동] 탭에서는 아래의 변경사항을 확인할 수 있습니다.

- Google 문서의 수정 또는 댓글
- 항목 이름 변경
- 항목의 이동 또는 삭제
- 폴더 업로드
- 공유 또는 공유 취소

### Google⁺ | Google 드라이브의 미리보기

Google 드라이브는 저장된 파일을 바로 확인할 수 있는 미리 보기를 지원하여 특정 프로그램 없이도 어떤 파일인지 확인할 수 있죠. 포토샵이나 일러스트레이터 같은 앱이 설치되어 있지 않아도 PSD나 AI 등의 파일 형식을 바로 확인할 수 있고 한컴오피스의 한글 파일(HWP)도 미리 볼 수 있습니다. Google 드라이브에서 미리 보기를 지원하는 파일은 아래와 같습니다.

| 구분 | 파일 확장자 |
|---|---|
| 일반 파일 | 압축 파일 : ZIP, RAR, tar, gzip<br>오디오 형식 : MP3, MPEG, WAV, ogg, opus<br>이미지 파일 : JPEG, PNG, GIF, BMP, TIFF, SVG<br>코드 : CSS, HTML, PHP, C, CPP, H, HPP, JS, java, py<br>텍스트 파일 : TXT<br>동영상 파일 : WebM, MPEG4, 3GPP, MOV, AVI, MPEGPS, WMV, FLV, ogg |
| 그래픽 파일 | Autodesk AutoCad(DXF), Illustrator(AI), Photoshop(PSD), Portable Document Format(PDF), PostScript(EPS, PS), Scalable Vector Graphics(SVG), Tagged Image File Format(TIFF), TrueType(TTF) |
| 문서 파일 | Excel(XLS, XLSX), PowerPoint(PPT, PPTX), Word(DOC, DOCX), XML Paper Specification(XPS), 한컴오피스 한글(hwp) |
| macOS 파일 | Keynote(key), Numbers(numbers), Pages(page) |

## TIP 006 Google 드라이브 검색하기

Google 드라이브의 검색창을 활용하면 Google 드라이브에 보관된 항목을 쉽게 찾을 수 있습니다. 폴더나 파일 등의 이름이나 파일 형식에서부터 본문이나 이미지에 포함된 글자까지도 검색할 수 있습니다.

**01** Google 드라이브의 검색창에 원하는 검색어를 입력하고 Enter 키를 누르면 검색어가 포함된 항목을 검색할 수 있습니다. 단순히 항목의 이름뿐만 아니라 확장자나 문서 파일의 내용, 더 나아가 이미지에 포함된 글자까지도 검색할 수 있습니다.

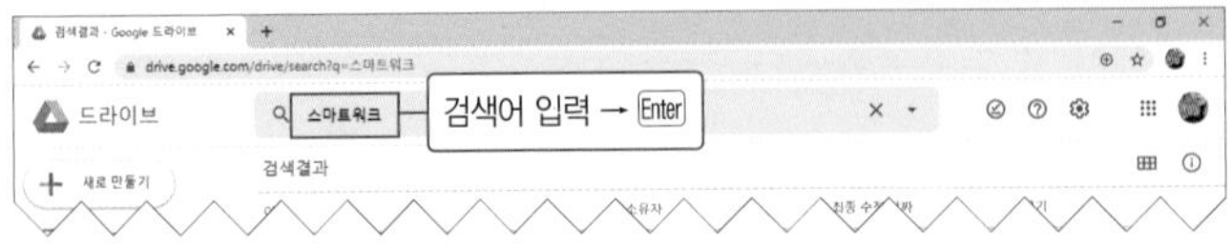

**02** 검색결과 중에서 원하는 항목을 더 세세하게 검색하려면 검색창 오른쪽의 [▼]를 클릭해 검색 옵션을 추가한 뒤 [검색]을 클릭하면 됩니다.

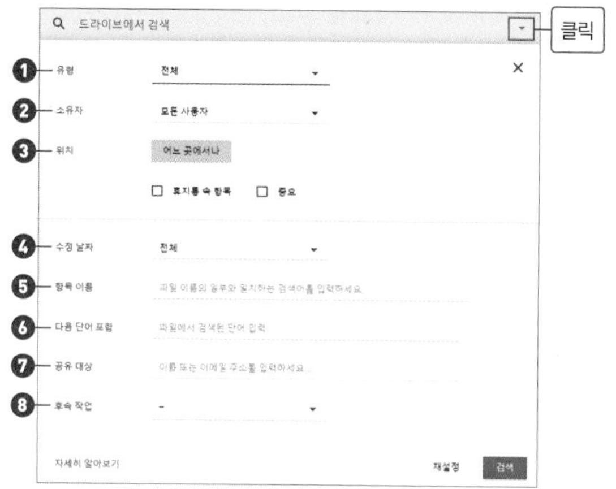


❶ **[유형]** : 검색할 항목의 파일 유형을 선택하여 검색합니다.
❷ **[소유자]** : 검색할 항목의 소유자를 기준으로 검색합니다.
❸ **[위치]** : 폴더, 공유 문서함 등 검색할 위치를 지정해 검색합니다.
❹ **[수정 날짜]** : 검색할 항목의 수정 날짜를 기준으로 검색합니다.
❺ **[항목 이름]** : 검색할 항목의 이름을 기준으로 검색합니다.
❻ **[다음 단어 포함]** : 검색할 문서나 파일 등의 항목에 포함된 단어를 검색합니다.
❼ **[공유 대상]** : 검색할 항목의 공유 대상을 기준으로 검색합니다.
❽ **[후속 작업]** : 검색할 항목 중 사용자에게 할당된 작업 항목이나 제안사항 등을 기준으로 검색합니다.

**03** 만약 보관 중인 항목의 크기를 기준으로 검색하려면 Google 드라이브 메뉴의 [저장 용량]을 선택한 뒤 항목의 크기를 기준으로 정렬하면 원하는 항목을 빠르게 찾을 수 있습니다.

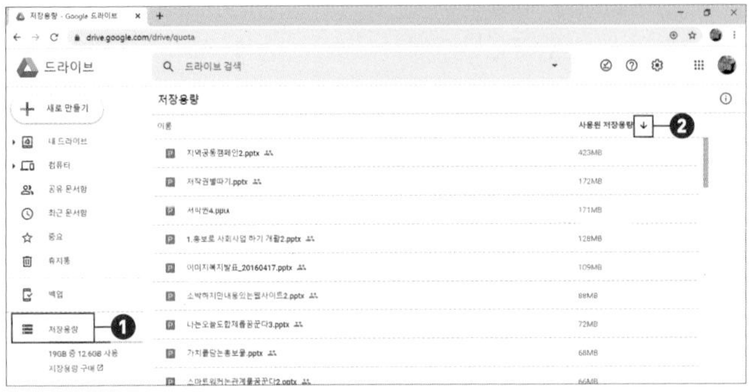

## 검색 연산자로 검색하기

Google 드라이브의 검색창에서도 검색 연산자를 사용할 수 있습니다. 검색 연산자로 검색하면 원하는 항목을 빠르게 검색할 수 있습니다.

| 연산자 | 설명 | 예 |
|---|---|---|
| ' ' 또는 " " | 외따옴표(' ') 또는 쌍따옴표(" ") 안의 검색어가 반드시 포함된 항목을 검색합니다 | 'Google 스마트워크',<br>"Google 스마트워크" |
| – | '–' 뒤에 입력한 검색어를 제외한 항목을 검색합니다 | 스마트기기 – 스마트웨어 |
| owner: | 특정 사용자가 소유한 항목을 검색합니다 | owner:test@gmail.com |
| from: | 특정 사용자가 공유한 항목을 검색 합니다 | from:test@gmail.com |
| to: | 특정 사용자에게 공유한 항목을 검색합니다. | to:test@gmail.com |
| is:starred | Google 드라이브의 폴더나 파일 등의 항목 중 중요 보관함에 있는 항목을 검색합니다. | is:starred Google 스마트워크 |
| is:trashed | 휴지통으로 이동된 항목을 검색합니다. | is:trashed Google 스마트워크 |
| type: | 사용자가 지정한 파일 형식의 항목을 검색합니다. | type:spreadsheet,<br>type:pdf |
| before:<br>after: | 사용자가 지정한 날짜 이전(Before:) 또는 이후(After:)에 수정된 항목을 검색합니다. | before:2019–01–01,<br>after:2018–01–01 |
| title: | 항목 이름을 기준으로 검색합니다. | title:스마트워크 |

### Google+ | 분리된 항목 검색하기

Google 드라이브에서 공유된 폴더에 보관 중인 파일 일부를 공유 사용자 중 한 사람이 삭제할 경우 해당 파일은 공유 폴더에서 사라집니다. 그럼, 공유 사용자가 파일을 삭제한 것일까요? 아니요. 그렇지 않습니다. 소유자만 파일을 삭제할 수 있기 때문에 다른 공유 사용자가 삭제한 파일은 찾을 수 없는 분리된 상태가 됩니다.

이렇게 분리된 항목은 상위 폴더를 잃어 Google 드라이브에 존재하기는 하지만 쉽게 찾을 수 없습니다. 이럴 땐 소유자의 Google 드라이브 검색창에 "is:unorganized owner:me"를 검색하면 분리된 항목을 찾을 수 있습니다. "is:unorganized owner:me"는 소유권은 나에게 있지만 상위 폴더를 잃은 항목을 검색하는 검색 연산자입니다. "is:unorganized owner:me"로 찾은 분리된 항목은 마우스 오른쪽으로 클릭한 뒤 [이동]을 선택해 원하는 폴더를 지정하면 다시 복원할 수 있습니다.

## TIP 007 항목 삭제/복원하기

Google 드라이브에서 폴더나 파일 등의 항목을 삭제하면 휴지통으로 이동합니다. 휴지통으로 이동한 항목은 사용자가 휴지통에서 삭제해야 Google 드라이브에서 완전히 삭제됩니다.

**01** Google 드라이브에서 폴더나 파일 등의 항목을 삭제하려면 해당 항목을 선택한 후 [🗑]를 클릭합니다.

**02** 사용자가 삭제한 항목은 Google 드라이브에서 완전히 삭제되는 대신 '휴지통'으로 이동합니다. Google 드라이브의 메뉴에서 [휴지통]을 클릭하면 삭제한 항목을 확인할 수 있습니다.

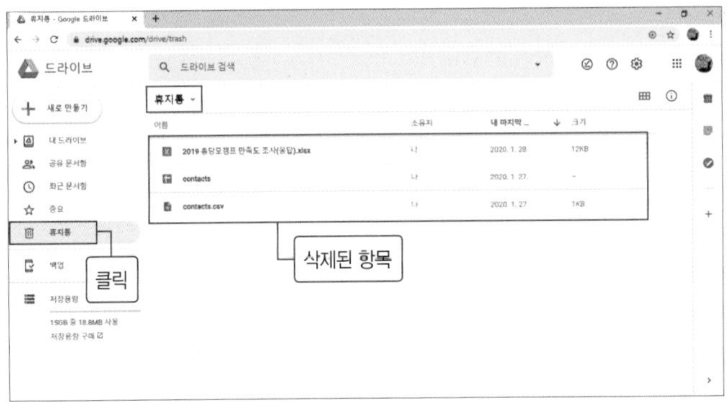


**03** Google 드라이브에서 항목을 완전히 삭제하려면 휴지통에서 완전히 삭제할 파일을 선택한 후 휴지통 위의 [🗑]를 클릭합니다. '완전히 삭제하시겠습니까?'라는 팝업창이 표시되면 [영구 삭제]를 클릭합니다. [영구 삭제]를 클릭하면 복원할 수 없으니 유념하세요. 휴지통의 항목을 복원하려면 복원할 항목을 선택한 후 [⟲]을 클릭하면 해당 항목은 휴지통으로 옮겨지기 전의 위치로 이동합니다.

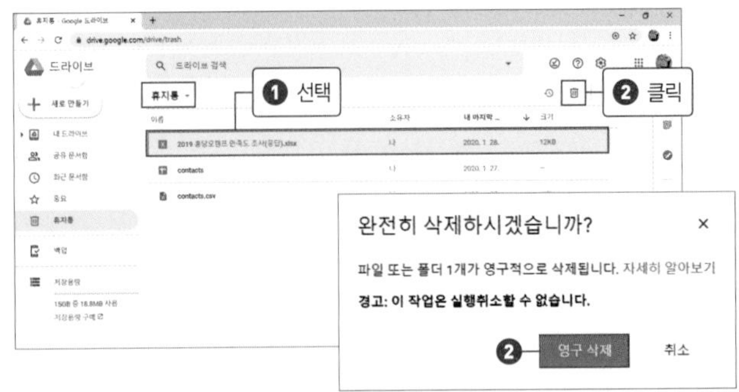


**잠깐만요**

휴지통에 있는 모든 항목을 완전히 삭제하고 싶다면 휴지통의 [휴지통 비우기]를 클릭합니다.

# TIP 008 PDF 또는 사진 파일을 텍스트로 변환하기

Google 드라이브에 보관된 PDF나 이미지 파일에 포함된 글자를 인식해 텍스트로 변환할 수 있습니다. 이번에는 PDF나 이미지 파일의 내용을 인식해 텍스트로 변환하는 방법에 대해 알아보겠습니다.

**01** 글자가 포함된 PDF나 이미지 파일을 Google 드라이브로 업로드합니다. 여기에서는 책의 한 페이지를 사진으로 찍어 이미지 파일을 Google 드라이브로 업로드했습니다.

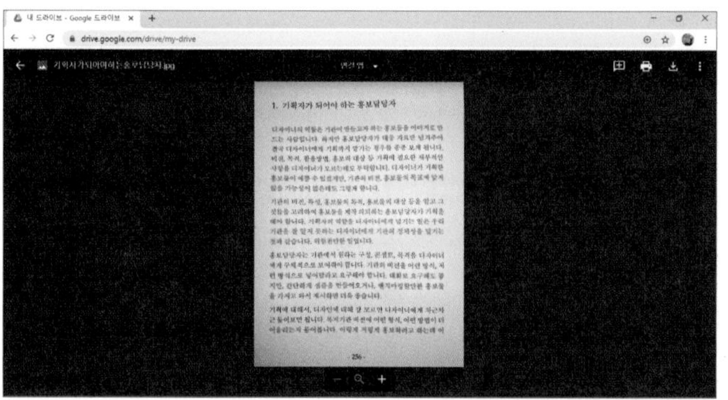

**잠깐만요**

PDF나 이미지 파일에 포함된 글자도 Google 드라이브의 검색창에서 검색할 수 있습니다.

Google 드라이브

**02** 업로드한 이미지 파일을 마우스 오른쪽 버튼으로 클릭하여 [연결 앱]–[Google 문서]를 차례로 선택합니다.

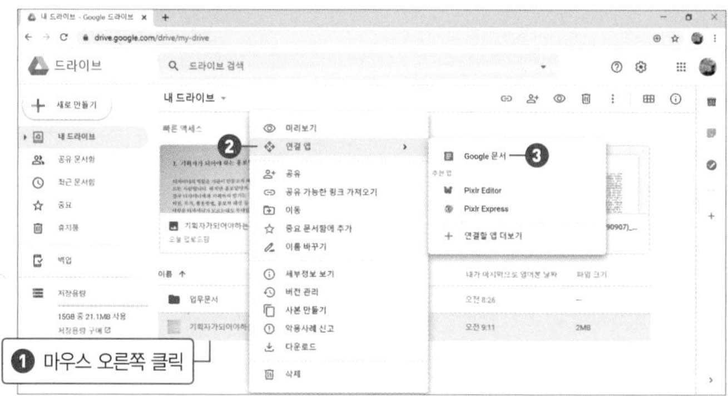

**03** 새 탭에 Google 문서가 실행되고 선택한 파일에 포함되어 있던 글자가 변환되어 표시됩니다.

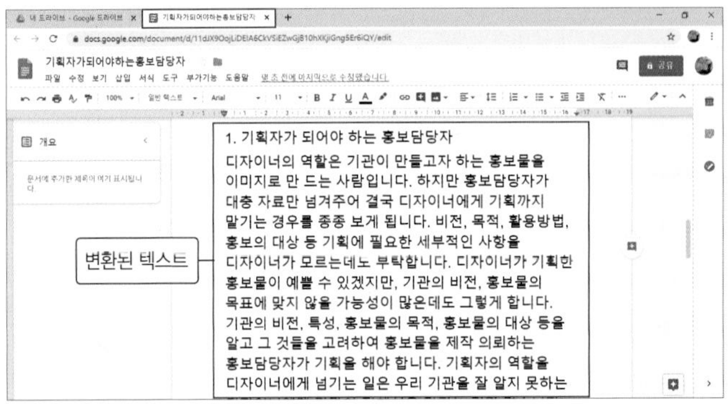


**잠깐만요**

Google 문서에 대한 자세한 내용은 256쪽을 참고하세요.

### Google+ | 더 좋은 품질로 텍스트 변환을 하기 위한 조건

이미지 파일의 글자에 적용된 굵게, 기울임꼴, 글꼴 크기, 글꼴 유형, 줄바꿈 등은 대체로 잘 인식하지만 목록, 표, 열, 각주, 미주는 정상적으로 인식되지 않을 수 있습니다. PDF나 이미지 파일에 포함된 글자를 더 좋은 품질로 변환하려면 아래 조건을 충족해야 합니다.

- **파일 형식** : JPG, PNG, GIF, PDF 파일을 사용하세요.
- **파일 크기** : 파일 크기는 2MB 이하여야 합니다.
- **해상도** : 변환하려는 파일에 포함된 글자의 크기는 10픽셀 이상이어야 합니다.
- **방향** : 가로나 세로로 회전되어 있는 이미지 파일의 경우 정방향으로 회전시킨 후 변환하세요.
- **글꼴 및 문자 집합** : 디자인 요소가 적은 글꼴의 글자를 잘 인식합니다.
- **이미지 품질** : 밝고 대비가 분명한 선명한 이미지인 경우 효과가 좋습니다.

# TIP 009 Google 드라이브 공유하기

Google 드라이브에 보관한 폴더나 파일 등의 항목을 다른 사용자와 공유해 보세요. 공유 사용자는 공유 설정에 따라 항목을 확인하거나 수정할 수 있습니다.

Google 드라이브의 폴더나 파일 등의 항목을 공유하는 방법에는 크게 두 가지가 있습니다. 하나는 항목을 링크로 공유하는 것이고 또 다른 하나는 공유할 사용자를 지정하여 항목을 공유하는 것입니다.

## 공유 링크로 공유하기

공유 링크를 만들어 항목을 공유하면 공유 링크를 전달받은 누구나 공유한 항목을 확인할 수 있기 때문에 불특정 다수에게 자료를 배포할 때 유용합니다.

**01** Google 드라이브에서 공유할 항목을 마우스 오른쪽 버튼으로 선택한 후 [공유]를 선택합니다.

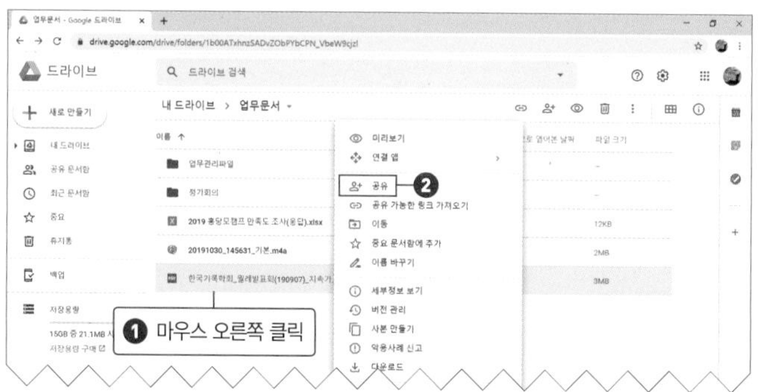


**02** 팝업창이 표시되면 [링크 보기]를 클릭합니다.

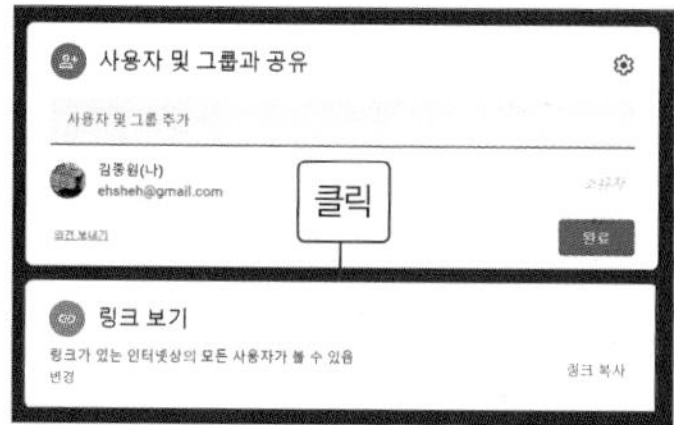

**03** [제한됨]을 클릭한 뒤 [링크가 있는 모든 사용자에게 공개]를 선택하여 제한되어 있는 링크 공유를 공개로 변경합니다. 원하는 권한을 선택하고 [링크 복사]–[완료]를 클릭합니다.

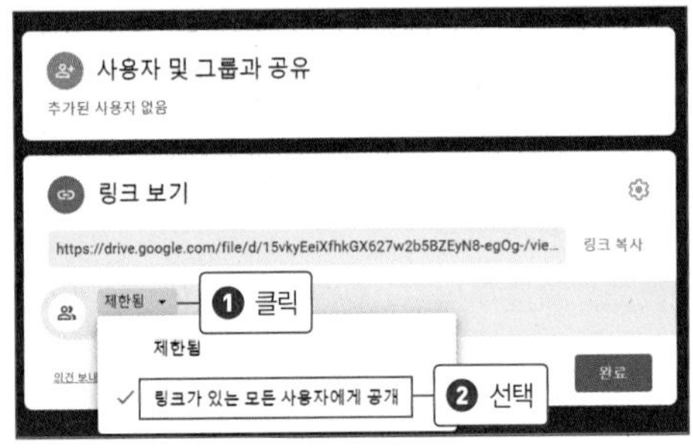


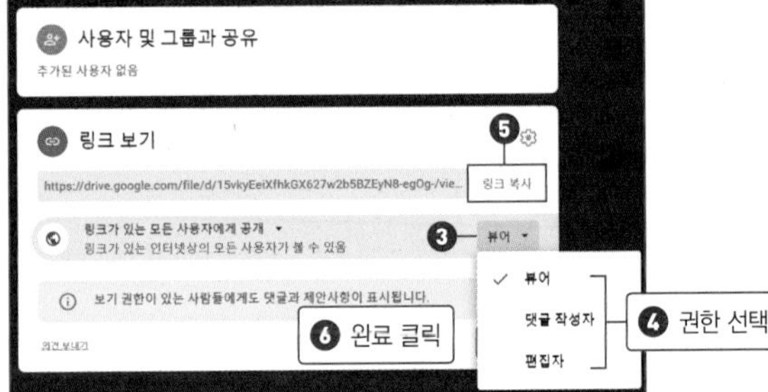


**잠깐만요**

공유한 항목이 폴더인 경우 [댓글 작성자]가 표시되지 않습니다. Google 문서도구의 댓글에 대한 자세한 내용은 297쪽을 참고하세요.

- **[뷰어]** : 공유한 항목을 확인할 수 있지만 수정하거나 댓글을 작성할 수 없습니다.
- **[댓글 작성자]** : 공유한 항목을 확인하거나 댓글을 작성할 수 있지만 수정할 수 없습니다.
- **[편집자]** : 공유한 항목을 확인, 댓글 작성, 수정할 수 있습니다.

## Google+ | 공유 중단하기

이미 공유 중인 항목의 공유를 중단하려면 팝업창의 [링크가 있는 모든 사용자에게 공유]를 클릭해 [제한됨]을 선택하면 됩니다.

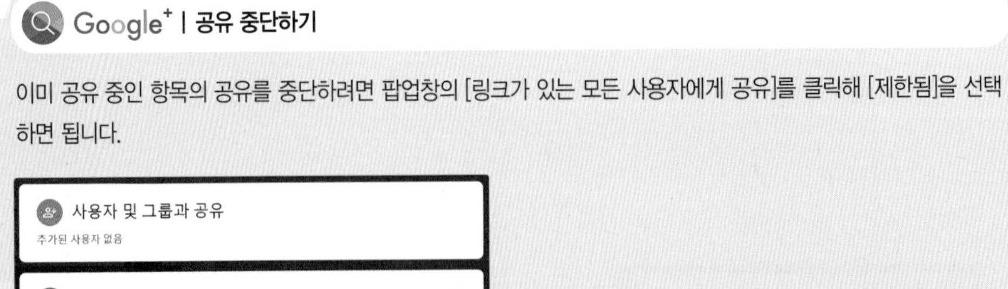

**04** 복사한 공유 링크를 메일이나 문자 메시지에 붙여 넣으면 항목을 공유할 수 있습니다. 공유된 항목에는 👥이 표시됩니다.

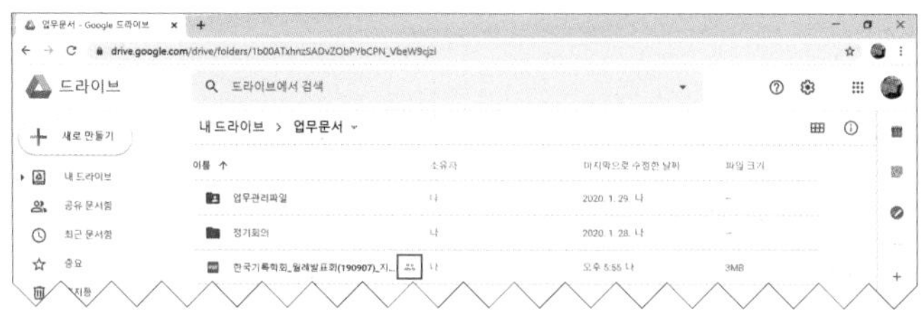

**05** 더 빠르게 링크 공유하는 방법도 있습니다. 공유할 항목을 마우스 오른쪽으로 클릭한 뒤 [공유 가능한 링크 가져오기]를 선택하면 바로 공유 팝업창이 표시됩니다.

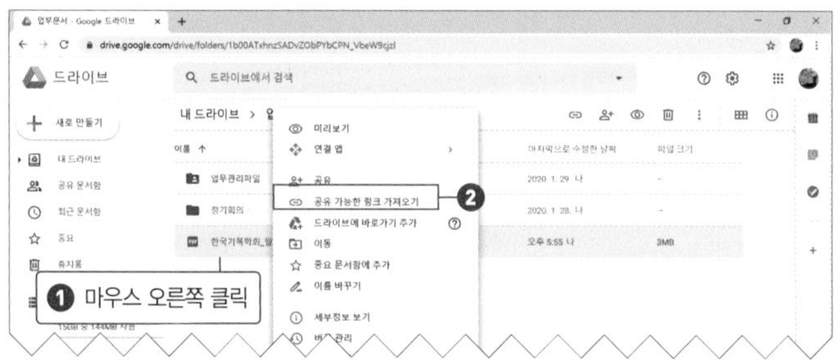




### Google⁺ | 공유 항목의 사용

공유 링크를 받은 사용자는 공유 항목의 소유자가 설정한 권한에 따라 공유 항목을 사용할 수 있습니다. 폴더를 공유 받으면 Google 드라이브에 폴더가 열리고 파일을 공유 받으면 미리보기 형식로 공유한 파일이 표시됩니다. 아래 그림은 파일을 공유 받은 사람이 링크를 열었을 때의 화면입니다.

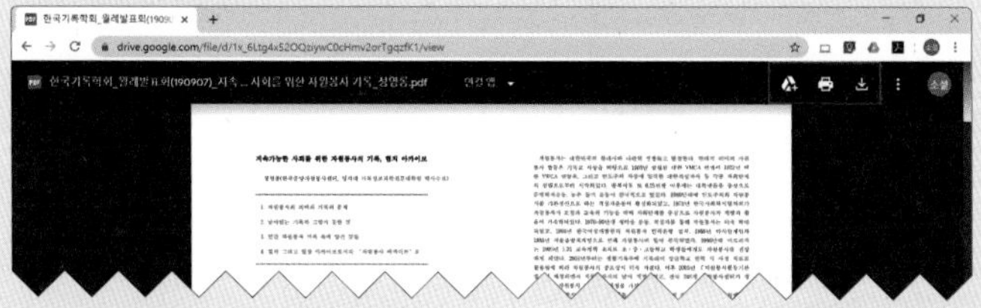

- : Google 드라이브에서 공유한 항목으로 바로 갈 수 있는 항목이 생성됩니다. 공유 링크로 항목을 공유하기 때문에 소유자가 공유 항목을 완전히 삭제하면 더 이상 확인할 수 없습니다.
- : 공유된 항목을 출력합니다.
- : 공유된 항목을 컴퓨터로 다운로드합니다.

## 특정 사용자에게 공유하기

링크 공유는 공유한 항목의 링크만 있으면 누구나 확인할 수 있고 공유 받은 사람이 또 다른 사람에게 공유할 수도 있기 때문에 보안에 취약합니다. 이번에는 특정 사용자에게만 공유하는 방법에 대해 알아보겠습니다.

**01** Google 드라이브에서 공유할 항목을 마우스 오른쪽 버튼으로 선택한 후 [공유]를 선택합니다.

**02** 팝업창이 표시되면 공유할 사람의 메일 주소를 입력한 뒤, [편집자]를 선택하고 [보내기]를 클릭합니다.

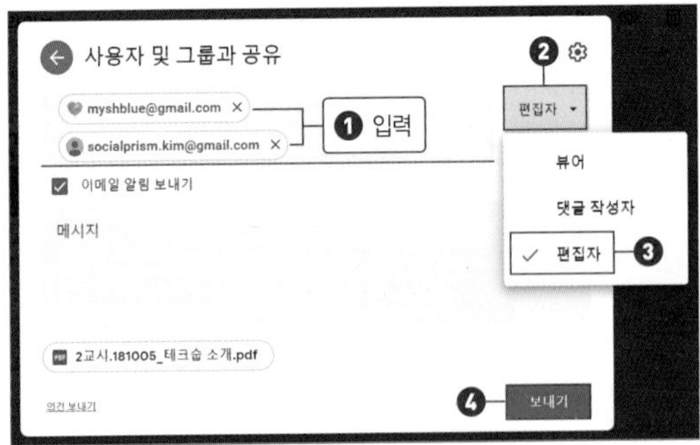


**잠깐만요**

'이메일 알림 보내기'를 체크하면 메일로 공유 정보가 전달됩니다. '메시지'에 원하는 메시지를 입력하면 공유 대상자에게 공유 정보와 함께 메시지가 전달됩니다.

**03** 공유 대상자는 Google 드라이브의 '공유 문서함'에서 공유된 항목을 확인할 수 있습니다.

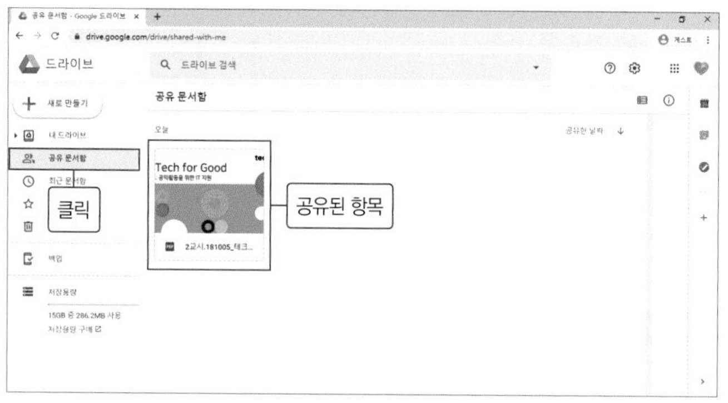

### Google+ | 사용자 아이콘을 확인하세요

사용자 계정을 입력했을 때 표시되는 아이콘으로 계정 상태를 확인할 수 있습니다. 정상적으로 공유할 수 있는 계정의 경우 해당 사용자의 프로필 이미지가 표시되지만 존재하지 않는 계정의 경우 [ⓘ]이 표시됩니다. [ⓘ]아이콘이 표시되는 경우 메일 주소를 잘못 입력했을 수 있으니 입력한 메일 주소를 확인해보세요.

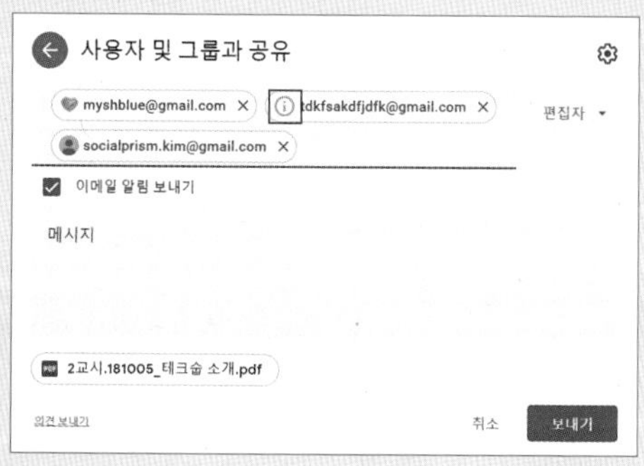

# TIP 010 공유 설정 변경하기

공유된 항목에 설정된 권한을 변경하거나 공유 대상에서 제외하는 등 이미 공유된 항목의 공유 설정을 변경할 수도 있습니다. 여기서는 공유된 항목의 공유 설정 변경 방법에 대해 알아보겠습니다.

**01** 공유 중인 항목을 마우스 오른쪽으로 선택한 뒤 [공유]를 선택하면 공유 대상자 목록이 표시됩니다. 목록에서 권한을 클릭하면 설정된 권한을 변경할 수 있습니다.

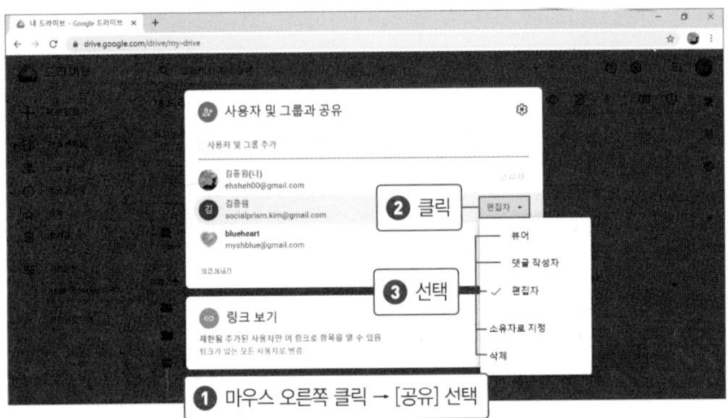


- **[소유자로 지정]** : 공유 항목의 소유자를 선택한 공유 대상자로 변경합니다. 소유자로 지정하면 지금 공유 항목의 모든 권한이 이전됩니다.
- **[삭제]** : 공유 대상자에서 제외합니다.

**02** 팝업창의 [⚙]를 클릭하면 더 자세한 권한을 확인하고 변경할 수 있습니다.

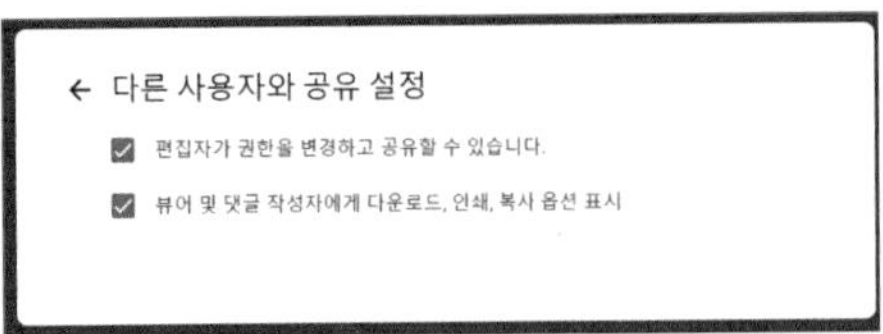


- **[편집자가 권한을 변경하고 공유할 수 있습니다]** : 체크 표시하면 '편집자' 권한이 있는 공유 대상자가 공유 항목의 권한을 변경하거나 다른 공유 대상자를 추가할 수 있습니다.
- **[뷰어 및 댓글 작성자에게 다운로드, 인쇄, 복사, 옵션 표시]** : 체크 표시 하면 '뷰어'와 '댓글 작성자' 권한이 있는 공유 대상자도 공유 항목의 다운로드, 인쇄, 복사가 가능합니다. 체크 해제하면 공유 항목의 '소유자'와 '편집자' 권한이 있는 공유 대상자만 공유 항목의 다운로드, 인쇄, 복사를 할 수 있습니다.

### Google+ | 협업에 유용한 공유 폴더 만들기

여러 개의 파일을 공유해 지속적으로 공동 작업을 하는 경우에는 공유 폴더를 만들어 보세요. [구성, 추가, 수정 가능]의 권한이 지정된 공유 폴더에 파일을 추가하면 해당 파일에도 [구성, 추가, 수정 기능] 권한이 생겨 폴더에 접근 권한이 있는 모든 사용자가 함께 파일을 사용할 수 있게 됩니다.

공유 폴더는 공유 대상자의 '공유 문서함'에 표시되고 용량은 파일을 업로드한 각자의 저장 용량을 사용합니다. 공유 대상자의 경우 공유 폴더를 마우스 오른쪽으로 클릭한 뒤 [드라이브에 바로가기 추가]를 선택하면 내 Google 드라이브에서 공유 폴더로 바로 이동할 수 있는 바로가기가 생깁니다.

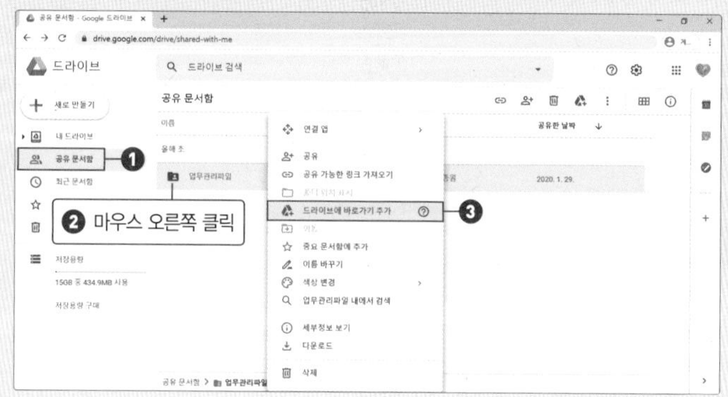

# TIP 011 백업 및 동기화 앱 사용하기

백업 및 동기화 앱을 사용하면 Google 드라이브에 저장되어 있는 항목을 컴퓨터에서 확인하거나 컴퓨터에 저장되어 있는 항목을 Google 드라이브에서 확인할 수 있습니다. 이번에는 백업 및 동기화 앱 사용법에 대해 알아보겠습니다.

**01** Google 드라이브의 [⚙]–[데스크톱용 드라이브 다운로드]를 차례로 선택합니다. '백업 및 동기화'의 [다운로드]를 클릭한 후 [동의 및 다운로드]를 클릭합니다.

**잠깐만요**

비즈니스용의 드라이브 파일 스트림은 유료 스마트워크 서비스인 G Suite를 사용해야만 사용할 수 있습니다.

**02** 다운로드 받은 설치 파일을 실행하면 Google 백업 및 동기화 앱이 자동으로 설치되고 설치가 완료되면 Windows 작업표시줄의 시스템 아이콘 [☁]이 추가됩니다.

**03** 설치가 완료되면 바로 백업 및 동기화 설정이 진행됩니다. [시작하기]를 클릭합니다.

**잠깐만요**

만약 백업 및 동기화가 자동 실행되지 않는다면 Windows 작업표시줄의 []을 클릭하면 됩니다.

**04** Google 계정을 입력하고 [다음]을 클릭한 뒤 비밀번호를 입력하고 [로그인]을 클릭합니다.

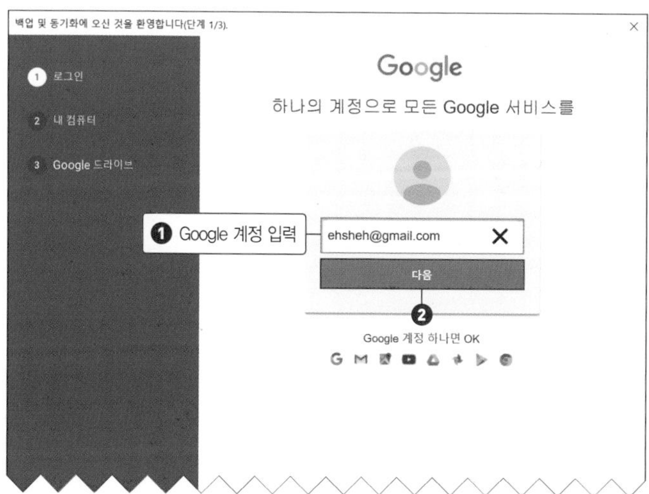

**05** 먼저, Google 드라이브로 백업할 폴더를 선택해야 합니다. 백업을 진행할 경우 Google 드라이브의 저장 공간을 차지합니다. [확인]을 클릭합니다.

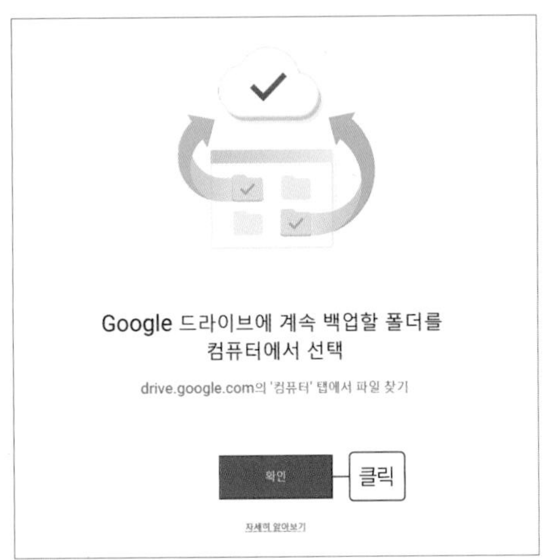


**06** Google 드라이브로 백업할 사용자 컴퓨터의 폴더와 옵션을 선택할 수 있습니다. 설정 완료 후 [다음]을 클릭합니다.

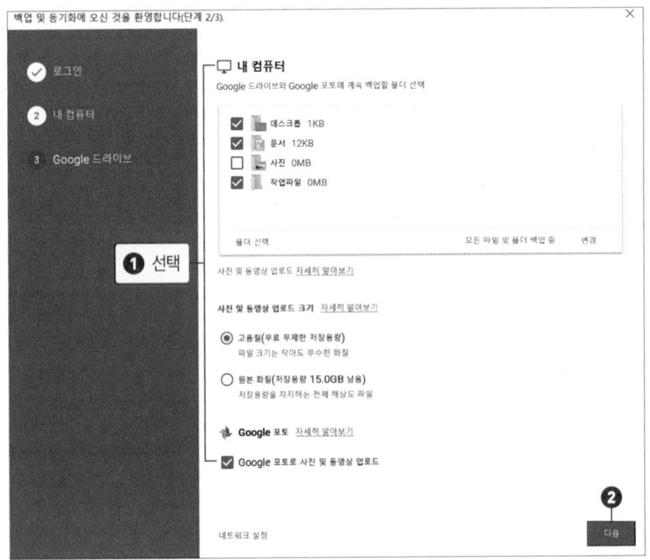


**잠깐만요**

[폴더 선택]을 클릭하면 직접 Google 드라이브로 백업할 위치를 지정할 수 있습니다.

- **[내 컴퓨터]** : 내 컴퓨터에서 Google 드라이브로 백업할 폴더를 선택할 수 있습니다. 각 위치의 체크 박스를 클릭하여 체크 표시하면 해당 위치가 Google 드라이브로 백업됩니다.
- **[사진 및 동영상 업로드 크기]** : [고품질]과 [원본 사진] 중 하나를 선택할 수 있습니다. [고품질]을 선택하면 이미지 파일을 압축하여 저장 공간을 절약할 수 있습니다. 16M Pixel 이상의 이미지는 16M Pixel로 줄어들지만 이미지를 무제한 업로드 할 수 있는 [고품질]을 선택하는 것을 적극 추천합니다.
- **[Google 포토로 사진 및 동영상 업로드]** : 이미지와 동영상 파일을 Google 드라이브와 Google 포토 두 곳에 백업합니다. Google 포토는 이미지와 동영상 백업에 특화된 Google의 클라우드 서비스입니다. 아직 사용해 보지 않았다면 사용을 적극 권장합니다.

**07** 다음으로 동기화 설정을 진행합니다. 동기화를 진행하면 사용자 컴퓨터 하드 디스크의 저장 공간을 차지하게 됩니다. [확인]을 클릭합니다.

**08** 컴퓨터로 동기화 할 Google 드라이브의 항목을 선택합니다. 옵션 설정이 모두 끝난 후에 [시작]을 클릭합니다.

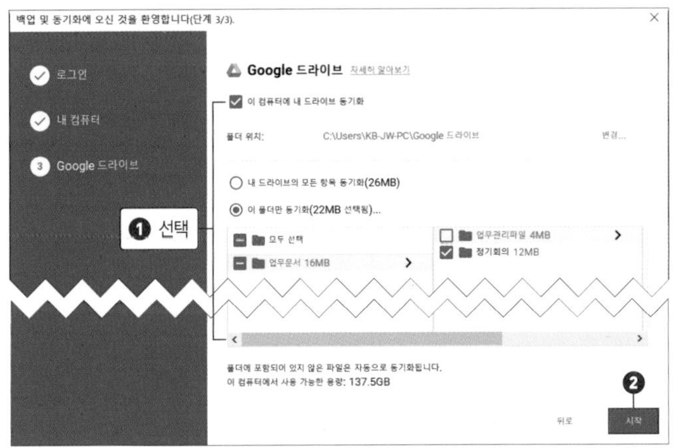


- **[이 컴퓨터에서 내 드라이브 동기화]** : 체크 표시를 해제하면 동기화를 진행하지 않습니다.
- **[폴더 위치]** : 동기화 할 폴더가 표시됩니다. [변경]을 클릭하면 동기화 할 위치를 변경할 수 있습니다.
- **[Google 드라이브 동기화 폴더 선택]** : [내 드라이브의 모든 항목 동기화]를 선택하면 Google 드라이브의 모든 항목을 사용자 컴퓨터로 동기화합니다. Google 드라이브의 특정 항목만 동기화하려면 [이 폴더만 동기화]를 클릭한 뒤 원하는 폴더만 선택할 수 있습니다.

**09** 모든 설정을 완료한 뒤 [시작]을 클릭하면 백업 및 동기화가 시작되고 Windows 작업표시줄의 시스템 아이콘도 [☁]에서 [☁]로 변경됩니다. 작업표시줄의 [☁]를 클릭하면 진행 상황을 확인할 수 있습니다.

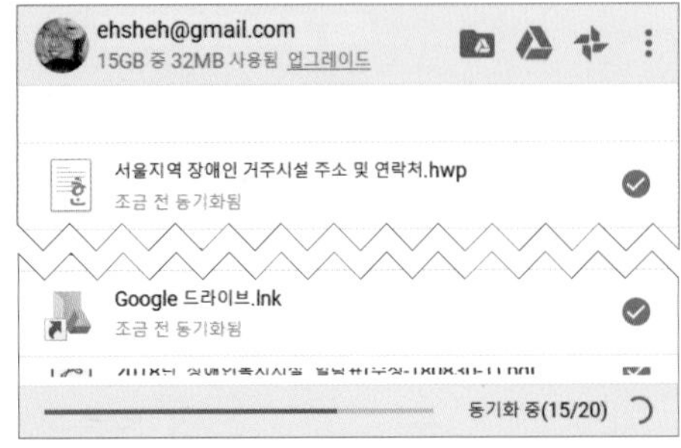

**10** 백업 및 동기화가 모두 완료된 뒤, Windows 파일 탐색기에서 동기화 위치로 지정한 폴더를 확인하면 Google 드라이브와 동기화된 항목을 확인할 수 있습니다. 이제부터는 Google 드라이브에 보관된 항목을 Windows 파일 탐색기도 확인하고 수정할 수 있습니다.

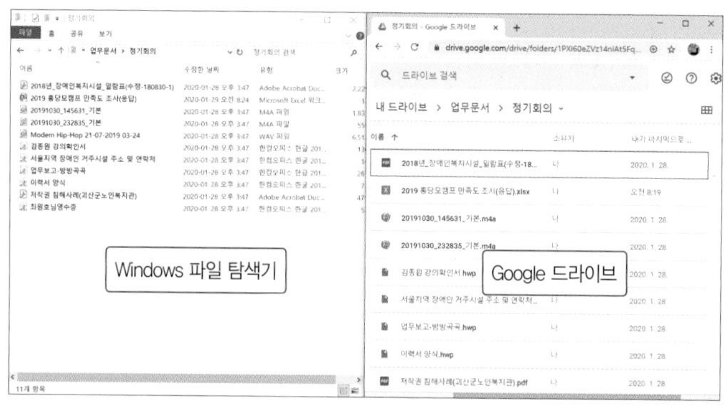


**11** 동기화 된 폴더나 파일은 아래 그림처럼 동기화 상태 [✓], [⟲]가 표시됩니다.

- [✓] : 사용자의 컴퓨터와 Google 드라이브에서 동기화가 완료된 항목
- [⟲] : 사용자의 컴퓨터와 Google 드라이브에서 동기화가 진행 중인 항목

# TIP 012 백업 및 동기화 설정 변경하기

백업 및 동기화가 완료된 이후에도 언제나 Google 드라이브로 백업할 위치나 컴퓨터로 동기화할 항목을 추가하거나 제외할 수도 있습니다.

**01** 백업 위치나 동기화 항목을 추가/제외하려면 Windows 작업표시줄의 [☁]을 클릭한 후 [⋮]–[환경설정]을 차례로 선택합니다.

**02** '환경설정' 대화상자의 메뉴에서 [내 컴퓨터]를 선택하면 Google 드라이브로 백업할 폴더를 변경할 수 있고 [Google 드라이브]를 선택하면 동기화할 항목을 변경할 수 있습니다.

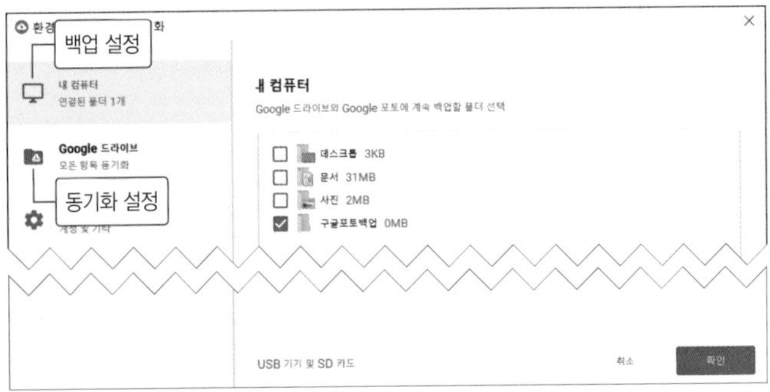


**잠깐만요**

한 개의 Google 계정에 여러 컴퓨터를 백업하고 있다면 '환경설정' 대화상자의 메뉴에서 [내 컴퓨터]를 선택한 뒤 오른쪽 선택 창의 [내 컴퓨터]를 클릭해 이름을 변경할 수 있습니다.

**03** [내 컴퓨터]를 선택한 뒤 [변경]을 클릭하면 표시되는 '파일 형식 선택' 팝업창에서는 백업할 파일 형식을 선택할 수 있죠.

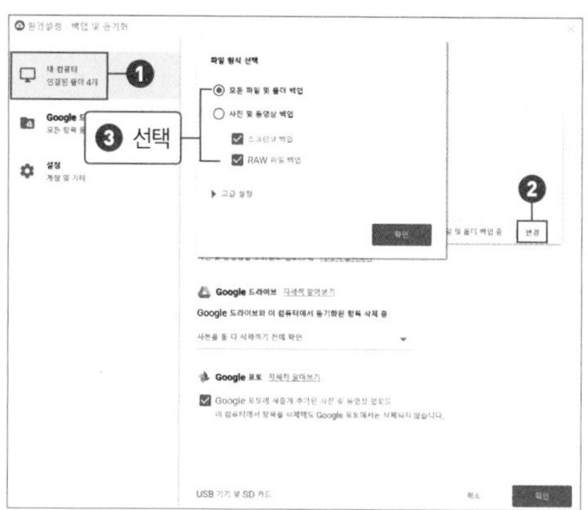


**04** '파일 형식 선택' 팝업창의 [고급 설정]을 클릭하면 백업에서 제외할 확장자를 입력할 수 있습니다. 예를 들어 동영상 파일 확장자인 'mkv'를 백업에서 제외하려면 'mkv'를 입력한 뒤 [추가]를 클릭하면 백업 위치에 있는 파일 중 확장자가 .mkv인 파일은 백업하지 않습니다.

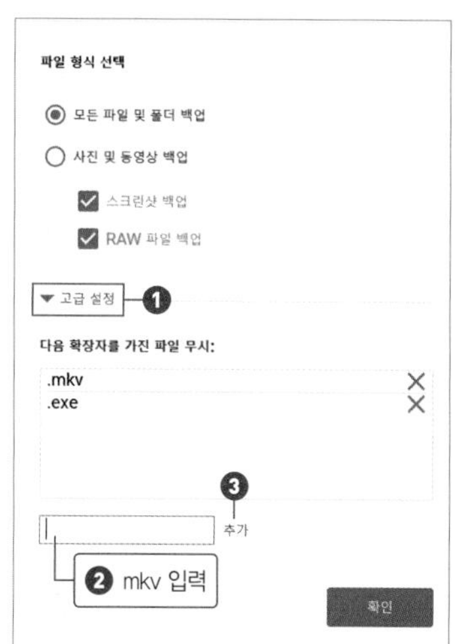

**05** 'Google 드라이브'에서는 항목을 삭제했을 때의 처리 방법을 선택할 수 있습니다. 모두 변경한 뒤 [확인]을 클릭하면 수정 사항이 바로 반영됩니다.

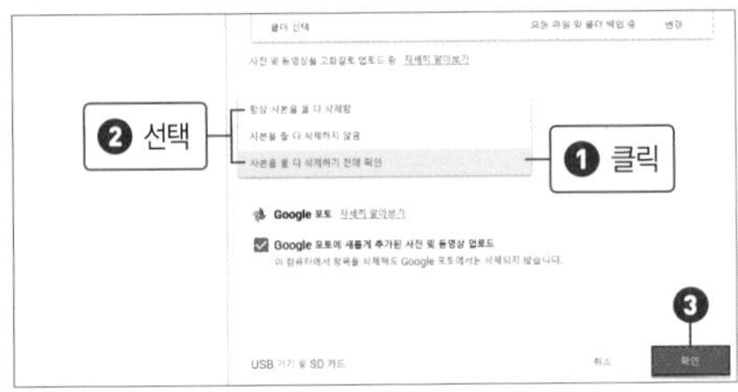


- **[항상 사본을 둘 다 삭제함]** : 백업된 항목을 삭제하면 Google 드라이브와 컴퓨터 모두에서 삭제합니다.
- **[사본을 둘 다 삭제하지 않음]** : 백업된 항목을 삭제해도 Google 드라이브에서는 그대로 유지됩니다.
- **[사본을 두 다 삭제하기 전에 확인]** : 컴퓨터에서 백업된 항목을 삭제하면 삭제 여부를 묻는 메시지가 표시됩니다.

**잠깐만요**

'Google 포토' 항목의 [Google 포토에 새롭게 추가된 사진 및 동영상 업로드]를 클릭하여 체크 표시를 하면 Google 포토에도 사진과 동영상이 업로드됩니다.

### Google+ | 백업 및 동기화 계정 추가하기

만약 여러 개의 Google 계정을 사용하고 있다면 계정을 추가하여 계정별로 백업 및 동기화를 사용할 수 있습니다. 계정을 추가하려면 Windows 작업 표시줄의 [☁]을 선택한 후 [⋮]–[새 계정 추가]를 차례로 선택해 원하는 Google계정을 추가하면 됩니다. Google 계정을 추가하고 백업 및 동기화를 진행하면 Windows 작업 표시줄에도 [☁]이 추가됩니다.

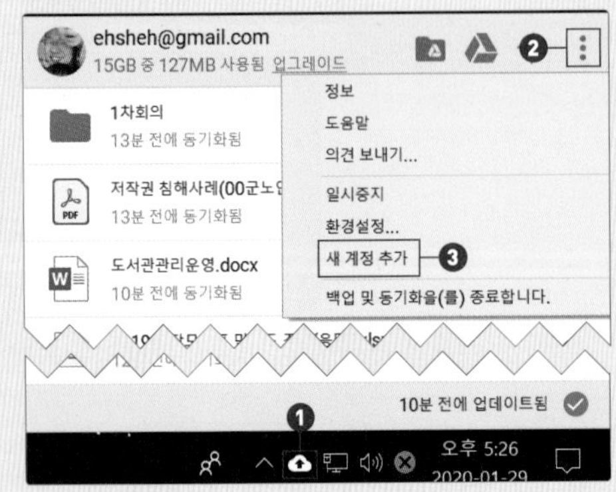

# TIP 013 버전 관리

Google 백업 및 동기화 앱의 동기화를 사용하고 있는 상태에서 파일을 수정하면 수정 버전별로 Google 드라이브에 파일이 저장되어 버전별로 관리할 수 있습니다.

**01** Google 드라이브와 동기화되는 폴더에 간단한 문서를 작성하며 수시로 저장했습니다. 동기화된 폴더에 저장했기 때문에 컴퓨터에 저장한 문서는 백업 및 동기화 앱을 통해 Google 드라이브에도 저장됩니다.

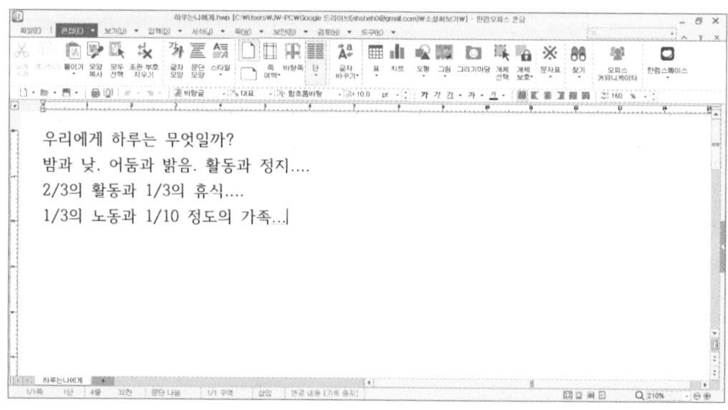


**02** Google 드라이브에 동기화 된 문서를 마우스 오른쪽으로 클릭한 뒤 [버전 관리]를 선택합니다.

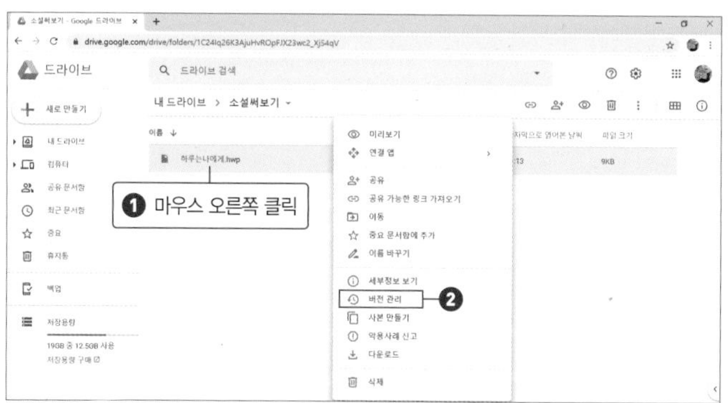


**잠깐만요**

버전 기록은 Google 드라이브에서만 확인할 수 있습니다.

**03** '버전 관리' 팝업창에서는 사용자가 파일을 수정하며 저장한 내용이 시간의 역순으로 표시됩니다. 만약 문서 작업을 하며 세 번 저장을 했다면 '버전 관리' 팝업창에는 네 개의 문서가 저장한 버전 별로 표시되는 것이죠. 이 문서가 공유된 상태라면 공유 사용자가 수정하고 저장한 버전도 함께 표시됩니다.

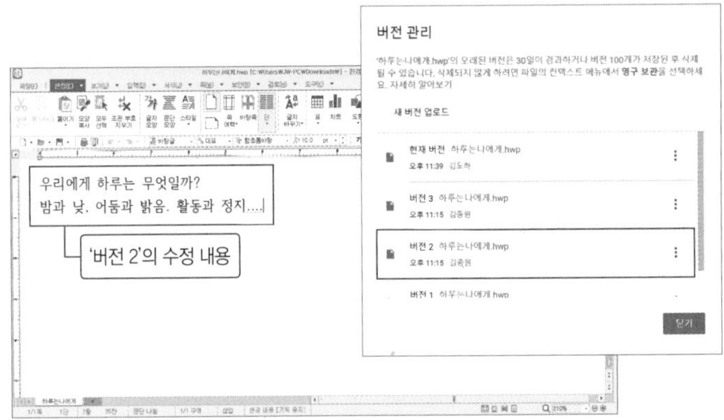


**04** 각 버전의 [⋮]를 클릭하면 해당 버전의 파일을 저장하거나 삭제할 수 있습니다.

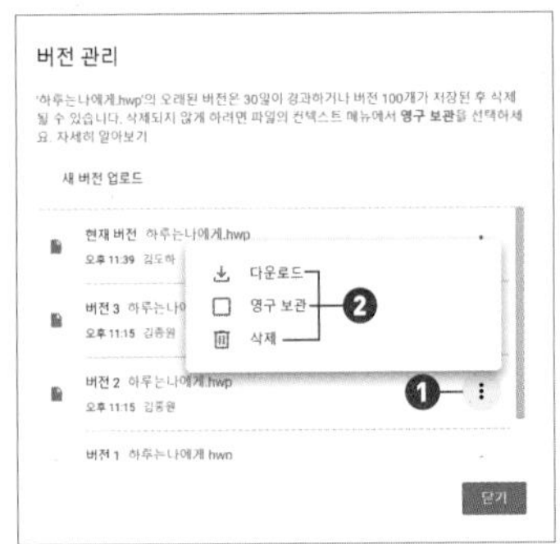


**잠깐만요**

각각의 버전은 모두 Google 드라이브 용량을 차지하기 때문에 Google 드라이브 저장 공간이 부족하다면 필요 없는 버전을 삭제해 저장 공간을 확보할 수 있습니다.

- **[다운로드]** : 선택한 버전 기록을 별도의 파일로 다운로드합니다.
- **[영구 보관]** : 버전 기록은 30일이 경과하거나 버전 기록이 100개 이상 생성될 경우 이전의 버전 기록이 삭제될 수 있습니다. 체크 박스를 클릭하여 체크 표시하면 해당 버전을 삭제하지 않고 영구 보관합니다.
- **[삭제]** : 선택한 버전 기록을 삭제합니다.

## Google⁺ | 수동으로 버전 추가하기

백업 및 동기화 앱을 사용하면 자동으로 버전이 저장됩니다. 만약 수동으로 버전 기록을 추가하려면 '버전 관리 팝업창'의 [새 버전 업로드]를 클릭한 후 추가할 버전의 파일을 업로드하면 됩니다. 이렇게 추가하는 버전의 경우 선택한 파일과 관계 없는 파일도 새로운 버전으로 추가할 수 있습니다.

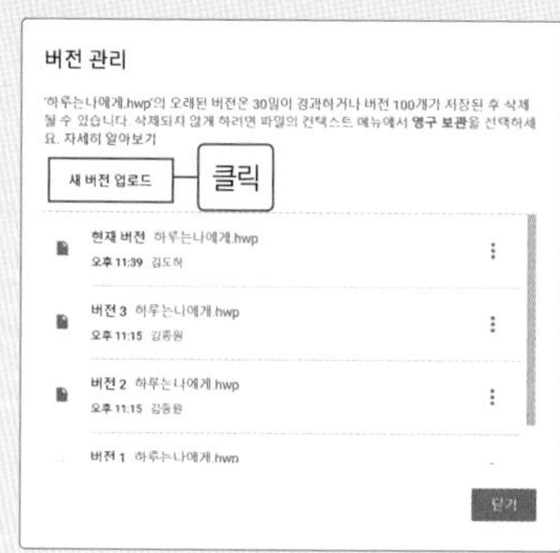

# TIP 014 Google 드라이브 저장 공간 관리하기

Google 계정만 있다면 누구나 15GB의 Google 드라이브를 무료로 사용할 수 있습니다. 만약 무료 저장 공간을 모두 사용해 저장 공간이 부족하다면 유료 저장 공간을 추가할 수도 있습니다.

**01** Google 드라이브 메뉴의 [15GB중 ##GB 사용]을 클릭하면 현재 Google 드라이브에 보관된 모든 항목을 용량 크기 순으로 확인할 수 있습니다. 저장 공간이 부족하다면 필요 없는 항목을 삭제하여 저장 공간을 확보할 수 있습니다.

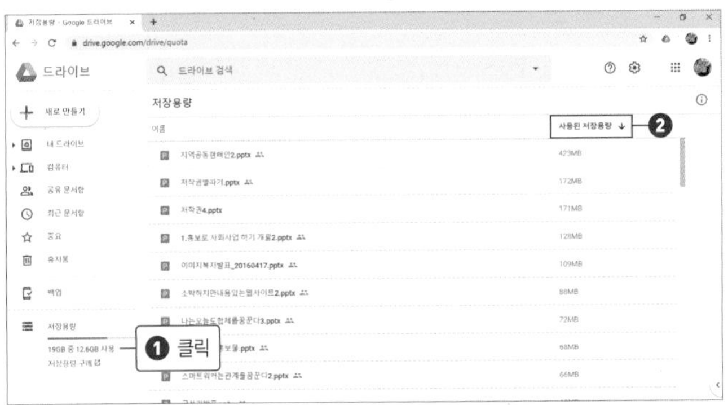


**02** 만약 이런 노력에도 저장 공간을 확보하지 못했거나 유료 저장 공간을 추가하려면 Google 드라이브 메뉴 아래의 [저장용량 구매]를 클릭합니다.

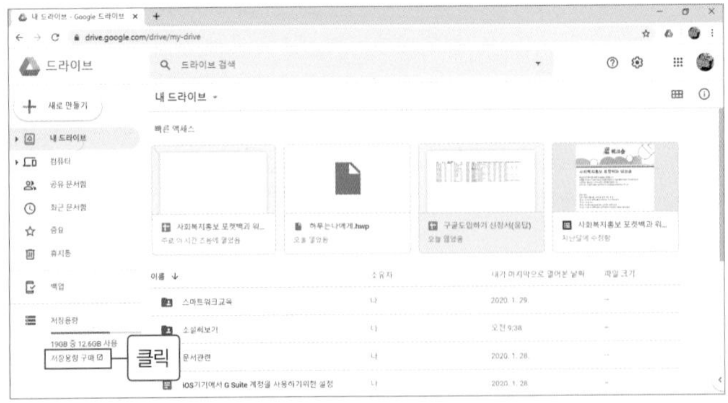

**03** 'Google One' 페이지에는 구매할 수 있는 저장 공간과 가격이 표시됩니다. 저장 공간을 구매하기 전 스크롤을 내려 'Google One' 페이지 아래로 이동하면 현재 사용하고 있는 저장 공간을 확인할 수 있습니다.

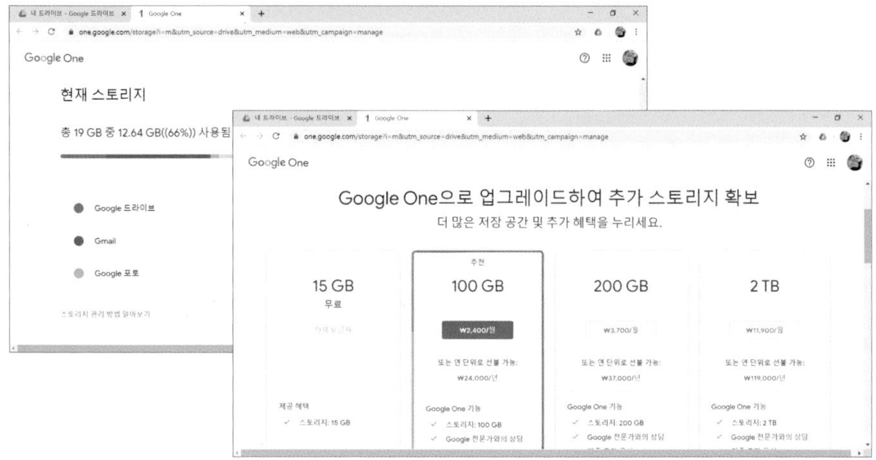


**잠깐만요**

Gmail에서 파일이 첨부된 메일을 삭제하거나 Google 포토의 이미지를 고품질로 저장해서도 추가 저장 공간을 확보할 수 있습니다.

# Google 문서

협업하기

Google 문서는 Microsoft의 Word에 대응하는 앱으로 간단한 문서 작업은 물론, 여려 명과 공동 문서를 작성하거나 작성한 문서를 Word 파일로 내려 받을 수도 있습니다. 여기서는 Google 문서의 기본 기능과 Google 문서만의 특별한 기능에 대해 알아보겠습니다.

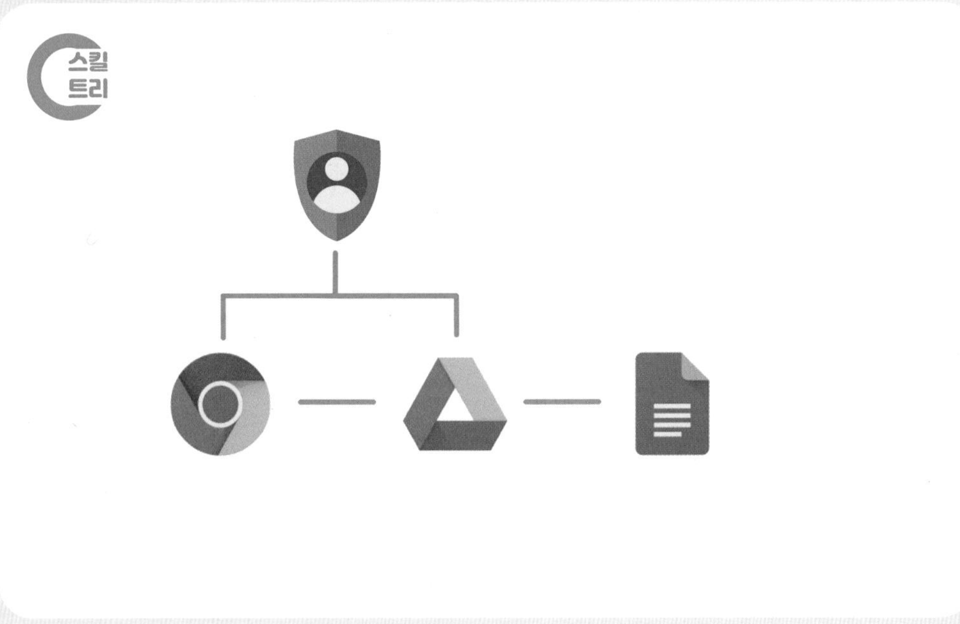

글꼴 추가 258쪽 | 문서 개요 260쪽 | 수정 제안 261쪽 | 음성 입력 263쪽 | 문서 번역 264쪽 | 문서 다운로드 265쪽

# TIP 001 Google 문서 살펴보기

Google 문서는 Google 드라이브 메뉴에서 [새로 만들기]를 클릭한 뒤 [Google 문서]를 선택해 실행할 수 있습니다.

Google 문서는 Microsoft의 Word와 크게 다르지 않기 때문에 화면의 메뉴 아이콘만 봐도 각각의 기능을 직관적으로 이해하고 바로 사용할 수 있습니다.

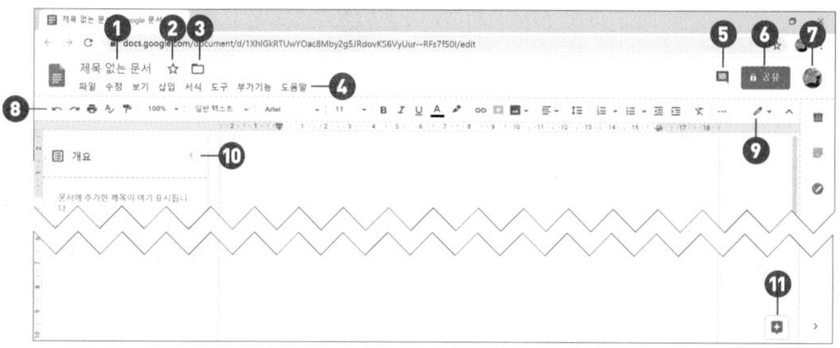


❶ **[문서 이름]** : 문서 이름을 지정합니다. 지정한 문서 이름은 Google 드라이브 목록에 표시됩니다.

❷ **[별표]** : 현재 문서에 별을 표시해 중요 문서로 지정합니다.

❸ **[이동]** : Google 드라이브에 현재 문서의 저장 위치를 지정합니다.

❹ **[메뉴]** : Google 문서의 기능을 메뉴바 형태로 표시합니다. [파일], [수정], [보기] 등 각각의 메뉴를 클릭하면 해당 메뉴의 하위 메뉴가 표시됩니다.

❺ **[댓글 기록 열기]** : 공동 작업자가 남긴 댓글과 알람을 표시합니다. 자세한 내용은 297쪽을 참고하세요.

❻ **[공유]** : 현재 문서를 다른 사용자와 공유합니다. 문서 공유에 대한 내용은 296쪽을 참고하세요.

❼ **[Google 계정]** : 현재 접속한 사용자의 Google 계정이 표시됩니다.

❽ **[리본 메뉴]** : 자주 사용하는 메뉴가 표시됩니다.

❾ **[수정, 제안, 보기 모드]** : 현재 문서를 수정, 제안, 보기 모드로 전환합니다. 자세한 내용은 261쪽을 참고하세요.

❿ **[문서 개요 표시]** : 현재 문서의 목차 목록을 표시합니다. 문서 개요에 대한 자세한 내용은 260쪽을 참고하세요.

⓫ **[탐색]** : Google에서 원하는 문서 서식을 찾아 Google 문서에 추가합니다.

# TIP 002 Google 문서에 글꼴 추가하기

Google 문서로 간단한 문서 작업만 한다면 기본 글꼴로도 충분하지만 더 많은 글꼴을 추가할 수도 있습니다. 아쉽게도 컴퓨터에 설치된 글꼴을 Google 문서에 추가할 수는 없습니다.

Google 문서에 추가할 수 있는 글꼴은 이미 무료로 공개된 글꼴로 저작권 걱정없이 사용할 수 있으며 추가한 글꼴로 작성한 문서를 다른 사람과 공유하면 추가한 글꼴이 자동으로 적용되기 때문에 제약없이 사용할 수 있습니다.

**01** Google 리본 메뉴에서 [글꼴]을 선택한 뒤 글꼴 목록 위의 [글꼴 더보기]를 클릭합니다.

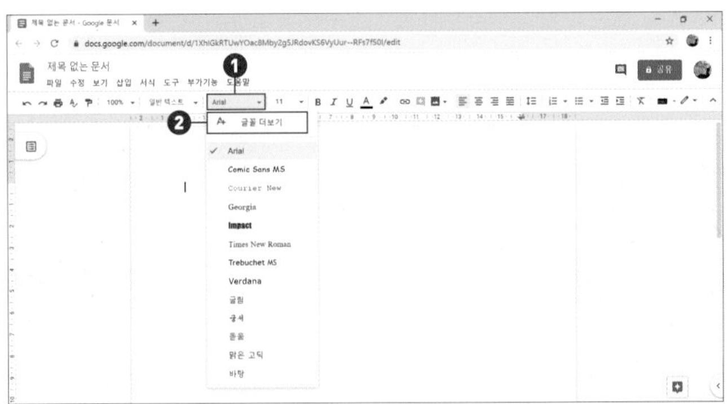


**02** '글꼴' 팝업창이 표시되면 [문자:모든 문자]를 클릭한 뒤 [한국어]를 선택합니다.

**03** 글꼴 팝업창의 왼쪽 목록에 추가할 수 있는 한글 글꼴이 표시됩니다. 목록에서 추가할 글꼴을 클릭해 선택한 뒤 [확인]을 클릭합니다.

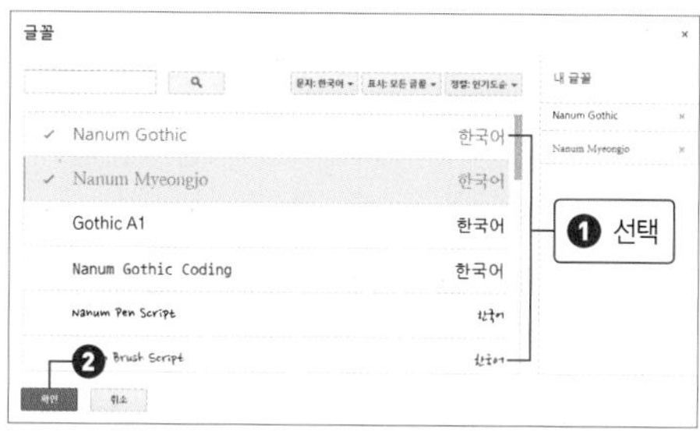


**04** 글꼴 추가를 완료한 후 리본 메뉴의 [글꼴]을 클릭하면 추가된 한글 글꼴을 확인할 수 있습니다.

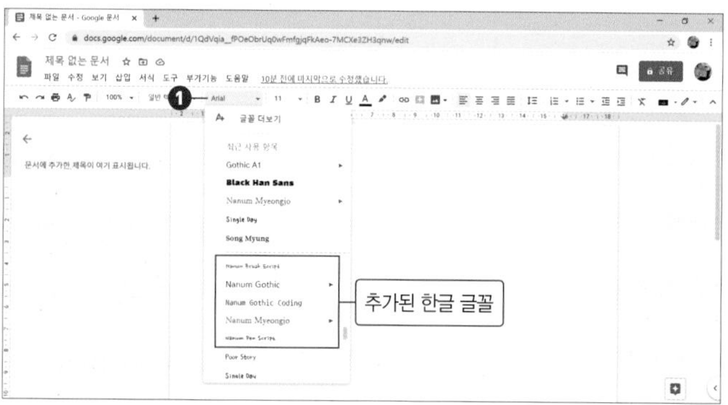


Google 문서

# TIP 003 Google 문서 개요

Google 문서에 스타일을 적용하면 간단하게 문서를 구조화할 수 있습니다. 이번에는 Google 문서의 개요 기능에 대해 알아보겠습니다.

Google 문서로 작성한 문서에 스타일을 적용하면 문서가 자동으로 구조화 되어 원하는 내용을 빠르게 찾아 해당 내용으로 바로 이동할 수 있습니다.

**01** Google 문서로 문서를 작성하며 스타일을 적용할 위치로 커서를 옮긴 뒤 리본 메뉴에서 [스타일]을 클릭해 원하는 스타일을 지정합니다. 여기서는 [제목]을 선택했습니다.

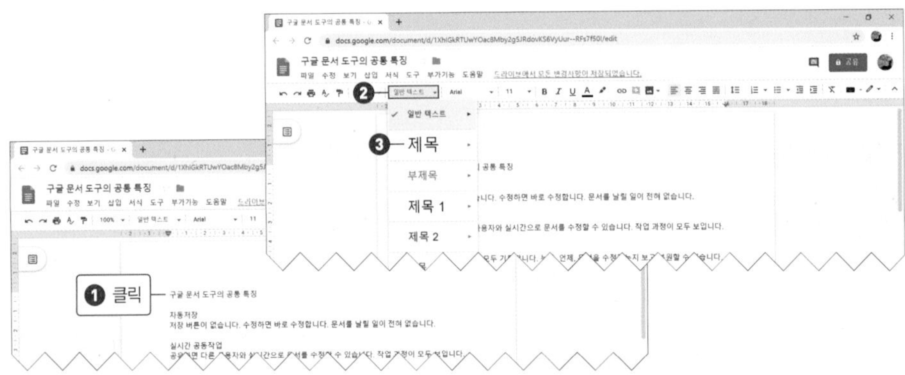


**02** 같은 방법으로 문서에 원하는 스타일을 적용한 뒤 화면에 표시되는 [▤]를 클릭합니다.

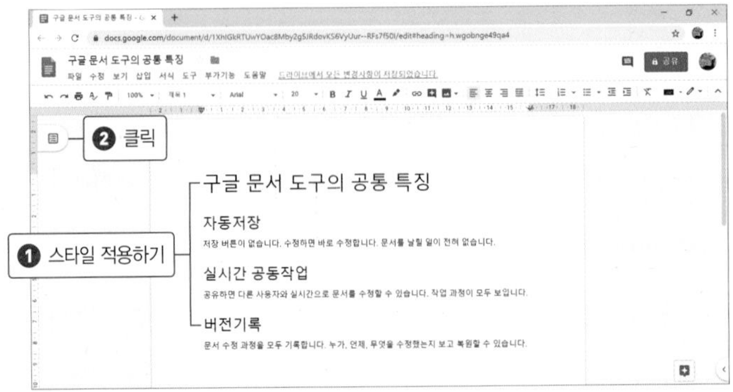

**03** 개요 패널에는 사용자가 지정한 스타일에 따라 문서가 구조화되어 목록으로 표시됩니다. 각각의 목록을 클릭하면 해당 위치로 바로 이동할 수 있고 각 목록의 [×]를 클릭하면 지정한 스타일을 삭제할 수 있습니다.

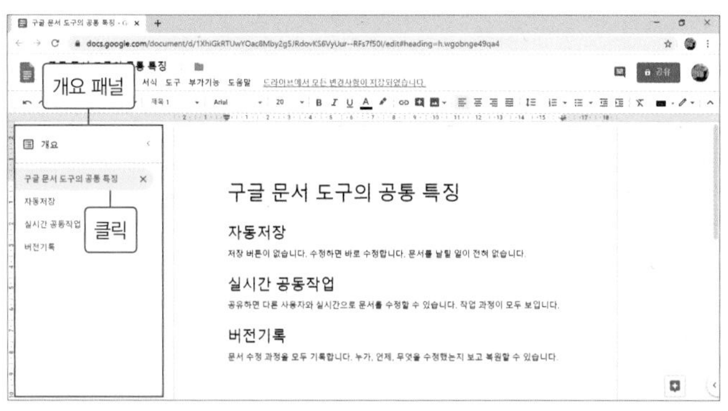


## TIP 004 수정 제안하기

Google 문서를 다른 사용자와 공유해 공동 작업을 하고 있다면 공유 문서의 내용을 변경하지 않고 공동 작업자에게 수정을 제안할 수 있습니다.

**01** 공유 문서를 확인하는 중 수정할 내용이 있다면 Google 문서 리본 메뉴의 [✏]를 클릭한 후 [제안]을 선택합니다.

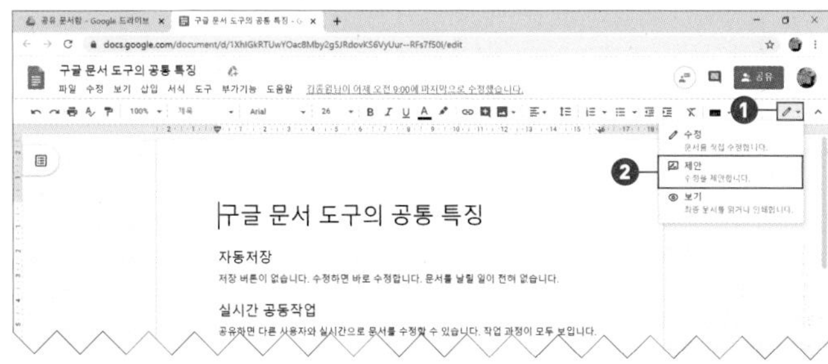


**잠깐만요**

문서를 공유하는 방법은 296쪽을 참고하세요.

**02** 제안 모드에서 제안할 수정 내용을 입력하면 제안 패널에 입력한 내용이 표시됩니다.

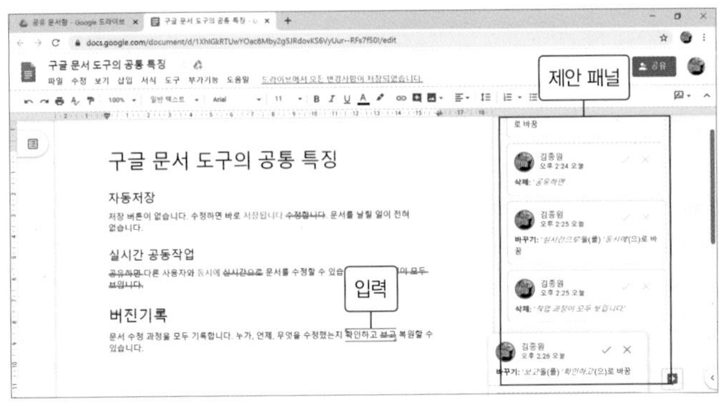


**잠깐만요**

제안 모드에서 입력하는 내용은 기존 텍스트와 다른 색으로 입력되고 삭제하거나 대체되는 내용에는 취소선이 표시됩니다.

**03** 다른 공동 작업자가 Google 문서의 제안 패널에서 제안 받은 수정 내용을 확인하며 해당 내용을 반영하려면 [✓]을 클릭하고 반영하지 않으려면 [✕]를 클릭해 문서 내용을 수정할 수 있습니다.

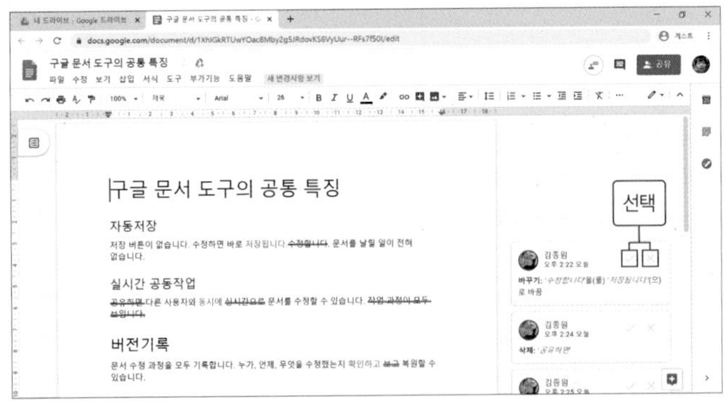


**잠깐만요**

[✓]나 [✕]를 클릭하면 제안 패널에서 해당 제안이 사라집니다.

# TIP 005 음성 입력으로 문서 작성하기

Google 문서의 음성 입력 기능을 사용하면 키보드로 문서 내용을 입력하는 대신 음성으로 문서를 작성할 수 있습니다. 음성 입력 기능을 사용하려면 마이크가 연결되어 있어야 하며 Chrome 브라우저에서만 사용할 수 있습니다.

**01** 음성 입력 기능을 사용하려면 Google 문서의 메뉴에서 [도구]-[음성 입력]을 선택합니다.

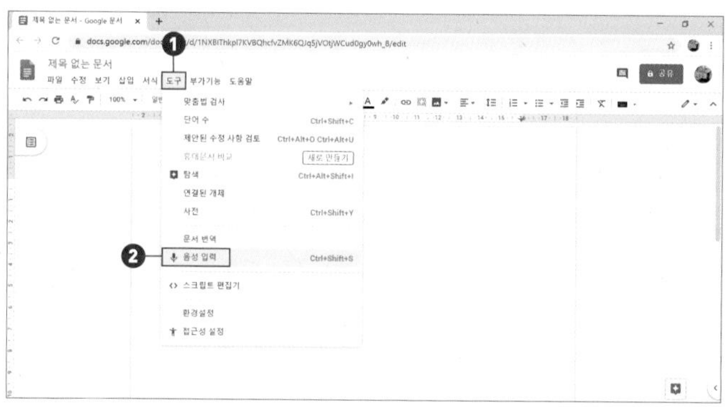

**02** 왼쪽 패널에 표시되는 [🎤]를 클릭한 뒤 Chrome에서 마이크 사용에 대한 권한을 요청하는 팝업창이 표시되면 [허용]을 클릭합니다.

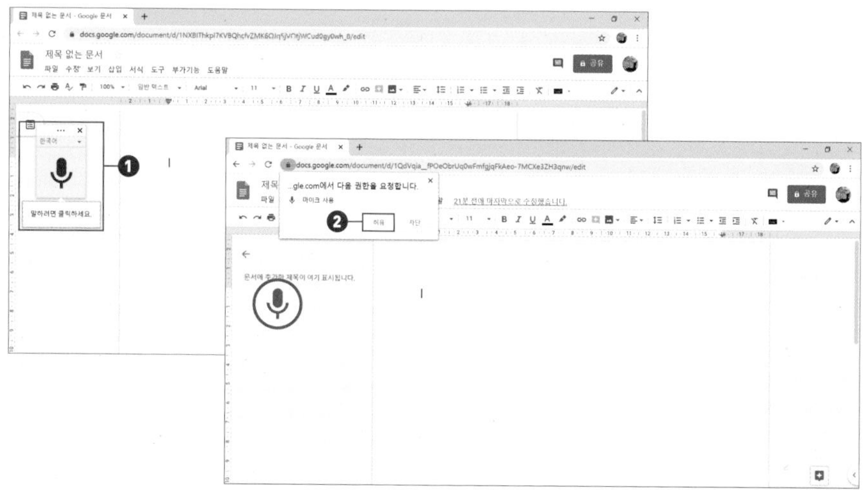

**03** 음성 입력이 활성화되면 그림과 같이 [🎤]이 빨간색으로 표시됩니다. 이제부터 음성으로 문서를 작성할 수 있습니다. 음성 입력을 중단하려면 마이크 아이콘을 클릭합니다.

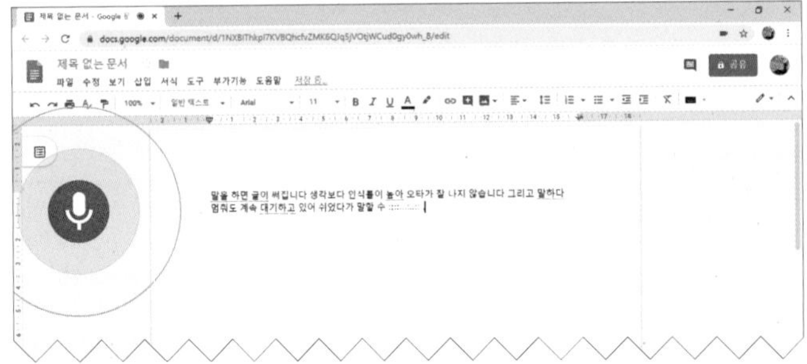

**잠깐만요**

음성 입력이 활성화 된 상태에서도 키보드로 문서를 작성할 수 있습니다.

## TIP 006 Google 문서에서 번역하기

Google 문서에서 한글로 작성한 문서를 원하는 언어로 번역할 수 있습니다. Google 번역기를 거치지 않고 문서 전체를 원하는 언어로 번역할 수 있기 때문에 편리합니다.

문서를 작성한 뒤 Google 문서의 메뉴에서 [도구]-[문서 번역]을 선택합니다. Google 문서 번역은 작성한 문서를 지정한 언어로 번역한 뒤 사본을 저장하는 것으로 '문서 번역' 팝업창이 표시되면 문서 제목과 번역할 언어를 선택한 뒤 [번역]을 클릭합니다.

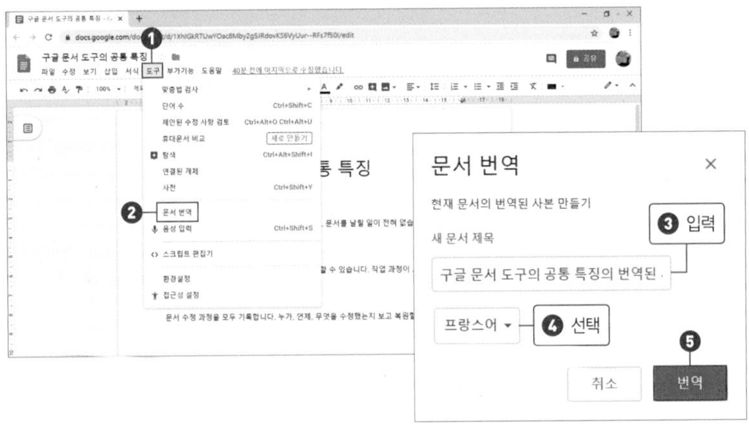

번역이 완료되면 지정한 제목과 언어로 번역된 문서가 표시됩니다.

##  TIP 007 Google 문서 다운로드하기

Google 문서로 작성한 문서는 기본적으로 Google 드라이브에 저장되지만 원하는 형식으로 다운로드 할 수도 있습니다. 다양한 형식 중 Microsoft의 Word 형식과의 호환성이 높습니다.

Google 문서에서 작성한 문서를 다운로드하려면 Google 문서의 메뉴에서 [파일]-[다운로드]를 선택합니다.

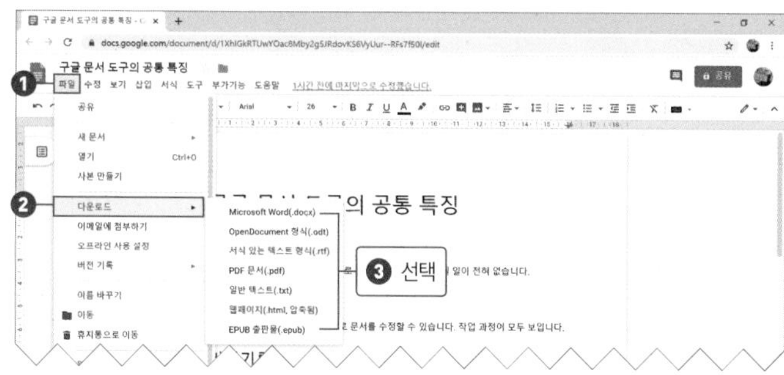


- **[Microsoft Word(.docx)]** : Microsoft Word 파일로 저장합니다.
- **[OpenDocument 형식(.odt)]** : Apache에서 오픈소스 기반으로 만든 워드 프로세서 파일로 저장합니다.
- **[서식이 있는 텍스트 형식(.rtf)]** : Windows에 내장된 앱인 '워드패드'에서 확인할 수 있는 파일로 저장합니다.
- **[PDF문서(.pdf)]** : Adobe에서 만든 전자 문서 형식으로 저장합니다.
- **[일반 텍스트(.txt)]** : 서식, 이미지가 제거된 텍스트만 저장합니다.
- **[웹페이지(.html, 압축됨)]** : html과 다양한 개체를 압축된 형태로 저장합니다.
- **[EPUB 출판물(.epub)]** : eBook 표준 규격 형식을 저장합니다.

# Google 스프레드시트

협업하기

스프레드시트는 표에 숫자나 문자를 입력해 수치 계산, 통계, 도표와 같은 작업을 효율적으로 할 수 있는 프로그램으로 Microsoft의 Excel을 생각하면 이해가 쉽습니다. Google 스프레드시트는 Google 문서와 같이 Google 계정만 있다면 누구나 무료로 사용할 수 있고 Microsoft의 Excel에는 없는 유용한 함수와 기능을 제공합니다.

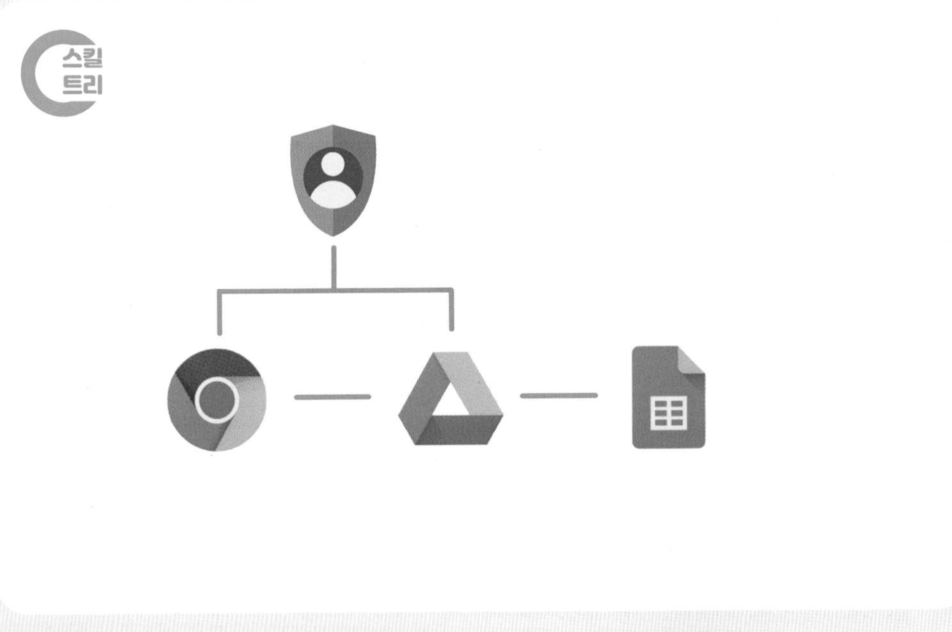

Excel 268쪽 | Google 스프레드시트 함수 270쪽 | 알림 설정 272쪽

# TIP 001 Google 스프레드시트 살펴보기

Google 스프레드시트는 Google 드라이브의 메뉴에서 [새로 만들기]를 클릭한 뒤 [Google 스프레드시트]를 선택해 실행할 수 있습니다.

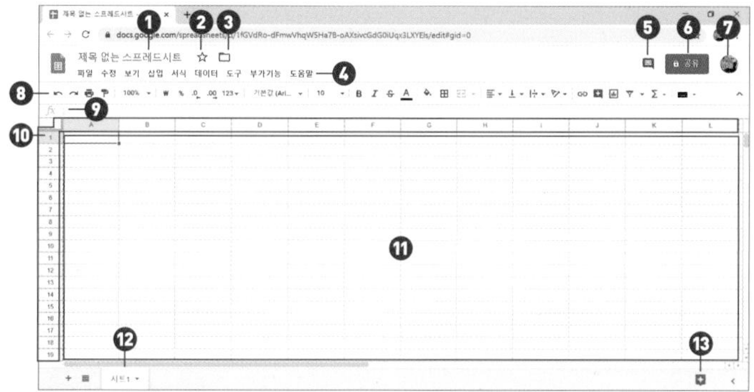

❶ **[스프레드시트 이름]** : 스프레드시트의 이름을 지정합니다. 지정한 스프레드시트 이름은 Google 드라이브 목록에 표시됩니다.

❷ **[별표]** : 현재 스프레드시트에 별을 표시해 중요 문서로 지정합니다.

❸ **[이동]** : Google 드라이브에 현재 스프레드시트의 저장 위치를 지정합니다.

❹ **[메뉴]** : Google 스프레드시트의 기능을 메뉴바 형태로 표시합니다. [파일], [수정], [보기] 등 각각의 메뉴를 클릭하면 해당 메뉴의 하위 메뉴가 표시됩니다.

❺ **[댓글 기록 열기]** : 공동 작업자가 남긴 댓글과 알람을 표시합니다. 자세한 내용은 297쪽을 참고하세요.

❻ **[공유]** : 현재 스프레드시트를 다른 사용자와 공유합니다. 스프레드시트 공유에 대한 내용은 296쪽을 참고하세요.

❼ **[Google 계정]** : 현재 접속한 사용자의 Google 계정이 표시됩니다.

❽ **[리본 메뉴]** : 자주 사용하는 메뉴가 표시됩니다.

❾ **[수식 입력줄]** : 선택한 셀에 함수를 입력합니다.

❿ **[행/열]** : 스프레드시트의 행과 열 번호가 표시됩니다.

⓫ **[시트]** : 셀의 모음으로 전체 데이터가 표시됩니다.

⓬ **[시트 탭]** : 현재 작업하고 있는 시트가 표시됩니다. 새 시트를 추가할 수도 있습니다.

⓭ **[탐색]** : 데이터를 분석하여 서식, 차트 등을 제안합니다.

# TIP 002 Excel 파일 불러오기

아직 Google 스프레드시트가 어색하다면 우선 Excel에서 작업한 파일을 Google 스프레드시트로 불러와 사용해보세요. 호환성이 높아 Excel에서 하던 작업을 바로 이어서 시작할 수 있습니다.

**01** Excel에서 합계를 계산하며 배경색 등의 셀 서식을 지정하고 '더하기'라는 이름으로 파일을 저장했습니다.

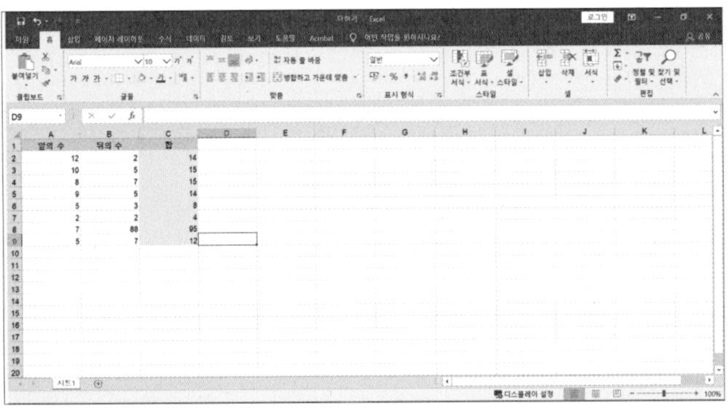


**02** 저장한 Excel 파일을 Google 드라이브로 업로드 한 후, 해당 파일을 마우스 오른쪽 버튼으로 선택해 [연결 앱]–[Google 스프레드시트]를 선택합니다.

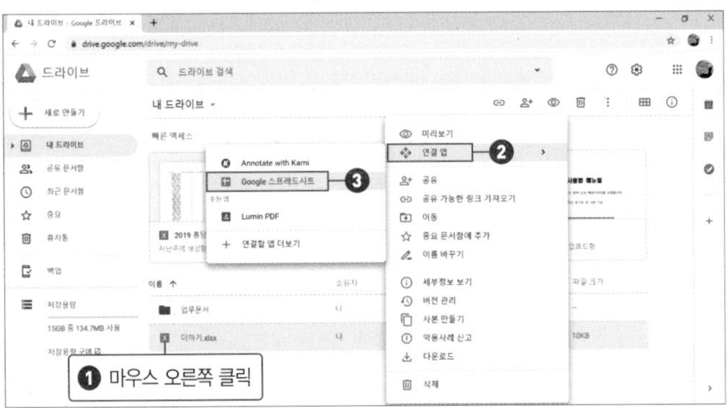

**03** 선택한 Excel 파일이 Google 스프레드시트에 표시됩니다. Excel에서 지정한 셀 서식이나 함수를 그대로 사용할 수 있습니다.

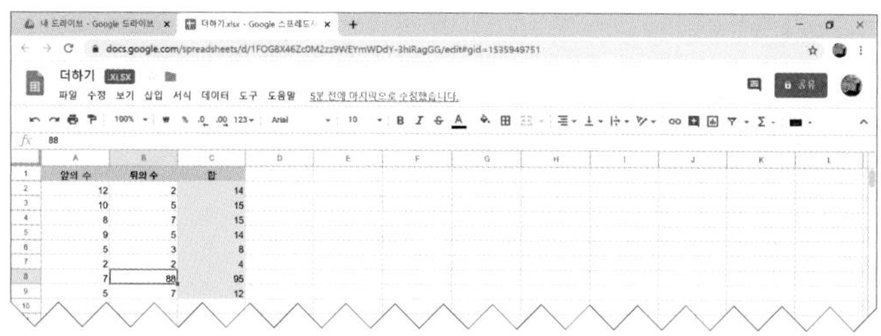

**04** Google 스프레드시트로 불러온 Excel 파일을 수정한 뒤 Google 스프레드시트나 Excel 파일로 저장할 수 있습니다. Excel 파일을 Google 스프레드시트로 저장하려면 Google 스프레드시트 메뉴에서 [파일]-[Google 스프레드시트로 저장]을 선택하면 됩니다.

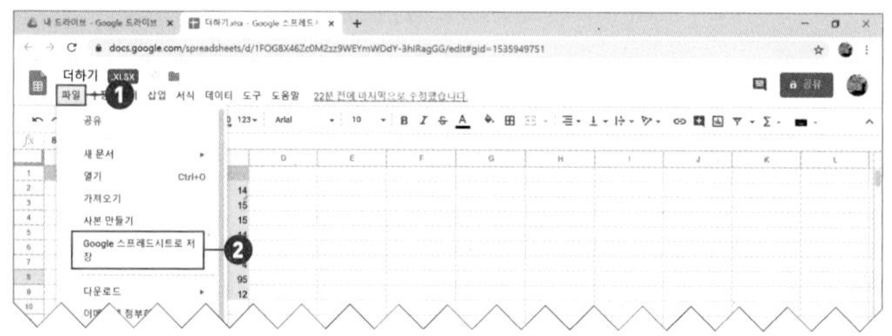


**05** 이렇게 저장한 Google 스프레드시트 파일은 Google 드라이브에 기존의 Excel 파일과 구분되어 저장됩니다.

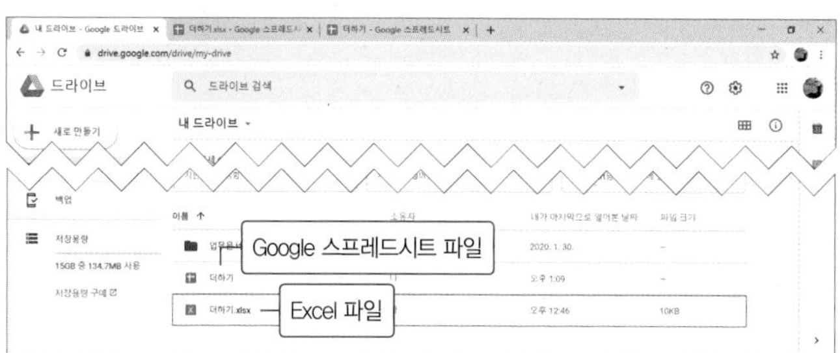

# TIP 003 Google 스프레드시트 함수

Google 스프레드시트에는 Excel에서 사용하는 대부분의 함수를 그대로 사용할 수 있을 뿐 아니라 Excel에는 없는 Google 스프레드시트 함수를 사용할 수 있습니다.

Google 스프레드시트 함수는 Google 스프레드시트 메뉴에서 [삽입]-[함수]-[Google]를 차례로 선택하면 확인할 수 있습니다. 여기서는 Google 함수 중 유용한 일부 함수에 대해서만 알아보겠습니나.

| 함수(인수) | 설명 |
|---|---|
| UNIQUE(범위) | 중복된 것을 버리고 입력된 원본 범위에서 고유 행을 반환합니다. 원본 범위에 처음 표시되는 순서대로 행이 반환됩니다. |
| FILTER(범위, 조건1, [조건2, …]) | 지정된 조건을 충족하는 열과 행을 반환하여 원본 범위의 필터링 버전을 반환합니다. |
| QUERY(범위, 검색어, [헤더]) | 범위를 SQL 구문을 사용해 필터링 버전을 반환합니다. |
| ARRAYFORMULA(배열 수식) | 배열 수식에서 여러 행 또는 열에 반환된 값을 표시하고, 배열이 아닌 함수에 배열을 사용할 수 있습니다. |
| IMPORTRANGE(스프레드시트 URL, 범위) | 다른 스프레드시트에서 셀 범위를 가져옵니다. |
| IMPORTXML(URL, xpath 검색어) | XML, HTML, CSV, TSV, RSS 및 Atom XML 피드를 포함한 다양한 구조화된 데이터로부터 데이터를 가져옵니다. |

**01** IMPORTRANGE 함수는 다른 Google 스프레드시트에서 일부 데이터만 가져오는 함수입니다. 여기서는 '원본 데이터'라는 Google 스프레드시트의 데이터를 '일부 데이터'라는 Google 스프레드시트로 가져오는 방법에 대해 알아보겠습니다. IMPORTRANGE 함수의 인수는 '스프레드시트 URL'과 '범위'로 우선 데이터를 가져올 '원본 데이터'의 URL을 복사합니다.

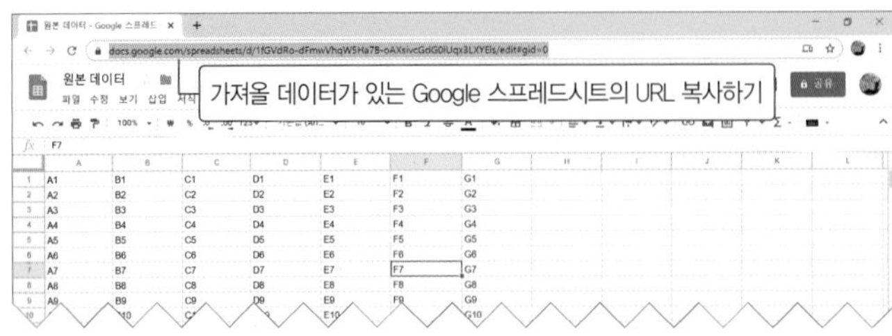

**02** 데이터를 가져올 Google 스프레드시트를 열고 A:1 셀을 선택한 뒤 수식 입력줄에 "=IMPORTRANGE(스프레드시트 URL, 범위)"를 입력합니다. 여기서는 '스프레드시트 URL'에는 앞의 과정에서 복사한 URL을 붙여넣고 범위에는 'A:1:D10'을 입력했습니다.

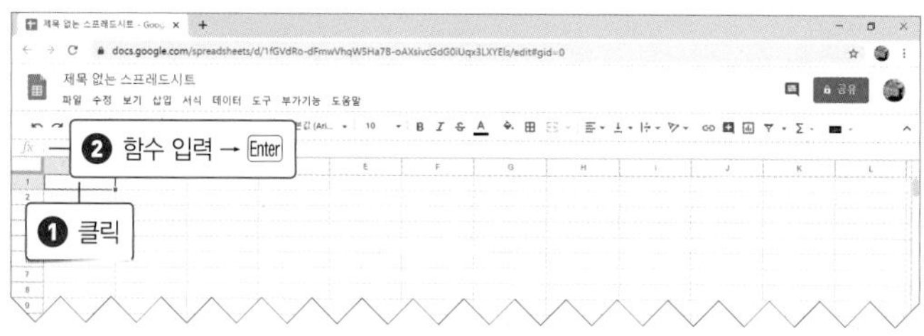


**03** '이 시트를 연결해야 합니다.'라는 메시지가 표시되면 [액세스 허용]을 클릭합니다.

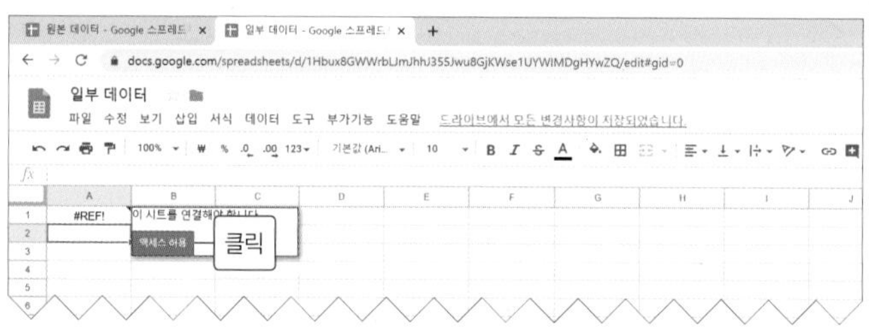


**04** '원본 데이터' Google 스프레드시트에 있던 데이터의 일부(A1:D10)가 '일부 데이터' Google 스프레드시트에 표시됩니다. 원본 데이터의 내용이 수정되면 '일부 데이터'도 자동으로 수정됩니다.

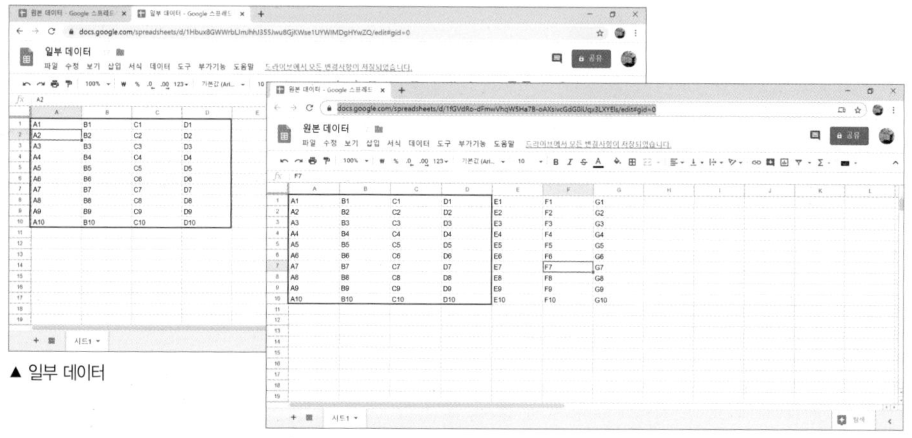

▲ 일부 데이터

▲ 원본 데이터

## TIP 004 Google 스프레드시트 알림 설정하기

Google 스프레드시트를 다른 사용자에게 공유하여 공동 작업을 하고 있다면 알림을 설정해 어떤 공유 사용자가 언제, 어떻게 수정했는지 확인할 수 있습니다.

**01** 알림을 설정 하려면 Google 스프레드시트 메뉴에서 [도구]–[알림 규칙]을 클릭합니다.

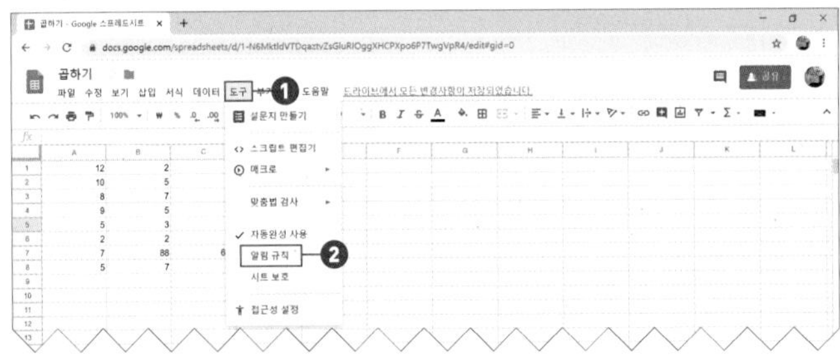

**02** '알림 규칙 설정' 팝업창이 표시되면 알림 규칙을 선택할 수 있습니다. 여기서는 [변경사항이 있을 경우], [이메일 – 수시로]를 선택했습니다. 원하는 알림 규칙을 선택한 뒤 [저장]을 클릭합니다.

**03** 지정한 알림 규칙을 확인한 뒤 [완료]를 클릭합니다.

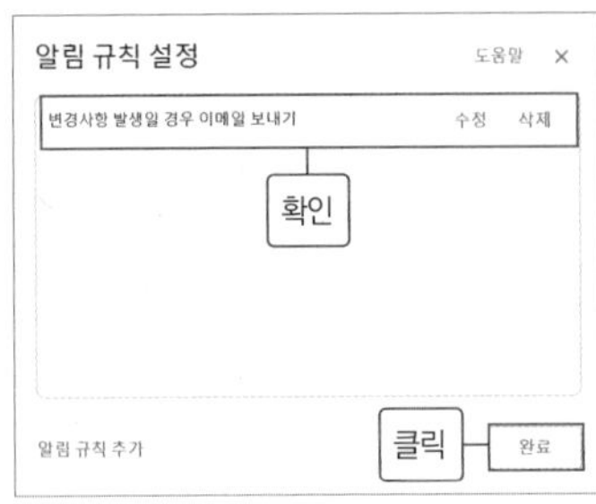


**잠깐만요**

[알림 규칙 추가]를 또 다른 알림 규칙을 추가할 수 있습니다.

**04** 알림 설정을 완료한 후 다른 공유 사용자가 알림 규칙을 추가한 Google 스프레드시트를 변경했다면 알림 메일이 발송됩니다. 알림 메일에서는 누가, 언제, 어떤 수정했는지 확인할 수 있습니다. '변경사항 보기'의 [여기를 클릭하세요]를 클릭하면 다른 사용자가 수정한 셀의 배경색으로 강조되어 표시됩니다.

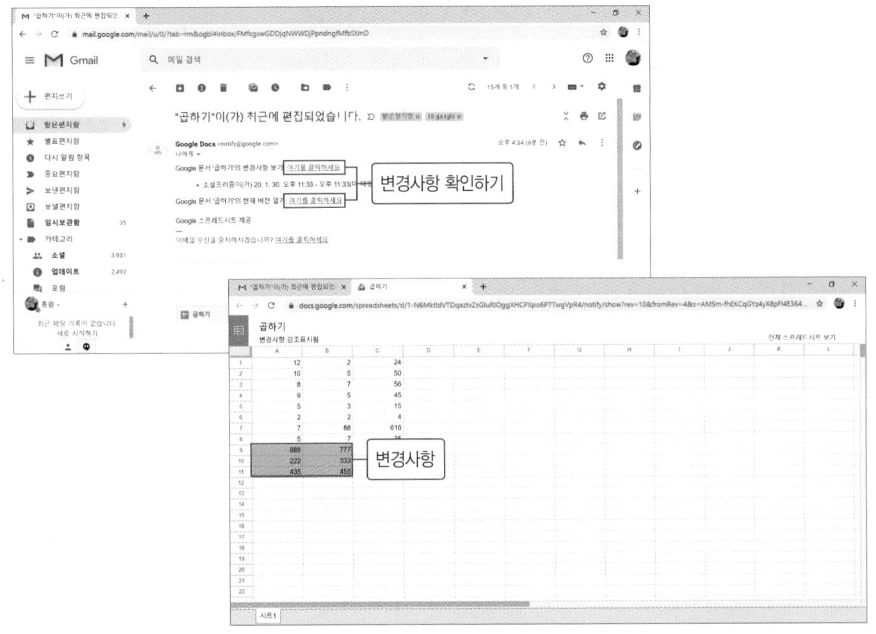


**잠깐만요**

알림 메일의 '이메일 수신을 중지하시겠습니까?'의 [여기를 클릭하세요]를 클릭하면 변경 사항 알림을 중지할 수 있습니다.

# Google 프레젠테이션

협업하기

Google 프레젠테이션은 Microsoft의 PowerPoint와 같은 시청각 발표자료를 만드는 도구로 다른 Google 문서도구와 같이 Google 계정만 있다면 누구나 무료로 사용할 수 있고 어디서나 프레젠테이션을 작성, 수정, 발표하거나 다른 공유 사용자와 공동 작업을 할 수 있습니다.

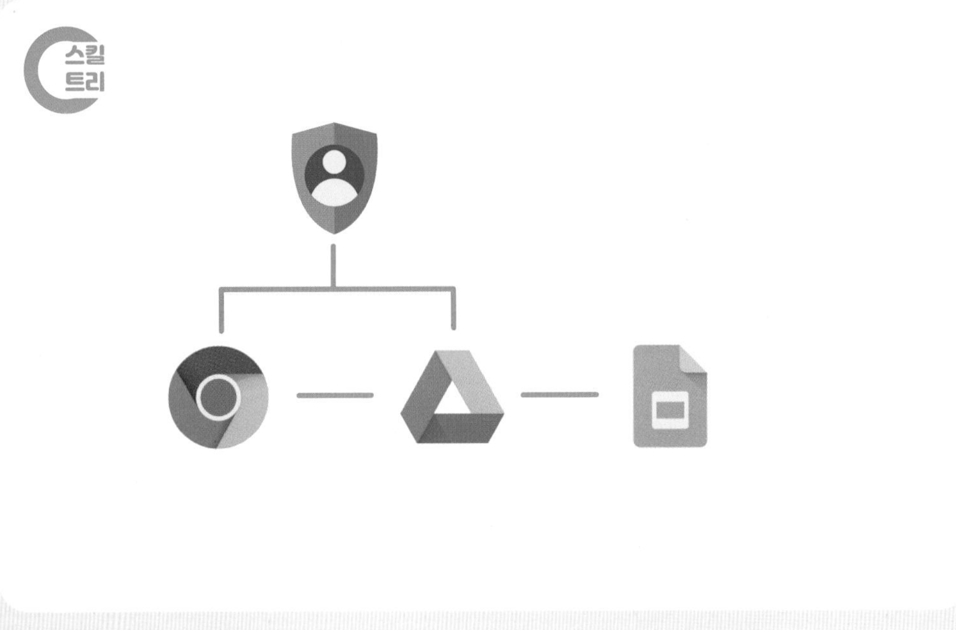

실시간 질문 276쪽

# TIP 001 Google 프레젠테이션 살펴보기

Google 프레젠테이션은 Google 드라이브의 메뉴에서 [새로 만들기]를 클릭한 뒤 [Google 프레젠테이션]를 선택해 실행할 수 있습니다.

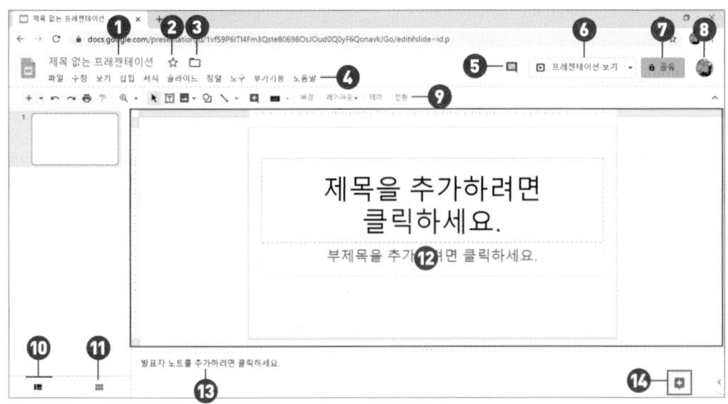


❶ **[프레젠테이션 이름]** : 프레젠테이션의 이름을 지정합니다. 지정한 프레젠테이션 이름은 Google 드라이브 목록에 표시됩니다.

❷ **[별표]** : 현재 프레젠테이션에 별을 표시해 중요 문서로 지정합니다.

❸ **[이동]** : Google 드라이브에 현재 프레젠테이션의 저장 위치를 지정합니다.

❹ **[메뉴]** : Google 프레젠테이션의 기능을 메뉴바 형태로 표시합니다. [파일], [수정], [보기] 등 각각의 메뉴를 클릭하면 해당 메뉴의 하위 메뉴가 표시됩니다.

❺ **[댓글 기록 열기]** : 공동 작업자가 남긴 댓글과 알람을 표시합니다. 자세한 내용은 297쪽을 참고하세요.

❻ **[프레젠테이션 보기]** : 작성한 프레젠테이션을 재생합니다.

❼ **[공유]** : 현재 프레젠테이션을 다른 사용자와 공유합니다. 프레젠테이션 공유에 대한 내용은 296쪽을 참고하세요.

❽ **[Google 계정]** : 현재 접속한 사용자의 Google 계정이 표시됩니다.

❾ **[리본 메뉴]** : 자주 사용하는 메뉴가 표시됩니다.

❿ **[슬라이드 목록]** : 전체 슬라이드가 목록으로 표시됩니다. 슬라이드를 추가/삭제할 수도 있습니다.

⓫ **[슬라이드 바둑판 보기]** : 전체 슬라이드가 바둑판 형식으로 표시됩니다. 슬라이드를 추가/삭제할 수도 있습니다.

⓬ **[슬라이드 편집 창]** : 프레젠테이션 슬라이드를 작성합니다.

⓭ **[발표자 노트]** : 프레젠테이션 발표 중 참고할 메모를 입력합니다.

⓮ **[탐색]** : Google에서 원하는 프레젠테이션 서식을 찾아 Google 프레젠테이션으로 추가할 수 있습니다.

## TIP 002 프레젠테이션 중 실시간 질문 받기

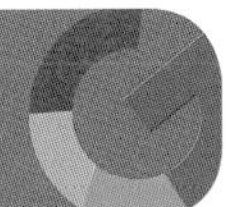

Google 프레젠테이션으로 발표를 한다면 발표 중 청중에게 실시간으로 질문을 받거나 투표를 진행할 수 있습니다.

**01** Google 프레젠테이션으로 작성한 발표 자료의 [프레젠테이션 보기]를 클릭하면 작성한 발표 자료를 재생할 수 있습니다.

**02** 발표자의 화면 아래 표시되는 발표 도구의 [Q&A]를 클릭하면 '발표자 보기' 팝업창이 표시됩니다. '팝업' 창의 [새 세션 시작]을 클릭합니다.

**03** '발표자 보기' 팝업창과 재생된 '프레젠테이션 보기 창' 위로 질문 제출용 URL이 표시됩니다.

**04** 청중이 휴대전화 등의 브라우저에 질문 제출용 URL을 입력하면 발표 중 실시간으로 질문할 수 있습니다. 화면의 [질문하기]를 터치하고 질문을 입력한 후 [제출]을 터치합니다.

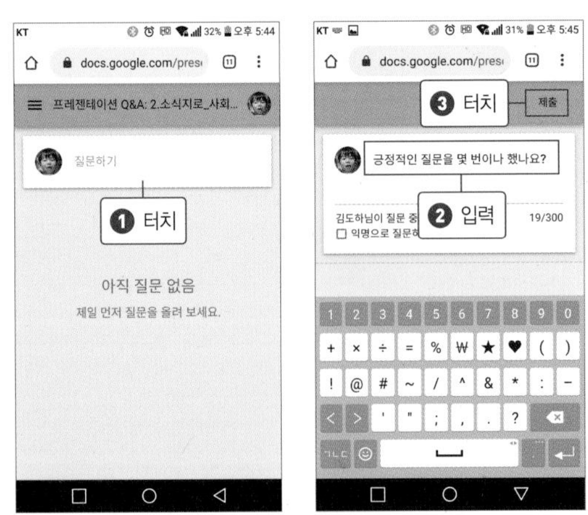


**잠깐만요**

[익명으로 질문하기]를 선택하고 질문을 제출하면 질문한 사람이 누구인지 알 수 없습니다.

**05** 청중이 입력한 질문은 발표자의 '발표자 보기' 창에 표시됩니다. 질문 제출용 URL로 같은 페이지에 연결된 다른 청중 또한 입력된 질문을 확인할 수 있습니다. 발표자가 '발표자 보기' 창의 질문에 대한 답변을 하려면 [표시]를 클릭하면 됩니다.

**잠깐만요**

청중은 좋아요[👍] 또는 싫어요[👎]를 클릭해 질문에 대한 의견을 표시할 수 있습니다.

**06** [표시]를 클릭한 질문이 청중이 보는 '프레젠테이션 보기' 창에 표시됩니다. 이 질문을 화면에 띄운 후 답변하면 되겠죠? 답변을 완료한 후 다음 슬라이드로 이동하면 질문은 사라집니다.

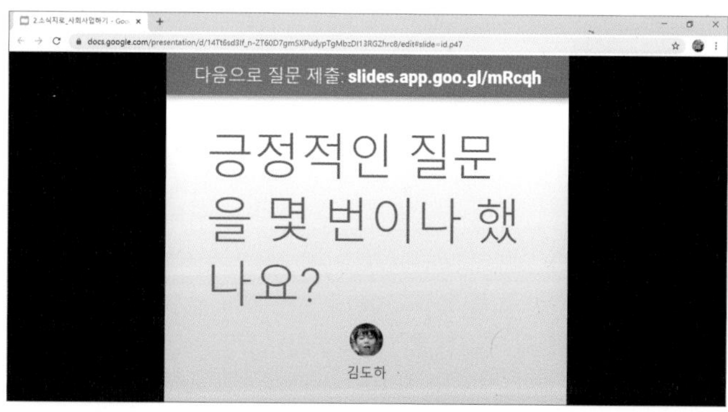

# Google 설문지

협업하기

Google 설문지를 사용하면 온라인 설문지를 무료로 만들어 배포할 수 있고 설문지에 대한 응답이 자동으로 정리되는 온라인 설문을 진행할 수 있습니다. 설문뿐만 아니라 간단한 퀴즈, 업무 양식 등으로 다양하게 활용할 수 있는 Google 설문지에 대해 알아보겠습니다.

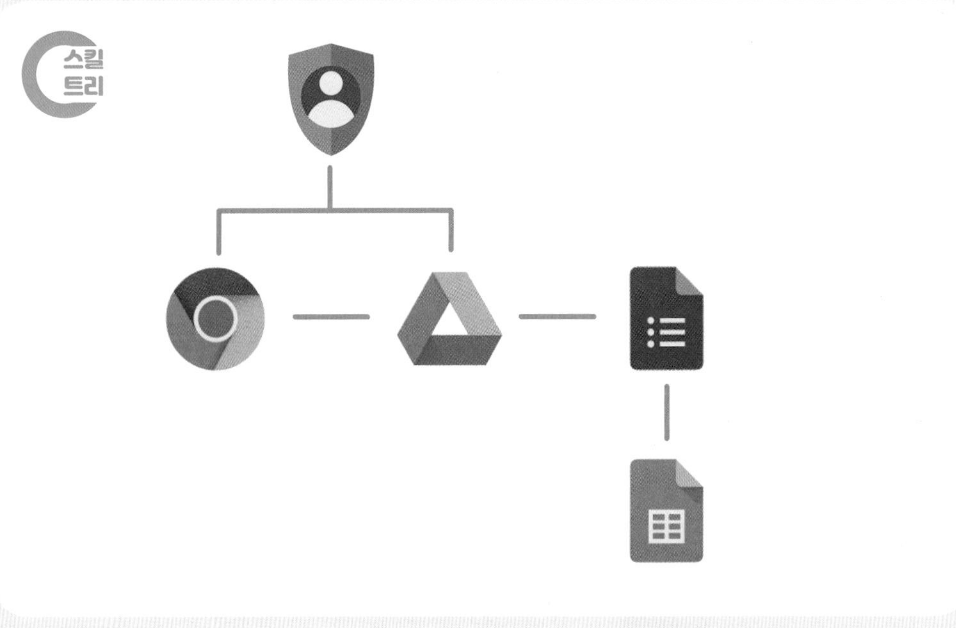


검색

질문 유형 282쪽 | 설문지 작성 286쪽 | 질문 섹션 이동 289쪽 | 응답 확인 292쪽

# TIP 001 Google 설문 살펴보기

Google 설문지는 Google 드라이브의 메뉴에서 [새로 만들기]-[더 보기]-[Google 설문지]를 선택해 실행할 수 있습니다.

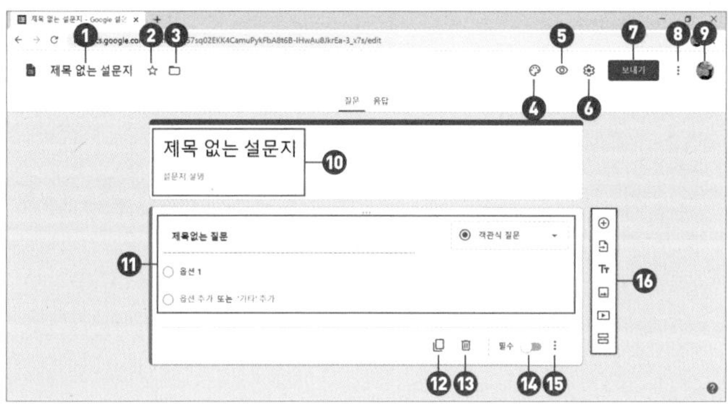


❶ **[설문지 이름]** : 설문지의 이름을 지정합니다. 지정한 설문지 이름은 Google 드라이브 목록에 표시됩니다.

❷ **[별표]** : 현재 설문지에 별을 표시해 중요 문서로 지정합니다.

❸ **[이동]** : Google 드라이브에 현재 설문지의 저장 위치를 지정합니다.

❹ **[테마 맞춤설정]** : 현재 설문지의 이미지, 색상, 글꼴 등을 설정합니다.

❺ **[미리보기]** : 작성한 설문지의 미리보기를 표시합니다.

❻ **[설정]** : 설문지 형태와 응답 방법 등을 설정합니다.

❼ **[보내기]** : 메일, 링크, 웹페이지에 삽입 등 응답자에게 작성된 설문지의 보내기 방법을 선택합니다.

❽ **[더보기]** : [⋮]를 클릭하면 설문지의 추가 메뉴가 표시됩니다.

❾ **[Google 계정]** : 현재 접속한 사용자의 Google 계정이 표시됩니다.

❿ **[설문지 제목]** : 설문지의 제목과 설명을 입력합니다.

⓫ **[질문 내용]** : 설문지의 질문 내용을 입력합니다. 각 질문 유형에 대한 자세한 내용은 282쪽을 참고하세요.

⓬ **[복사]** : 질문 유형과 내용을 복사합니다.

⓭ **[삭제]** : 해당 질문을 삭제합니다.

⓮ **[필수]** : 해당 질문을 필수 질문으로 지정합니다. 필수 질문은 응답자가 반드시 답변을 해야 설문을 완료할 수 있습니다.

⓯ **[질문 옵션 더보기]** : 질문에 설명을 추가하거나 답변 내용으로 이동 등의 추가 옵션을 표시합니다.

⓰ **[질문 옵션]** : 질문을 추가/복제하거나 질문에 이미지를 삽입하는 등 옵션을 지정합니다.

## 질문 옵션

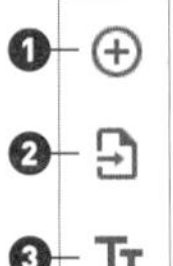

❶ **[질문 추가]** : 새 질문을 추가합니다.

❷ **[질문 가져오기]** : 다른 설문지에서 질문을 가져옵니다.

❸ **[제목 및 설명 추가]** : 현재 질문에 제목과 설명을 추가합니다.

❹ **[이미지 추가]** : 현재 질문에 이미지를 삽입합니다. 사용자의 이미지나 Google에서 검색한 이미지를 추가할 수 있습니다.

❺ **[동영상 추가]** : 질문에 동영상을 삽입합니다. YouTube에서 검색한 영상이나 YouTube의 영상 URL을 입력해 동영상을 추가할 수 있습니다.

❻ **[섹션 추가]** : 질문 섹션을 추가합니다. 섹션 추가에 대한 내용은 289쪽을 참고하세요.

## 질문 유형

Google 설문지는 아래의 질문 유형을 사용해 자유롭게 구성할 수 있습니다. 질문 내용 옆의 [▼]를 클릭하면 원하는 질문 유형 중 하나를 선택할 수 있습니다.

• **단답형** : 질문에 대해 간단한 텍스트로 답변합니다. 이름, 직업 등 간단한 답변을 받을때 유용합니다.

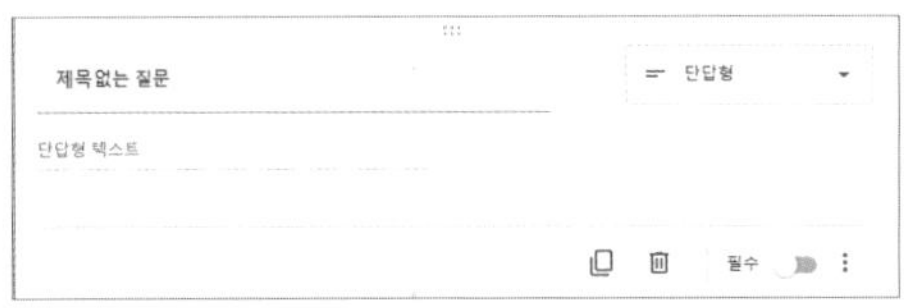


▲ 설문지 편집 화면

제목없는 질문

내 답변

▲ 설문지 미리보기 화면

• **장문형** : 질문에 대해 장문 텍스트로 답변합니다. 구체적인 내용의 답변을 요구할 때 유용합니다.

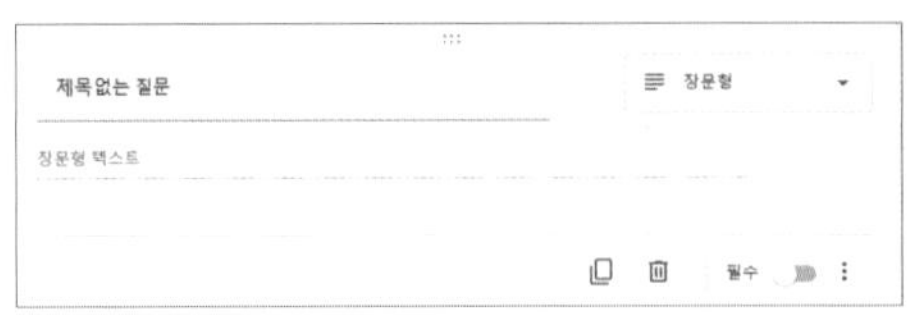


▲ 설문지 편집 화면

제목없는 질문

내 답변

▲ 설문지 미리보기 화면

- **객관식 질문** : 질문에 대해 옵션 중에 하나만 선택해 답변합니다. 응답자가 선택한 옵션에 따라 다른 질문 섹션으로 이동하도록 설정할 수 있습니다.

▲ 설문지 편집 화면

제목없는 질문

옵션 1

옵션 2

기타:

▲ 설문지 미리보기 화면

**잠깐만요**

[옵션 추가]를 클릭하면 옵션을 추가할 수 있고 ['기타' 추가]를 클릭하면 단답형 텍스트로 기타 답변을 요구할 수 있습니다.

- **체크박스** : 질문에 대해 옵션 중에 여러 개를 선택해 답변합니다. '객관식 질문'과 달리 응답자가 옵션 중 여러 개를 선택할 수 있습니다.

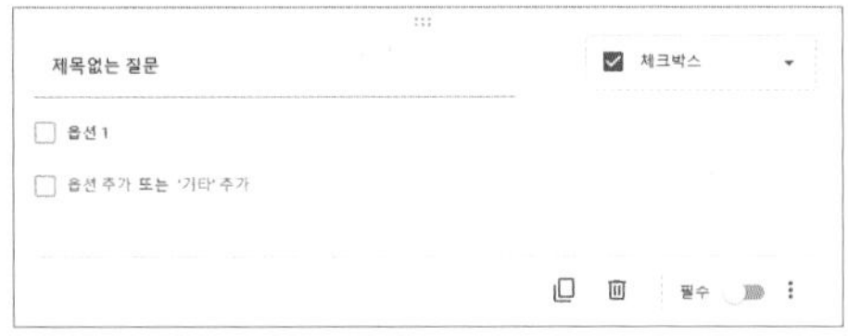


▲ 설문지 편집 화면

▲ 설문지 미리보기 화면

- **드롭다운** : 질문에 대해 옵션 중 하나만 선택해 답변합니다. 응답자가 선택한 옵션에 따라 다른 질문 섹션으로 이동하도록 설정할 수 있습니다.

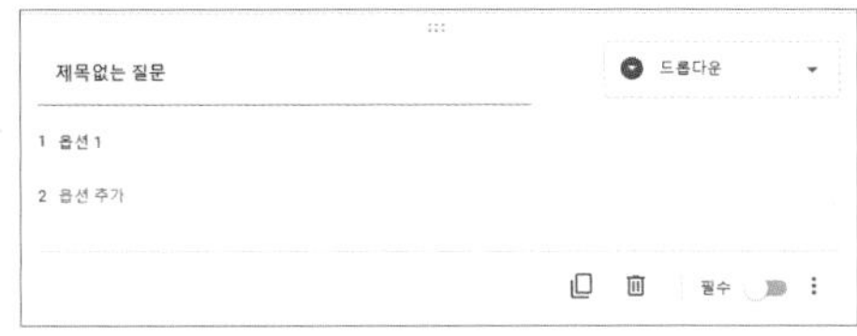


▲ 설문지 편집 화면

▲ 설문지 미리보기 화면

• **파일 업로드** : 질문에 대한 답변으로 응답자가 직접 파일을 업로드할 수 있습니다. 업로드하는 파일은 설문지 소유자의 Google 드라이브에 저장되고 용량을 차지합니다. 응답자가 Google 계정으로 로그인해야만 응답할 수 있는 질문 유형입니다.

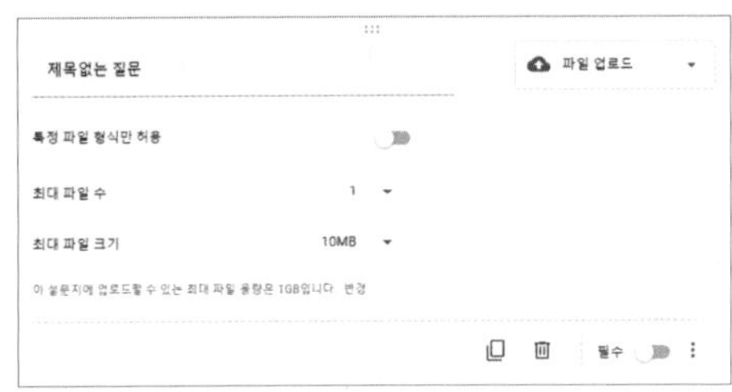


▲ 설문지 편집 화면

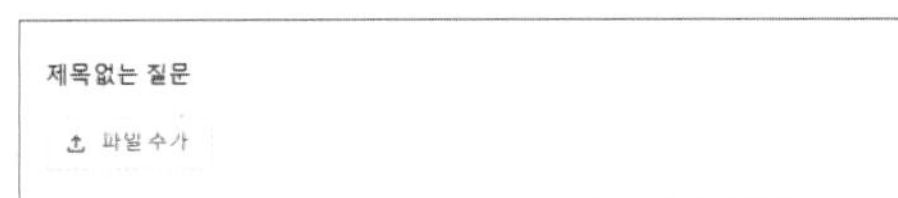


▲ 설문지 미리보기 화면

**잠깐만요**

질문 유형 중 [파일 업로드]를 선택하면 응답자가 드라이브에 파일을 업로드하도록 허용한다는 팝업창이 표시됩니다. 팝업창의 [계속]을 클릭하면 파일 업로드 유형의 질문을 등록할 수 있습니다.

• **직선 단계** : 응답자가 질문에 대해 하나의 척도를 선택해 답변할 수 있습니다. 만족도나 점수 등을 답변으로 요구할 때 유용합니다.

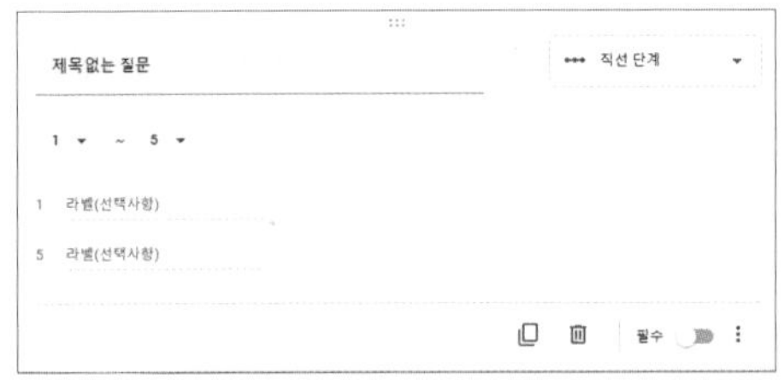


▲ 설문지 편집 화면

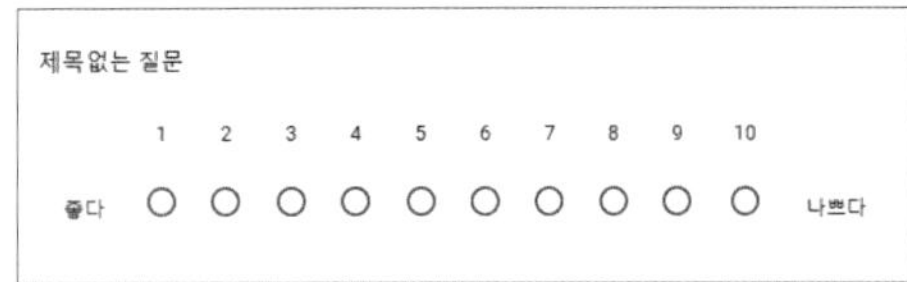


▲ 설문지 미리보기 화면

• **객관식 그리드** : 행과 열을 추가해 질문하고 각 열에서 하나만 선택해 답변합니다. 같은 유형의 내용에 여러 개의 질문하고 옵션 중 하나만 선택하도록 할 때 유용합니다.

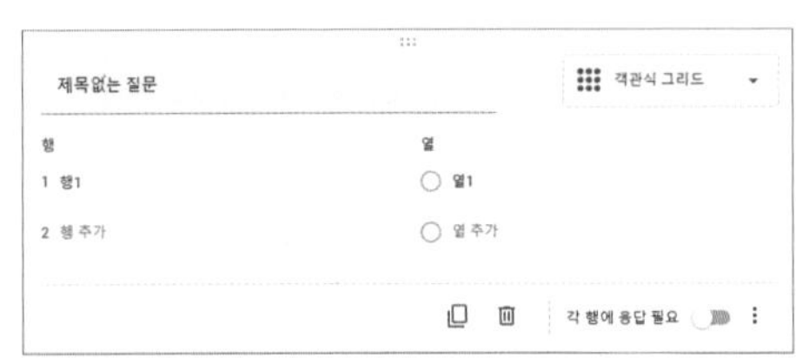


▲ 설문지 편집 화면

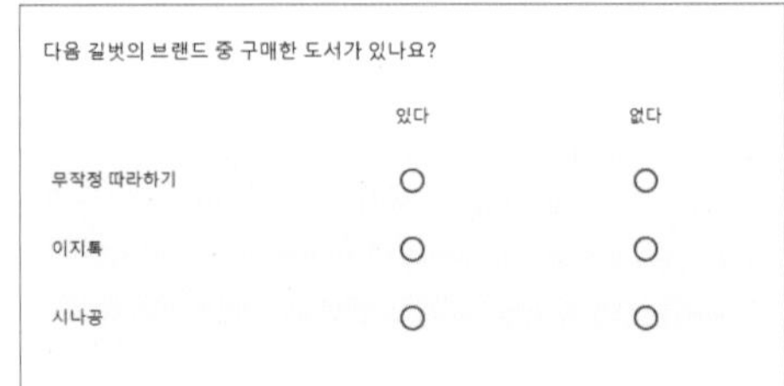


▲ 설문지 미리보기 화면

- **체크박스 그리드** : 행과 열을 추가해 질문하고 각 열에 여러 옵션을 선택해 답변합니다. 객관식 그리드와 달리 응답자가 옵션 중 여러 개를 선택할 수 있습니다.

▲ 설문지 편집 화면

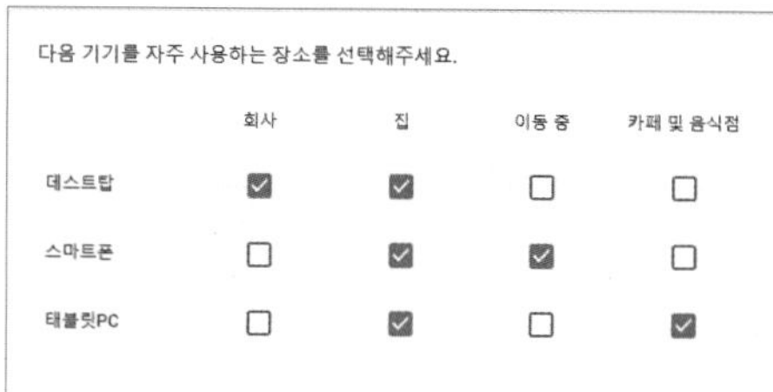


▲ 설문지 미리보기 화면

- **날짜** : 질문에 대해 날짜를 선택해 답변할 수 있습니다.

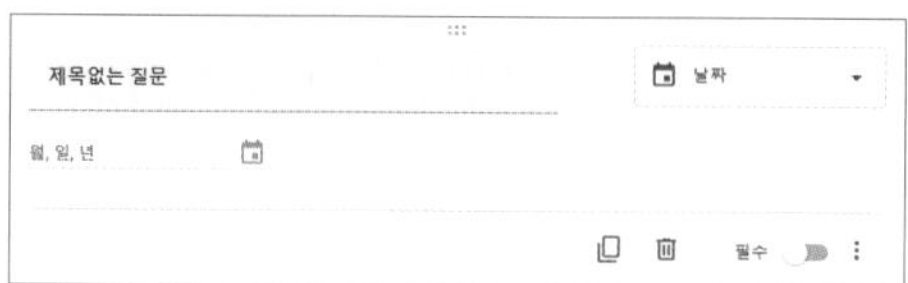


▲ 설문지 편집 화면

제목없는 질문

날짜

연도-월-일

▲ 설문지 미리보기 화면

- **시간** : 질문에 대해 시간을 입력해 답변할 수 있습니다.

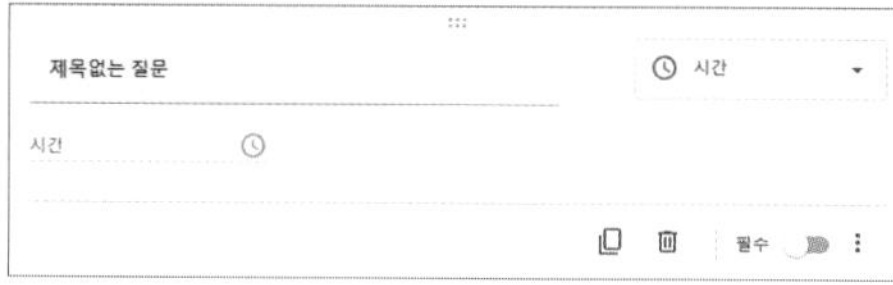


▲ 설문지 편집 화면

제목없는 질문

시간

: AM

▲ 설문지 미리보기 화면

# TIP 002 설문지 작성하기

간단한 설문지를 작성하고 답변을 확인하는 방법에 대해 알아보겠습니다. 여기서는 회식 메뉴를 선정하는 설문지를 작성해보겠습니다.

**01** Google 드라이브의 [+ 새로 만들기]–[더 보기]–[Google 설문지]를 선택한 뒤 설문지 제목과 설명을 입력합니다.

**02** 응답자를 확인하기 위해 질문 유형 중 [단답형]을 선택한 뒤 질문 제목에 "이름을 적어주세요."를 입력하고 [⊕]를 클릭해 새 질문을 추가합니다.

**03** 추가한 질문의 질문 유형을 [객관식 질문]으로 변경한 뒤 질문 제목과 옵션을 입력합니다.

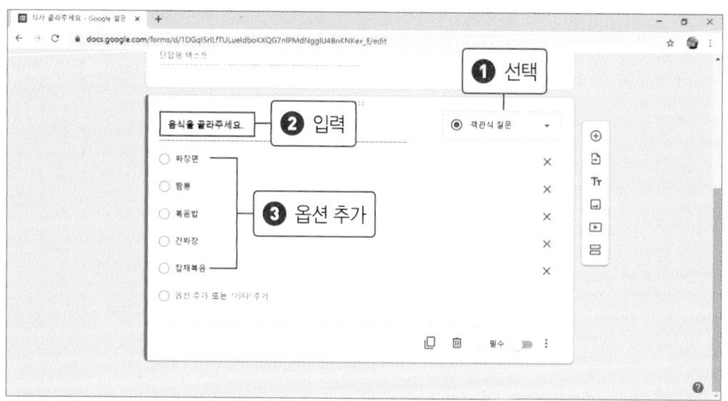


**04** 설문지 작성을 완료한 뒤 설문지의 메뉴에서 [보내기]를 클릭하면 설문지 전달 방법을 선택할 수 있습니다. 여기서는 [🔗]를 선택했습니다. [🔗]를 클릭하면 작성한 설문지의 URL이 표시됩니다. 팝업창의 [복사]를 클릭하면 설문지 URL이 클립보드에 복사됩니다.

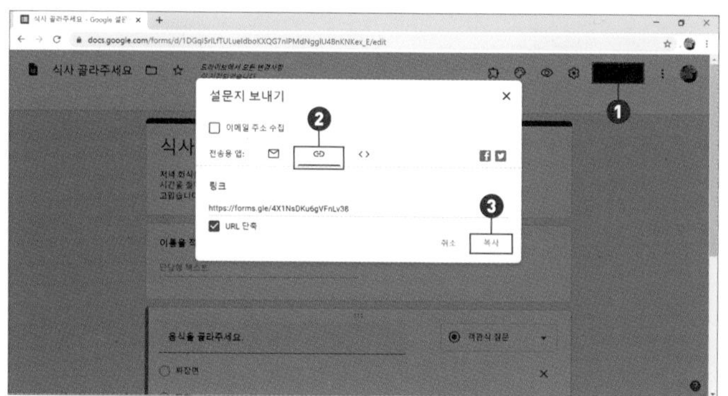


**잠깐만요**

[URL 단축]을 클릭하여 체크 표시를 하면 설문지 URL를 짧게 줄일 수 있습니다.

**05** 설문지 URL을 응답자에서 전달받은 응답자는 설문에 참여할 수 있습니다. 설문지의 각 질문에 모두 답변한 뒤 [제출]을 클릭하면 설문이 종료됩니다.

**06** 제출된 설문지가 있으면 설문지의 [응답] 탭에 제출된 응답 수가 표시됩니다. [응답] 탭을 클릭하면 설문지에 대한 답변을 확인할 수 있습니다.

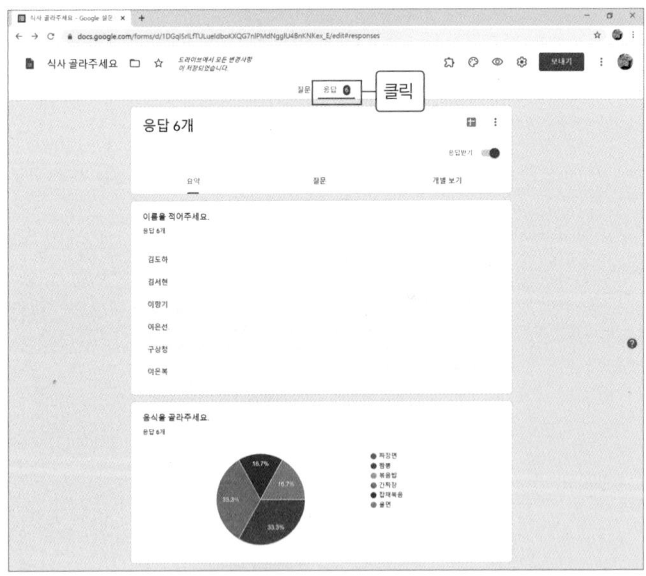

# TIP 003 응답에 따라 질문 섹션 이동하기

설문지의 응답에 따라 다른 질문 섹션으로 이동하도록 설정할 수 있습니다. 여기서는 질문 섹션을 추가해 질문의 응답에 따라 원하는 질문 섹션으로 이동하는 방법에 대해 알아보겠습니다.

여기서는 송년회에 참여 여부와 희망 날짜를 선택하는 설문지를 작성해 보겠습니다.

**01** 새 설문지를 만들고 첫 번째로 참석 여부를 묻는 질문을 추가했습니다. 질문을 추가한 뒤 질문 옵션의 [⊟]를 클릭해 새 질문 섹션을 추가합니다.

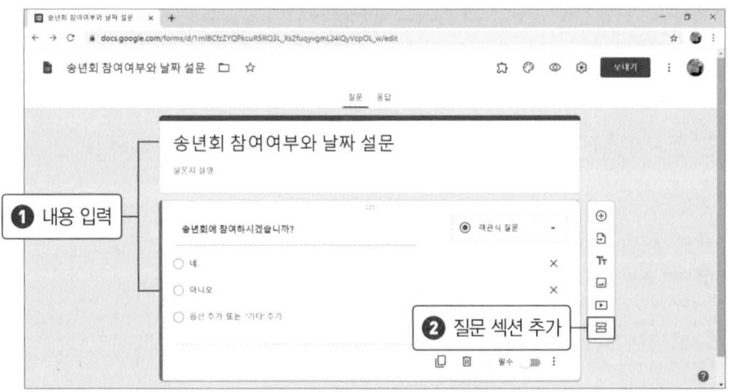


**02** 새 질문 섹션의 제목을 입력한 뒤, 질문 옵션의 [⊕]를 클릭해 송년회 날짜를 선택하는 질문의 제목과 옵션을 추가합니다.

**03** 첫 번째 질문에서 '네'를 선택한 응답자만 두 번째 질문으로 이동하게 하려면 첫 번째 질문 아래의 [⋮]를 클릭한 후 [답변을 기준으로 섹션 이동]을 선택합니다.

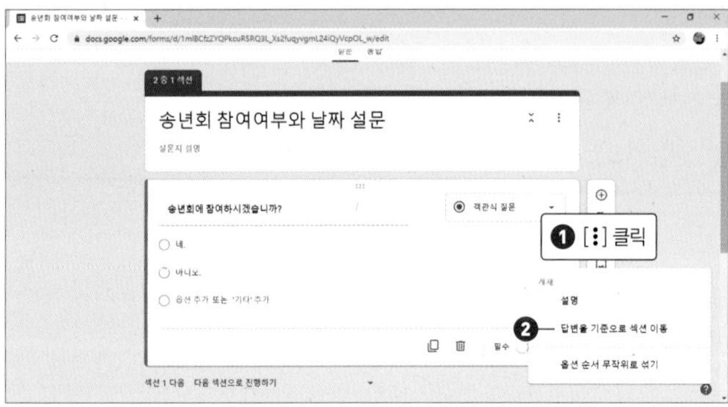


**04** 각 옵션 옆으로 드롭다운 박스가 표시되어 이동할 섹션을 지정할 수 있습니다. 여기서는 응답자가 '네'를 선택하면 날짜 선택 섹션으로 이동하고 '아니요'를 선택한 경우 설문지를 제출하도록 지정했습니다.

▲ 네

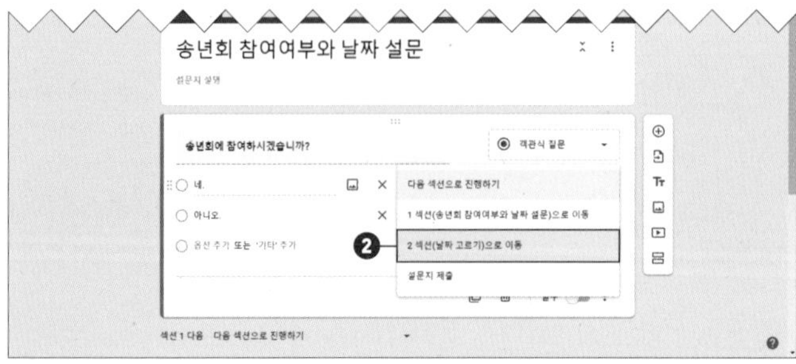


▲ 아니요

**05** 설문지 작성을 완료한 뒤 설문지 페이지 위의 미리보기 [👁]를 선택하면 작성한 설문지를 확인할 수 있습니다. 송년회 참여 여부 질문에서 '네'를 선택하고 [다음]을 클릭하면 날짜 선택 섹션으로 이동합니다.

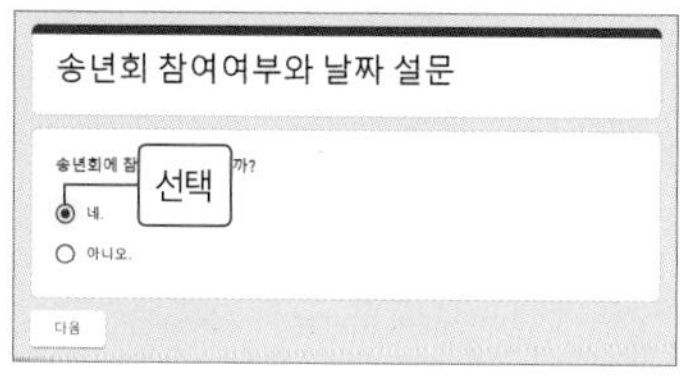


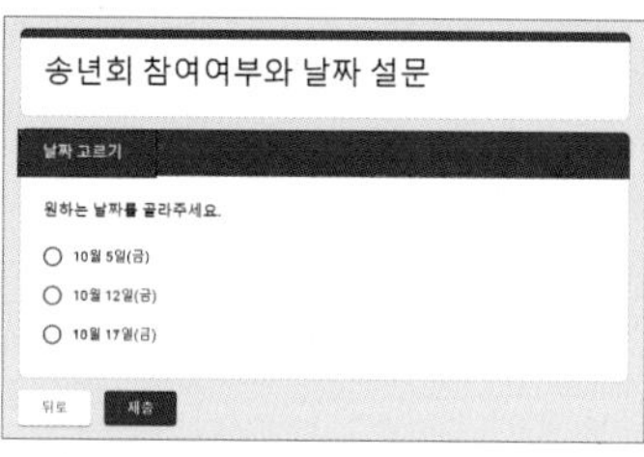


▲ 날짜 선택 섹션

**06** 참석 여부 질문에서 '아니요'를 선택하고 [다음]을 클릭하면 설문지를 제출하고 설문을 종료합니다.

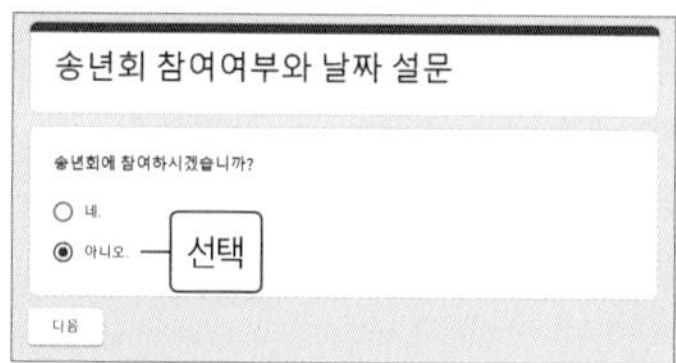

▲ 설문지 제출

# TIP 004 설문지 응답을 스프레드시트에서 확인하기

제출한 설문지의 응답은 해당 설문지의 [응답] 탭에서 확인할 수 있지만 응답 데이터를 더 자세하게 분석하려면 Google 스프레드시트에서 확인하는 것이 좋습니다.

제출한 설문지의 응답은 설문지의 [응답] 탭을 선택해 확인할 수 있습니다. 하지만 더 자세하게 통계 분석을 하려면 Google 스프레드시트에서 응답 데이터를 확인할 수 있습니다.

**01** 응답 데이터를 Google 스프레드시트에서 확인하려면 [응답] 탭의 ⊞를 클릭합니다.

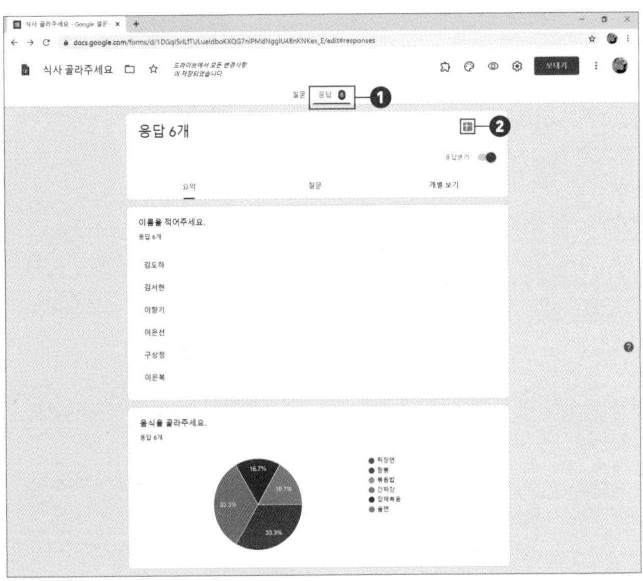

**02** '응답 수집 장소 선택' 팝업창이 표시되면 [새 스프레드시트]와 [기존 스프레드시트] 중 응답 데이터를 저장할 스프레드시트를 선택할 수 있습니다. 여기서는 [새 스프레드시트]를 선택했습니다.

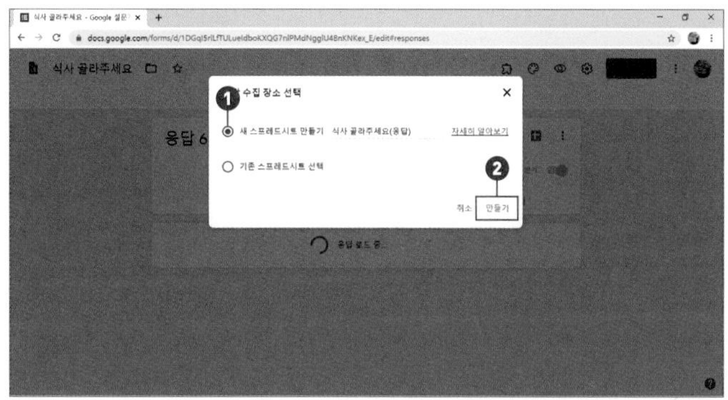


- **[새 스프레드시트 만들기]** : 새로운 Google 스프레드시트를 만들어 응답을 저장합니다.
- **[기존 스프레드시트 선택]** : Google 드라이브에 보관되어 있는 Google 스프레드시트를 선택해 응답을 저장합니다.

**03** 새 탭에 Google 스프레드시트가 실행되고 설문지의 응답 데이터가 표시됩니다. 앞으로는 해당 설문지의 응답 데이터가 Google 스프레드시트에 누적됩니다.

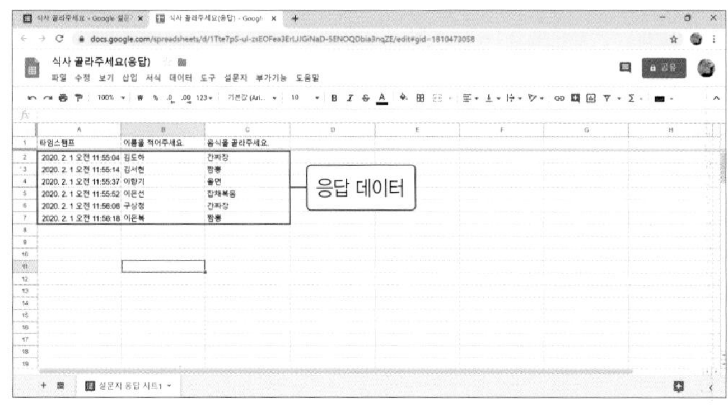

# Google 문서도구의 특징

협업하기

지금까지 각 Google 문서도구의 특징을 중심으로 설명하다 보니 정작 가장 중요한 Google 문서도구 특징을 설명하지 못했습니다. 이번 장에서는 Google 문서도구를 활용한 실시간 공동 작업, 댓글 등의 협업 방법과 알아두면 유용한 자동 저장, 버전 기록 등에 대해 알아보겠습니다.

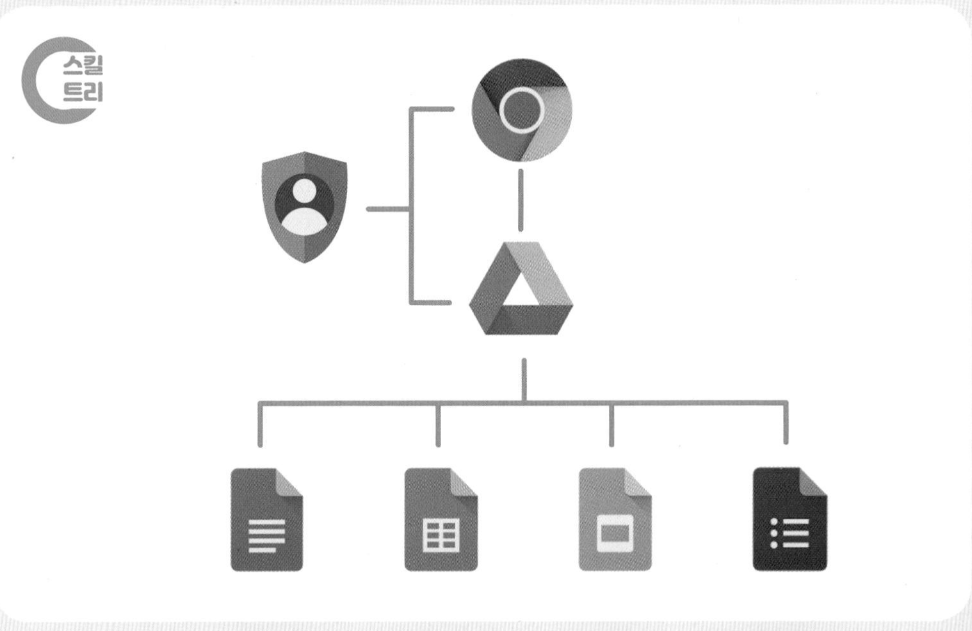


검색

자동 저장 295쪽 | 실시간 공동작업 296쪽 | 댓글 297쪽 | 버전 기록 301쪽

# TIP 001 자동 저장

Google 문서도구는 문서를 만들거나 수정하면 자동으로 Google 드라이브에 저장됩니다. 모든 Google 문서를 수정할 때마다 자동으로 저장하기 때문에 작업 중 문서를 저장하지 못해 문서가 사라지는 일은 없습니다.

**01** Google 문서도구를 사용해 문서 작업을 하는 중 문서 내용을 수정하면 문서도구의 메뉴에 '저장 중…'이라는 메시지가 표시됩니다.

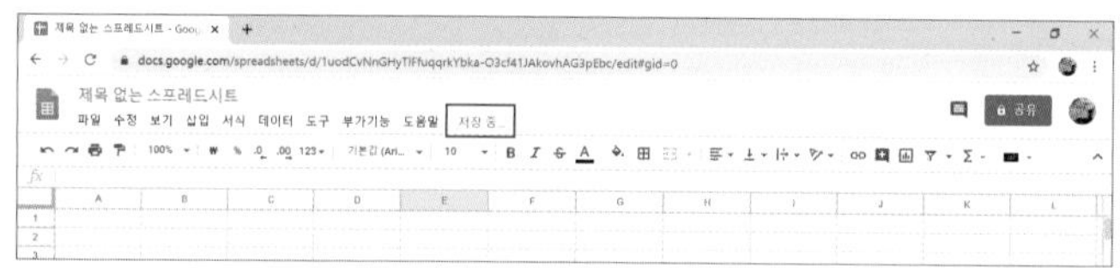

**02** 잠시 기다리면 '저장 중…'이라는 메시지가 '드라이브에서 모든 변경사항이 저장되었습니다.'로 바뀝니다. 이렇게 Google 문서도구는 따로 저장을 하지 않아도 문서 내용을 수정할 때마다 자동으로 저장됩니다.

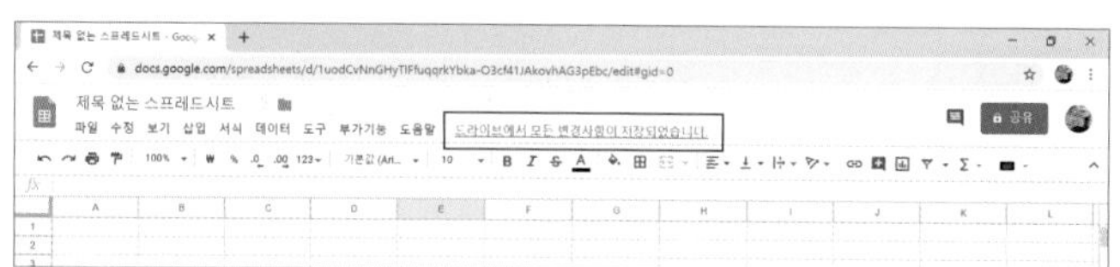

**03** 만약 작업 중인 문서의 위치를 변경하려면 문서의 [ ]를 클릭해 문서 저장 위치를 선택할 수 있습니다.

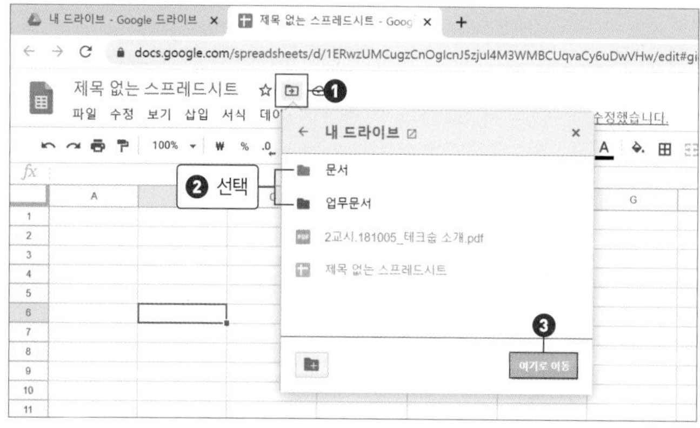

Google 문서도구

# TIP 002 실시간 공동작업

Google 문서도구의 모든 문서는 다른 사용자와 공유할 수 있고 공유 사용자가 동시에 같은 문서를 확인하며 수정할 수 있습니다. 만약 동시에 같은 문서를 확인하고 있다면 별도의 채팅 앱을 사용하지 않아도 문서도구 페이지 안에서 채팅을 할 수도 있죠.

**01** Google 문서도구 페이지 위의 [공유]를 클릭합니다.

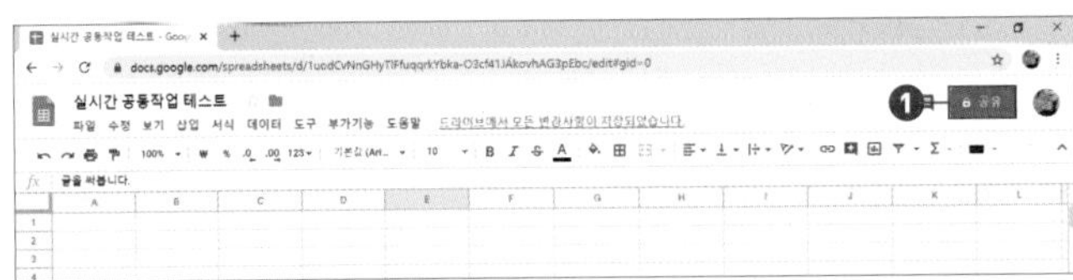


**02** '다른 사용자와 공유' 팝업창이 표시되면 공유 사용자와 권한을 지정해 문서를 공유할 수 있습니다.

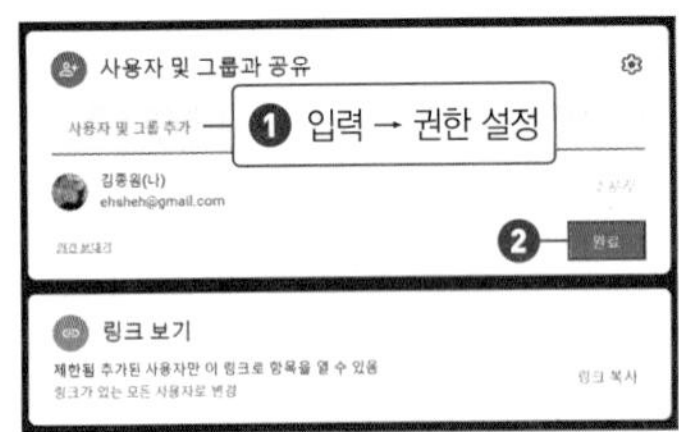


**잠깐만요**

Google 드라이브의 공유에 대한 자세한 내용은 235쪽을 참고하세요.

**03** Google 문서를 공유하면 공유 사용자는 Google 드라이브의 공유 문서함에서 공유 문서를 확인할 수 있습니다. 공유 문서를 더블클릭하면 문서 내용을 확인할 수 있습니다.

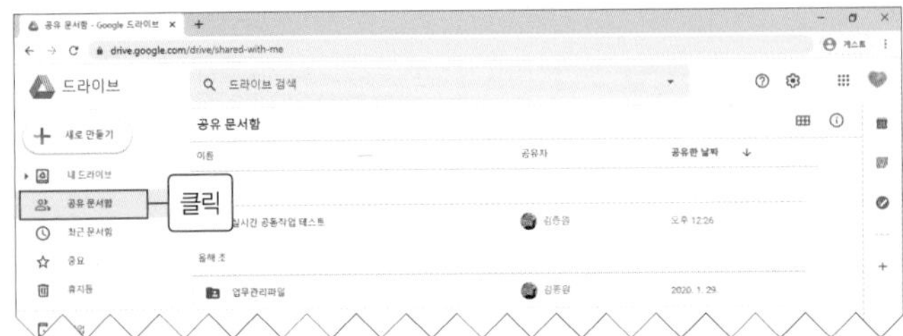

**03** 공유 문서는 공유 사용자가 동시에 확인하고 수정할 수 있습니다. 만약 세 명의 공유 사용자가 동시에 같은 문서를 확인하고 있다면 아래 그림과 같이 서로 다른 색의 커서로 구분됩니다. 문서도구 페이지 위에도 지금 문서를 확인하고 있는 공유 사용자가 표시됩니다. 공유 사용자 아이콘 중 [ ]을 클릭하면 현재 같은 문서를 확인하고 있는 공유 사용자와 실시간 대화를 할 수도 있습니다.

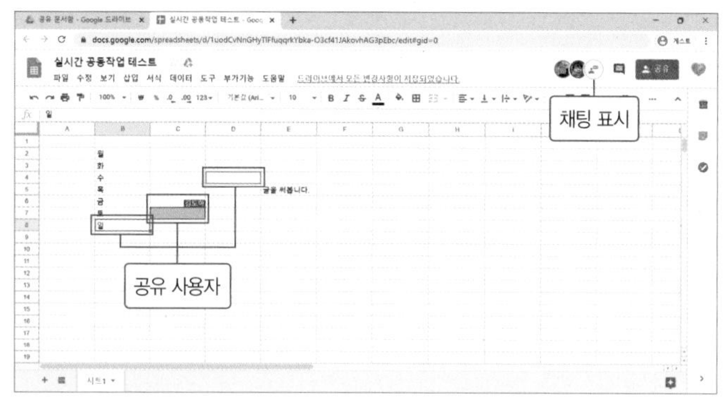


**잠깐만요**

> 문서를 '링크 보기'로 공유한 경우 공유 문서에는 익명으로 표시됩니다.

## TIP 003 댓글로 의견 주고 받기

**공유 문서에 댓글을 남겨 다른 공유 사용자와 의견을 주고받을 수 있습니다. 댓글 기능은 Google 문서도구 중에 문서, 스프레드시트, 프레젠테이션에서 사용할 수 있습니다.**

공유 사용자와 동시에 같은 문서를 확인하고 있다면 Google 문서도구 페이지 위에 표시되는 [ ]을 클릭해 공유 사용자와 실시간 대화를 할 수 있습니다. 이런 실시간 대화 외에도 공유 사용자와 댓글로 의견을 주고 받을 수도 있죠.

**01** 공유 문서에 댓글을 남기려면 댓글을 남기고 싶은 부분을 블록 지정한 뒤 Google 문서 도구의 리본 메뉴에서 [+]을 클릭합니다.

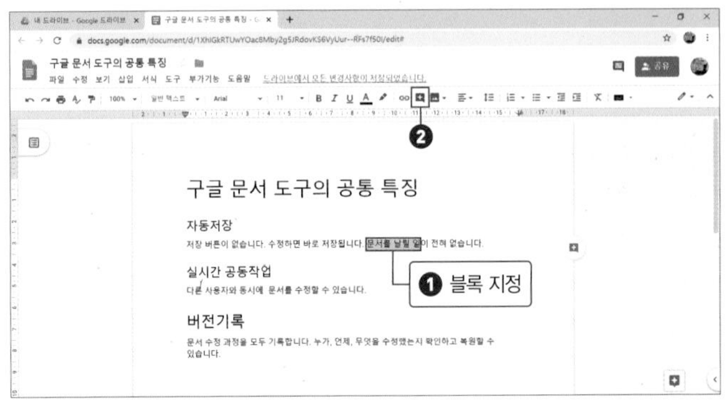


**잠깐만요**

댓글을 남기고 싶은 위치에서 마우스 오른쪽 버튼을 클릭한 뒤 [댓글]을 선택해도 됩니다.

**02** '댓글' 팝업창과 함께 블록 지정한 부분이 하이라이트로 표시됩니다. '댓글' 팝업창에 내용을 입력한 뒤 [댓글]을 클릭하면 의견을 댓글로 전달할 수 있습니다.

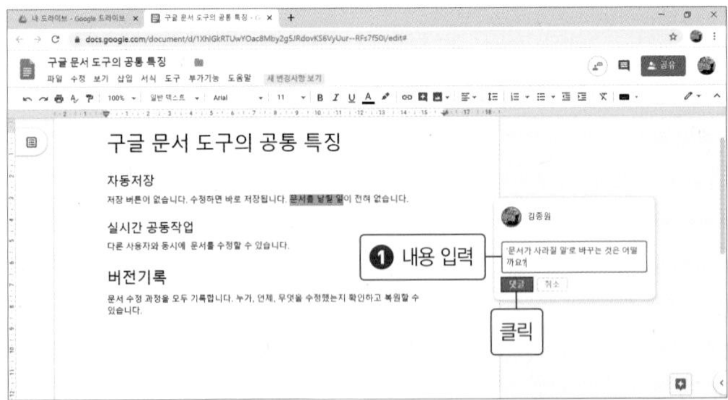

**03** 특정 공유 사용자를 지정해 댓글을 남길 수도 있습니다. 특정 공유 사용자에게 댓글을 남기려면 '댓글' 팝업창에 커서를 둔 상태에서 '+'나 '@'를 입력하면 표시되는 공유 사용자 목록 중 댓글을 남길 사용자를 선택하면 됩니다. 댓글 내용을 입력한 후에는 '(다른 계정)에게 할당'이라는 체크박스를 클릭한 뒤 [할당]을 클릭하세요.

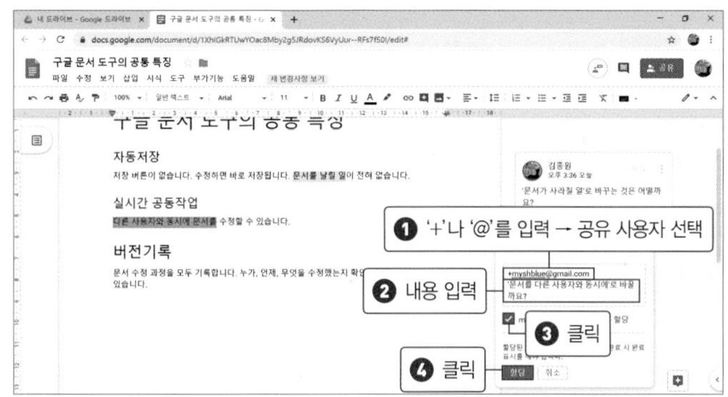


**04** 특정 공유 사용자를 지정하여 댓글을 남기면 댓글 팝업창 위에 댓글을 할당한 공유 사용자가 표시됩니다.

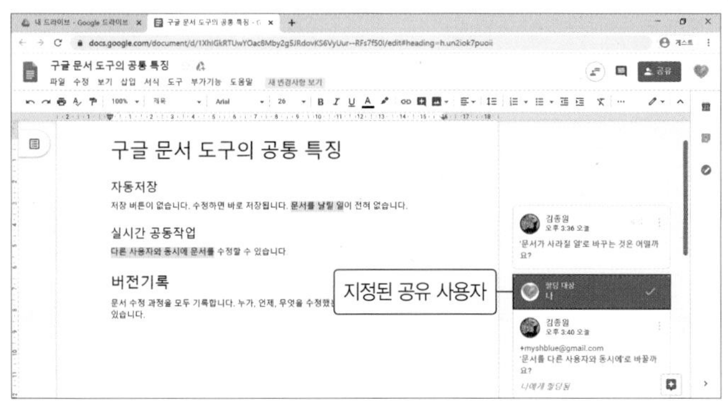

**05** '댓글' 팝업창의 각 댓글을 클릭하면 선택한 댓글에 답장을 하며 계속 의견을 주고 받을 수 있습니다.

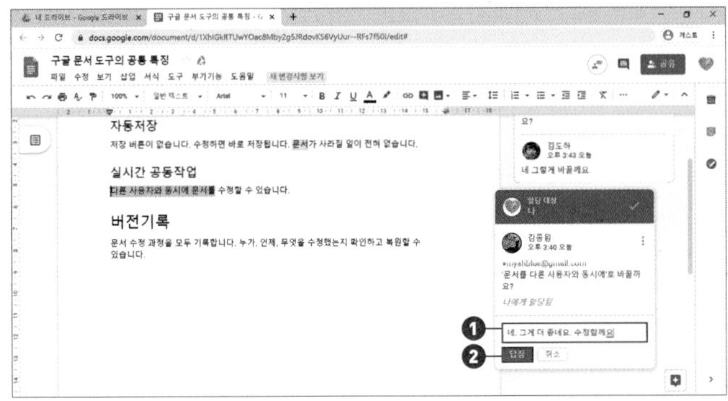


**06** 이렇게 댓글로 의견을 주고 받으며 모든 댓글 의견이 정리 됐다면 댓글의 [✓]를 클릭해 해결 처리할 수 있습니다.

**07** [✓]를 클릭하면 해당 댓글은 더이상 화면에 표시되지 않습니다. 해결 처리된 댓글 기록을 확인하려면 문서도구 페이지 위의 [▤]을 클릭하면 됩니다.

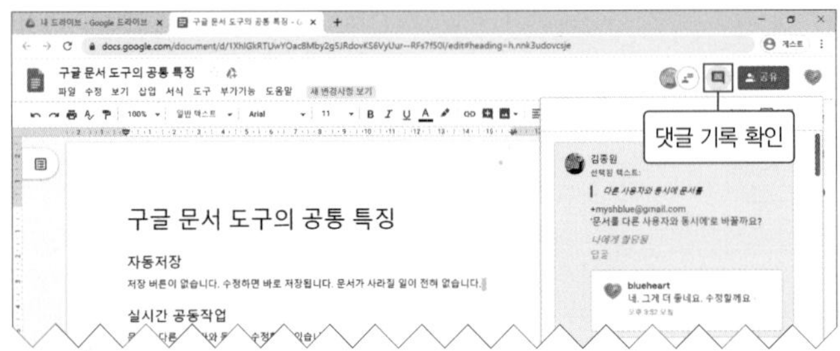

# TIP 004 버전 기록

Google 문서도구는 수정한 모든 내용을 기록합니다. 언제, 누가, 무엇을 수정했는지 확인할 수 있고 원하는 시점으로 복원할 수 있기 때문에 의도치 않게 내용을 수정, 삭제했더라도 모두 복원할 수 있습니다.

**01** 문서의 버전 기록을 확인하려면 한 번 이상 수정된 문서의 메뉴에서 [파일]-[버전 기록]-[버전 기록 보기]를 차례로 선택하면 됩니다.

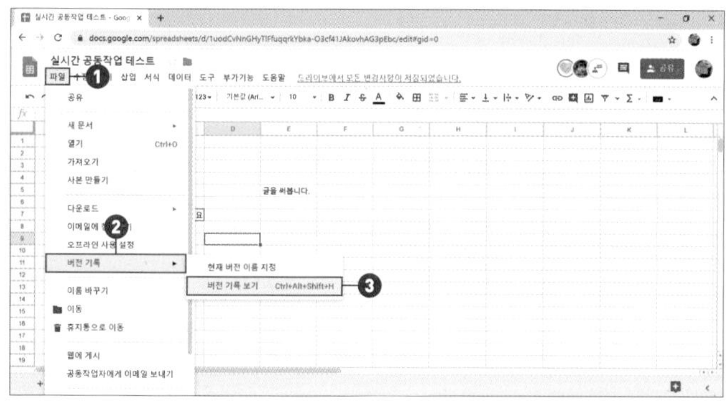


**잠깐만요**

[드라이브에서 모든 변경사항이 저장되었습니다.]를 클릭해서도 버전 기록을 확인할 수 있습니다.

**02** '버전 기록' 패널에서는 수정 내용을 목록으로 확인할 수 있습니다. 공유 문서라면 공유 사용자가 수정한 기록까지도 확인할 수 있습니다. '버전 기록' 패널의 각 수정 내용을 클릭하면 지정된 공유 사용자의 색상으로 구분된 수정 내용을 확인할 수 있습니다.

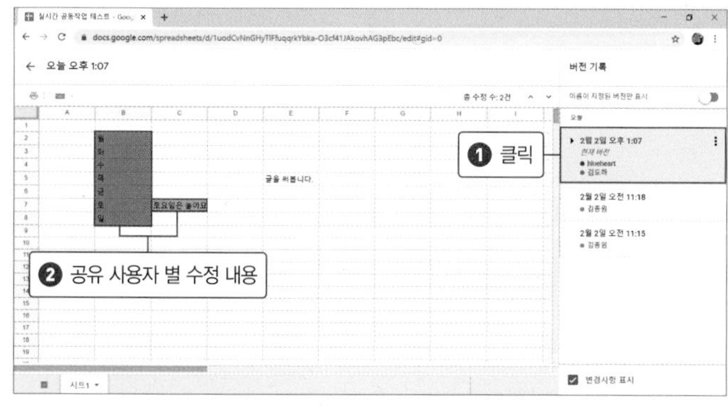

Google 문서도구

**03** 버전 기록을 확인하며 해당 버전으로 문서를 복원하려면 [이 버전 복원하기]를 클릭합니다.

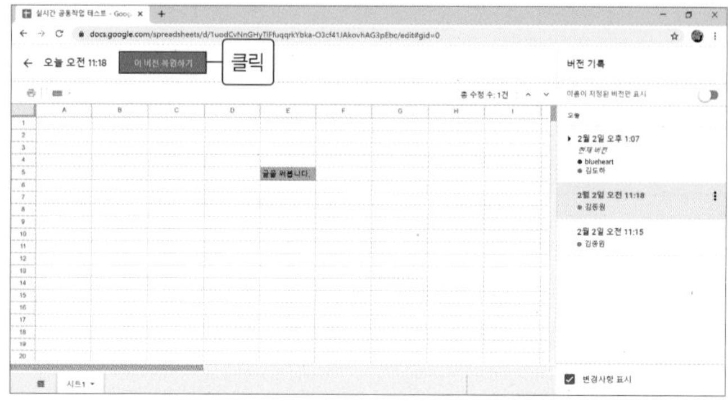


**04** 문서를 복원했다고 복원 전후의 버전 기록이 사라지는 것은 아닙니다. 문서를 복원한 후에는 해당 문서를 복원한 기록까지도 기록됩니다.

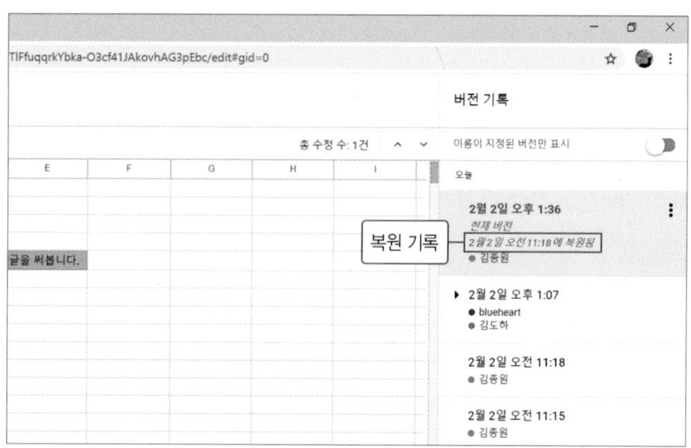


**잠깐만요**

버전 기록의 [⋮]를 클릭하면 버전 기록에 이름을 지정하거나 각각의 버전 기록을 사본으로 저장할 수 있습니다.

## Google+ | 셀 수정 기록 표시

Google 스프레드시트는 각각의 셀 별로 수정 기록을 확인할 수 있습니다. Google 스프레드시트의 셀 수정 기록을 확인하려면 수정 기록을 확인할 셀을 마우스 오른쪽 클릭 버튼을 클릭한 후 [수정 기록 표시]를 클릭합니다.

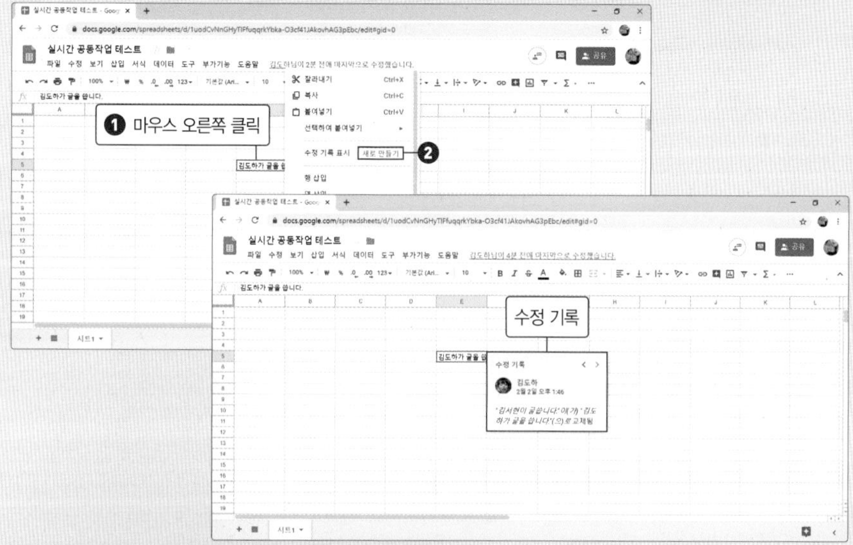


[수정 기록 표시]를 선택하면 셀 옆으로 팝업창이 표시되어 누가, 언제, 어떻게 수정했는지 표시됩니다. 팝업창의 [<], [>]를 클릭하면 다른 수정 기록을 확인할 수 있습니다.

# 찾아보기

## A~Z



## ㄱ



## ㄷ



## ㄹ

ㅍ



ㅎ

## 스킬 트리

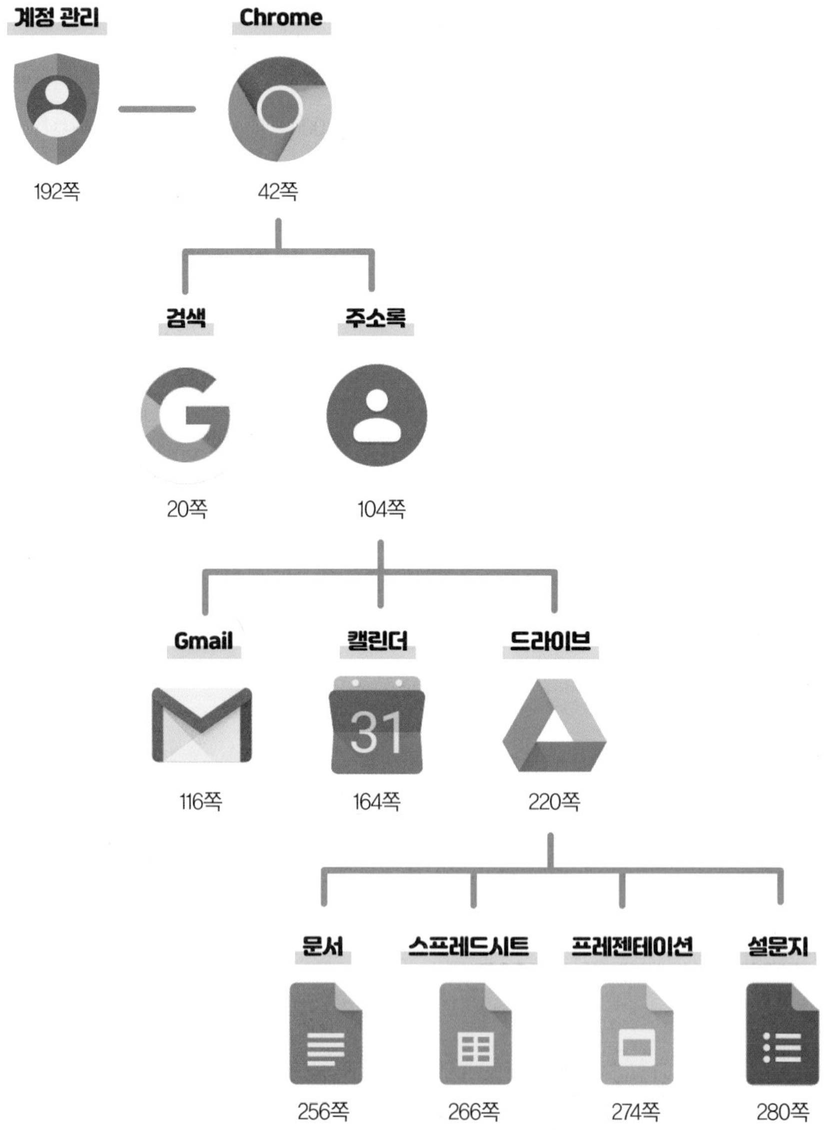
계정 관리
192쪽
Chrome
42쪽
검색
20쪽
주소록
104쪽
Gmail
116쪽
캘린더
31
164쪽
드라이브
220쪽
문서
256쪽
스프레드시트
266쪽
프레젠테이션
274쪽
설문지
280쪽